그럼에도 사랑하심 ′

그럼에도 사랑하심

지은이 | 김양재

초판 발행 | 2018. 10. 17

5쇄 발행 | 2023. 8. 7.

등록번호 | 제1988-000080호

등록된 곳 | 서울특별시 용산구 서빙고로65길 38

발행처 | 사단법인 두란노서원

영업부 | 2078-3352   FAX | 080-749-3705

출판부 | 2078-3331

책값은 뒤표지에 있습니다.

ISBN 978-89-531-3257-3 04230

ISBN 978-89-531-2441-7 04230(세트)

독자의 의견을 기다립니다.

tpress@duranno.com   www.duranno.com

두란노서원은 바울 사도가 3차 전도여행 때 에베소에서 성령 받은 제자들을 따로 세워 하나님의 말씀으로 양육하던 장
소입니다. 사도행전 19장 8-20절의 정신에 따라 첫째 목회자를 돕는 사역과 평신도를 훈련시키는 사역, 둘째 세계선교
(TIM)와 문서선교 (단행본·잡지) 사역, 셋째 예수문화 및 경배와 찬양 사역, 그리고 가정·상담 사역 등을 감당하고 있습니다.
1980년 12월 22일에 창립된 두란노서원은 주님 오실 때까지 이 사역들을 계속할 것입니다.

실수할지라도

그럼에도 사랑하심

김양재의
큐티 노트
사무엘상 2

김양재 지음

두란노

Part 3.

거듭되는 실수에도 불구하고

Part 4.

그럼에도 사랑하심

성경은 한마디로 우리 인류를 향하신 하나님의 구속사입니다. 창세기에서 아담과 하와를 창조하시고, 출애굽기를 통해 이스라엘 백성을 홍해에서 구원해 주신 하나님은 레위기, 민수기, 신명기를 통해 우리를 양육해 가십니다. 그리고 여호수아를 통해 전쟁마다 승리케 해주셔서 가나안을 정복하게 하셨습니다. 그런데 그의 백성들은 배부르고 등 따시니 창조와 구원, 양육과 승리의 하나님 은혜는 금세 잊어버리고 우상을 섬기며 딴짓을 해댑니다.

사무엘 시대에 와서는 여호와의 언약궤를 부적처럼 여기다 블레셋에게 20년 이상 빼앗기기도 합니다. 그 결과가 어떻게 되었습니까? 잘못된 엘리 제사장 시대를 겪으며 하나님으로부터 혹독한 훈련을 받습니다. 그 고난을 겪고 나서야 미스바에서 엄청난 회개운동을 벌이고, 예배를 회복합니다. 그래서 또다시 하나님의 도우심으로 블레셋과의 전쟁에서 이길 수 있었습니다. 이것이 사무엘상 7장까지의 이야기입니다.

그런데 8장이 시작되면서 이스라엘 백성들은 또 하나님을 금세 잊고 세상 왕을 달라며 부르짖습니다. 그리고 나름대로 투명하고 공정한 방법인 제비뽑기를 통해 사울을 왕으로 세웁니다.

그럼에도 하나님은 이 불손한 백성들을 향한 구원의 계획을 포기하지 않으십니다. 그것은 오직 사랑 때문입니다. 사람의 힘으로 세운 세상의 왕 사울에게 기름을 부어 주신 것 또한 사랑하심의 증거입니다. 하나님은 사울이 잘나서가 아니라 그와 그 백성들을 무한 사랑하시기에 왕을 세워 주신 것입니다. 그리고 사울과 백성들의 거듭되는 실수에도 불구하고 그들을 일으켜 세워 주십니다.

우리도 마찬가지입니다. 하나님은 때로는 실수하는 우리를 향해 분노로 응답하시지만 끝까지 놓지 않으십니다. 우리가 미운 짓을 하고 매일같이 넘어지고 또 넘어지는 실수를 해도 사랑으로 기다려 주십니다. 떼 부리며 기도하여도 우리를 사랑하시기에 늘 응답하십니다.

이 책은 지난 2016년 1월에 펴낸 사무엘상 1-7장까지의 큐티 노트 《말씀이 들리는 그 한 사람》에 이은 사무엘상 8-15장까지의 큐티 노트입니다. 이 책을 통해 사울마저도 사랑하신 하나님의 사랑을 알기 원합니다. 지금도 쉬지 않고 진행되는 하나님의 구속사, 그 하나님의 사랑에 매어 가는 우리 모두가 되기를 소원합니다.

2018년 10월
우리들교회 담임목사 김양재

Part 1

하나님을
버리는
떼 부리는
기도

01
세상 왕을 구하다
사무엘상 8장 1-22절

　이스라엘은 잘못된 엘리 제사장 시대도 겪고 대단한 선지자 사무엘 시대도 겪었습니다. 회개운동도 벌이고, 영적 각성과 올바른 기도운동도 벌였습니다. 블레셋과의 전쟁에서도 이겼습니다.

　이쯤 되면 한마음으로 '인간을 의지하지 말자' 할 만도 한데, 사무엘상 8장에 보니 도리어 인간에게 더 큰 권세를 달라고, 이웃나라처럼 왕을 달라고 부르짖고 있습니다. 마치 이 병만 낫게 해주시면 이제부터 믿음생활 잘하겠다고 해 놓고 그 급한 기도 제목이 응답되고 살 만하니까 "돈도 주셔야죠", "우리 애가 공부도 잘해야죠" 하고 떼를 쓰는 겁니다.

　이런 기도를 '떼 부리는 기도'라고 합니다. 이스라엘도 오늘 하나님 앞에 "왕을 달라"고 떼 부리는 기도를 하고 있습니다. 그렇다면 우리는 어떻습니까?

기복신앙 때문에 자녀를 왕으로 세우고자 합니다

1 사무엘이 늙으매 그의 아들들을 이스라엘 사사로 삼으니 2 장자의 이름은 요엘이요 차자의 이름은 아비야라 그들이 브엘세바에서 사사가 되니라 3 그의 아들들이 자기 아버지의 행위를 따르지 아니하고 이익을 따라 뇌물을 받고 판결을 굽게 하니라 삼상 8:1-3

사무엘이 어떤 사람입니까? 온 이스라엘이 하나님의 선지자로 인정할 만큼 의로운 삶을 살았던 사람입니다. 그런데 그런 사무엘도 결국엔 자녀교육에 실패했습니다. 그의 아들들이 이스라엘의 사사가 되자 아버지처럼 신실하게 하나님의 백성을 돌보지 않고 자신들의 이익만을 추구하며 산 것입니다. 아들들이 이렇게 된 것은 과연 누구 책임입니까? 아버지 사무엘의 책임일까요?

제사장 엘리도 마찬가지로 자녀교육에 실패했습니다. 그의 아들들도 똑같이 악을 행했습니다. 그런데 성경에 보면 그때는 아비가 아들을 하나님보다 더 중히 여겼기 때문이라고 분명한 이유를 설명합니다 (삼상 2:29). 그런데 사무엘의 아들들에 대해서는 성경 어디에도 사무엘을 책망하지 않습니다. 그렇다면 사무엘이 자신의 책임을 다했던 것일까요? 반드시 그 때문은 아닌 것 같습니다. 사무엘을 보면 자녀교육은 인간의 힘만으로 되지 않는다는 것을 깨닫게 됩니다.

이 땅에 힘들지 않은 일이 어디 있겠습니까? 그러나 자식 문제는 정말 부모의 뜻대로 되지 않습니다. 내 맘대로 안 되니 안타까운 마음에 윽박지르거나 다그치기도 하지요. 하지만 자녀는 내 삶의 결론입니다.

나와 붕어빵인 자녀인데 어떻게 손가락질을 할 수 있겠습니까?

그런데 정작 부모의 눈에는 내 잘못은 없고 자녀의 잘못만 보입니다. 훌륭한 부모일수록 더욱 그렇습니다. 도리어 죄가 많은 부모는 '내가 죄를 많이 지어서 그렇지' 하고 생각하는데, 훌륭한 부모일수록 '어떻게 나 같은 사람에게서 저런 인간이 나오는가?' 합니다.

그러나 자녀는 하나님이 내게 맡기신 기업이기 때문에 자녀 문제를 세상적 지식이나 방법으로 풀어서는 안 됩니다. 영원한 교과서인 성경에서 푸는 것이 지름길입니다.

성경에는 다양한 부모와 자녀의 모델이 나옵니다. 선한 왕 밑에서 선한 왕이, 악한 왕 밑에서 악한 왕이 나오기도 하지만, 선한 왕 밑에서 악한 왕이, 악한 왕 밑에서 선한 왕이 나오기도 합니다. 훌륭한 부모 밑에서 훌륭하지 못한 자녀가 나오기도 하고, 부족한 부모 밑에서 훌륭한 자녀가 나오기도 하는 것입니다. 실제로 이사야서에 등장하는 아하스는 굉장히 악했지만 아들 히스기야는 성군이 되었고, 히스기야가 아무리 훌륭해도 그의 아들 므낫세는 악한 왕이 되었습니다. 사무엘의 아들들은 훌륭한 부모 밑에서 훌륭하지 못한 자녀가 나온 경우입니다.

별 인생 없고 별 자녀 없으며 별 부모가 없습니다. 자식 문제는 우리의 예측을 뛰어넘는 하나님의 섭리입니다. 중요한 것은 부모의 신앙고백이 있는가 하는 것입니다. 자녀교육은 부모의 신앙고백에서부터 시작해야 합니다. 자녀는 하나님이 잠시 내게 맡겨 주신 영혼입니다. 지금 내게 이런 신앙고백이 있어야 합니다. 그렇게 생각하면 어떤 자녀든 감사하며 양육할 수 있는 것입니다.

그런데 내 소유라고 생각하니 품질이 좋으면 웃고, 나쁘면 울고불고 합니다. 천년만년 같이 살 것처럼 끼고 돌면서 온갖 감정에 휘감기는 것입니다. 그러나 자녀는 품질 좋고 나쁜 것이 없습니다. 힘든 자녀를 맡겨 주셨으면 그만큼 상급이 클 것이고, 속 썩이지 않는 자녀를 맡겨 주셨으면 도리어 위기라고 생각을 해야 합니다.

자녀를 어떻게 대하고 있는가를 보면 그 사람의 믿음이 바로 드러납니다. 방임하며 키우는 부모도 있고 지나치게 끼고 돌면서 간섭하는 부모도 있지만, 자녀를 끼고 도는 것은 믿음 있는 부모의 자식 사랑이 아닙니다. 주 안에서 자녀를 객관적으로 보고, 주의 사랑으로 사랑하는 것이 진짜 자녀 사랑입니다. 오직 자녀의 구원을 목적으로 사랑하는 것이야말로 진짜 자녀 사랑입니다.

히스기야가 죽을병에 걸렸을 때입니다. 영적 후사가 없어서 통곡을 하고 기도하던 그는 병이 낫자 바벨론 사자에게 내탕고를 다 보여줍니다. 환경에 장사 없다고, 앗수르 같은 강대국과 싸워 이겼으니 얼마나 자랑하고 싶은 것이 많았겠습니까? 이때 이사야 선지자가 그에게 이렇게 이야기합니다.

6 보라 날이 이르리니 네 집에 있는 모든 소유와 네 조상들이 오늘까지 쌓아 둔 것이 모두 바벨론으로 옮긴 바 되고 남을 것이 없으리라 여호와의 말이니라 7 또 네게서 태어날 자손 중에서 몇이 사로잡혀 바벨론 왕궁의 환관이 되리라 하셨나이다 하니 사 39:6-7

"너 안 되겠구나. 이 일로 네 자손들이 바벨론에 가서 내시가 될 것이다"라는 겁니다. 그때 히스기야가 뭐라고 합니까? "여호와의 말씀이 좋소이다"(사 39:8)라고 합니다. 자기 아들을 딱 보면 이렇게 해도, 저렇게 해도 대책이 없으니 "네 아들은 바벨론의 환관이 되어야만 하나님을 잘 믿게 될 것이다" 하는 말씀이 인정되고 믿어지는 겁니다.

이사야 선지자가 하는 말에 틀림이 있겠습니까? 하나님이 히스기야를 사랑하시는데 자녀를 잘못되게 하시겠습니까? 이런 말이 축복의 말씀으로 들리면 세상이 감당하지 못하는 믿음이 됩니다. 히스기야의 아들 므낫세는 그야말로 망나니같이 악했습니다. 우상을 섬기는 악한 왕이었습니다. 그러나 바벨론에 끌려갔다 온 후 회개하고 마태복음 1장 예수님의 계보에 올라가게 되었습니다. 부모의 믿음이 이렇게 중요합니다.

내 자녀도 고난을 당해봐야 한다는 하나님의 말씀에 "옳소이다!"를 외칠 수 있는 믿음이 지금 나에게 있습니까? 내가 믿음으로 살았다면 언젠가는 하나님이 내 자녀에게 찾아오셔서 변화시키실 것입니다.

이 땅에서 성공하고 안 하고는 문제가 아닙니다. 정말 중요한 건 천국에서 우리가 만날까, 못 만날까 하는 것입니다. 그것은 어느 장로님의 아들, 목사님의 딸이라고 해서 되는 게 아닙니다. 스스로 주님과의 관계가 확립되어야 합니다. 신앙과 구원은 철저히 개인의 몫이라는 것입니다.

믿음의 자녀 하나 키워 내고 죽는 것이 상급 중에 상급이라는데 이게 왜 이렇게 어려운 걸까요? 자녀가 바로 '나'이고 내가 우상이기 때문입니다. 내 자녀가 걸어가는데 그게 곧 내가 걸어가는 것이니 안 되는 꼴을 볼 수 있겠습니까? 이것이 곧 '우상'입니다. 우상이니까 집착이 됩니다. 힘든데 버릴 수도 없습니다. 자녀가 곧 나인데 나를 어떻게 버리겠습니까? 그렇다고 함께 가기도 힘듭니다. 이것이 바로 자녀입니다. 그래서 자녀를 왕으로 세우고 싶은 욕망이 끊이지 않는 것입니다.

자녀를 키우는 것은 누구에게나 힘든 일입니다. 그 대단한 사무엘도 자녀교육에 실패했습니다. 그러나 순수한 신앙이 대물림되지 않는다면 그것은 재앙입니다. 고정관념을 내려놓고 오직 믿음으로 승부해야 합니다.

+자녀를 우상 삼고 있지는 않습니까?

+자녀 문제의 해답을 성경에서 찾고 있습니까?

+부모의 신앙고백으로 자녀를 키워야 한다는 것을 인정합니까?

+자녀도 고난이 와야 하나님을 믿게 될 것이라는 말씀에 '옳소이다' 할 수 있습니까?

세상 왕을 세우는 것은 하나님을 버리는 일입니다

4 이스라엘 모든 장로가 모여 라마에 있는 사무엘에게 나아가서 5 그에게 이르되 보소서 당신은 늙고 당신의 아들들은 당신의 행위를 따르지 아니하니 모든 나라와 같이 우리에게 왕을 세워 우리를 다스리게 하소서 한지라

삼상 8:4-5

이스라엘 백성이 사무엘에게 왕을 세워 달라고 합니다. 더 기가 막힌 것은 사무엘에게 물러날 것까지 요구합니다. 장로들의 요구가 너무

그럴듯합니다. 사무엘도 늙었고 마침 그의 대를 이을 아들들도 형편없이 구니 그것을 빌미로 물러나라고 하는 것입니다.

그런데 알고 보면 이 요구는 하나님을 버리는 일입니다. 지금까지 이스라엘을 다스린 분이 누구입니까? 사무엘 안에 계신 하나님이십니다. 하나님의 역사는 그의 아들들이 무슨 짓을 해도 중단되지 않습니다.

이제 이들이 먹고살 만해지니까 사무엘이 지겨워졌습니다. 블레셋도 이긴 마당에 매일 "회개해라, 기도해라" 하는 말이 이제는 듣기 싫어진 겁니다. 우리는 하나님 믿고 기도하고 회개하는데도 매일 이 모양 이 꼴인데 블레셋 같은 옆집은 늘 대단하고 멋있어 보이니 마냥 부러운 것입니다. 그래서 "이제 하나님을 왕으로 삼는 것 지겹다", "우리도 스펙 좋고 빛나 보이는 사람을 왕으로 모셔야 한다"고 소리를 높인 것입니다.

그러나 사람에게는 기대할 것이 없습니다. 사람은 그저 자신에게 유익이 되는 것만을 구하기 때문입니다. 저 역시 사람에게 기대하지 않는 것을 그동안의 경험으로 숱하게 훈련받았습니다. 과거 큐티선교회를 할 때 참 많은 사람이 모였습니다. 집사가 이끄는 모임에 천 명 정도가 모인 것은 그 모임을 통해 사람들이 살아났기 때문입니다. 그런데 막상 제가 교회를 개척하자 저를 좋다고 하던 사람들은 아무도 오지 않았습니다. 이스라엘 백성이 지금 그렇습니다. 사무엘을 보고 좋다고 할 때는 언제고 이제는 물러가라고 하지 않습니까? 지금 이 상황이 참 공감이 됩니다.

그러나 교회 개척도, 그 자리에 사람들이 모이지 않은 것도 하나님의 뜻이 아닌 것이 없었습니다. 그때 일로 사역은 사람을 보고 하는 것이 아니라는 사실을 뼛속 깊이 깨달았습니다. 그래서 목회를 하며 성도들이 회복되어 떠나는 것에 자유함이 생겼습니다. '좋다고 할 때는 언제고 어떻게 떠날 수 있는가?' 하고 생각할 수 있지만 사람이기 때문에 얼마든지 그럴 수 있는 것입니다. 그래서 모든 판단의 기준은 하나님의 말씀이 되어야 합니다.

> 우리에게 왕을 주어 우리를 다스리게 하라 했을 때에 사무엘이 그것을 기뻐하지 아니하여 여호와께 기도하매 삼상 8:6

사무엘은 특별히 하나님께 묻고 또 묻는, 말씀에 정통한 선지자입니다. 그래서 백성의 말을 듣고 결코 기뻐하지 않았습니다. 하나님의 뜻이 아닌 것을 알았기 때문입니다.

어떤 사람은 이 구절을 놓고 '사무엘도 물러나라 하니 싫어하네' 하는데, 그것이 아닙니다. 그 후로도 사울과 다윗을 세우는 등 많은 일을 한 것으로 봐서 사무엘은 이때부터가 그의 전성기였던 것 같습니다. 늙었다고 못할 일도 없었고, 그가 물러나는 것은 하나님의 뜻도 아니었습니다. 단지 백성들이 아들을 빌미로 말도 안 되는 요구를 했을 때 하나님을 멀리하려는 그들의 속마음을 알고 기도에 매달렸습니다. 그러자 하나님은 놀랍게도 이렇게 응답하십니다.

> 여호와께서 사무엘에게 이르시되 백성이 네게 한 말을 다 들으라 이는 그들이 너를 버림이 아니요 나를 버려 자기들의 왕이 되지 못하게 함이니라
> 삼상 8:7

"백성의 요구를 다 들어주라!"는 것입니다. 백성의 요구가 옳아서가 아닙니다. 타협은 더더욱 아닙니다. 이것은 오히려 그들의 요청을 허용하심으로 그들을 처벌하시고자 하는 하나님의 의도입니다.

내가 분노하므로 네게 왕을 주고 진노하므로 폐하였노라 호 13:11

실제로 이스라엘은 인간 왕, 세상 왕 때문에 망했습니다. 잘못된 동기로 구한 왕 때문에 쓴 열매를 맛보게 되고, 이를 통해 잊을 수 없는 교훈을 받게 되었습니다.

또 하나님은 사무엘이 무슨 말을 해도 이스라엘 백성이 절대로 안들을 것을 아셨습니다. 그래서 오히려 이들의 요구를 들어주심으로 당신의 계획을 이루고자 하십니다. 하나님의 주권 아래 신정적인 왕권을 세우고자 하신 것입니다.

때로는 하나님 말씀에 어긋나 보여도 그들의 말을 들어주어야 할 때가 있습니다. 아무리 옳은 말을 해주어도 듣지 않기 때문입니다. 그런데 백성들이 하는 그런 몹쓸 말을 한마디도 아니고 다 들으라고 하십니다. 이런 하나님이 이해가 되십니까?

어떤 성도는 자기 생각이 하나님의 생각인 것처럼 교회의 질서를 따르지 않고 판단하고 비판합니다. 비판하는 것이 사랑이고 판단하는 것이 사명인 것처럼 여기는 '성경박사'들이 많습니다. 입만 열면 나라와 교회를 비판해야 하는 사명을 띠고 태어난 것 같습니다. 그러나 옳고 그름을 따지는 것이 부질없을 때가 참 많습니다.

우리는 그저 큐티하며 내 죄만 치열하게 보면 됩니다. 내가 옳다고 해서 다 옳은 것이 아닙니다. 모든 일에는 하나님의 때가 있습니다. 내 생각에 이 일은 말려야 공의로울 것 같아도, 우리의 생각과 하나님의 생각은 다르기 때문입니다.

어떤 사람은 사랑하니까 비판하고 판단한다고 합니다. 그러나 그 사람이 믿음으로 비판하는 것인지, 사랑으로 하는 것인지는 그 집안의 동물들도 다 느낍니다. 사랑이 왜 전달이 안 되겠습니까? 교묘한 방법으로 교회를 분열시키는 수법에 우리는 조심하고 또 조심해야 합니다.

사무엘은 왕을 세우지 않는 것이 하나님의 뜻임을 알고 있었지만 하나님은 그들의 요구를 들어주라고 하셨습니다. 나단 선지자도 그랬습니다. 다윗이 하나님의 성전을 짓겠다고 했을 때 마음대로 지으라고 했지만 하나님의 뜻은 그것이 아니었습니다. 말씀에 전문가인 선지자들도 하나님의 뜻을 모를 때가 있는데 하물며 우리가 어떻게 그분의 뜻을 다 알겠습니까? 우리는 항상 겸손히 하나님의 뜻을 묻고 또 물으며 환경에 순종해야 합니다.

내가 그들을 애굽에서 인도하여 낸 날부터 오늘까지 그들이 모든 행사로 나를 버리고 다른 신들을 섬김같이 네게도 그리하는도다 삼상 8:8

이스라엘은 하나님을 섬겼습니다. 그런데 하나님은 이들이 끊임없이 다른 신을 섬기며 모든 행사로 하나님을 버렸다고 하십니다. 그렇게 우상을 숭배하던 이스라엘이 이제는 하나님이 세운 사사를 거절하고 있습니다. 하나님을 버리고 있습니다. 바리새인, 서기관들이 가장 무서운 이유가 여기에 있습니다. 그들은 성경박사가 되어서 말씀의 지식으로 예수님을 죽였습니다.

지금도 바리새인, 서기관과 같은 사람들이 있습니다. 겉으로는 큐티를 하는 것 같지만 가슴으로 하지 않으니 마른 뼈처럼 검이 되어서 누군가를 찌르는 역할만 합니다. 공동체의 질서도 우습게 여기고 말씀의 칼로 찌르면서 끊임없이 정죄만 합니다. 이런 사람들은 성경을 아무리 읽어도 열매가 없습니다.

> 그러므로 그들의 말을 듣되 너는 그들에게 엄히 경고하고 그들을 다스릴 왕의 제도를 가르치라 삼상 8:9

이스라엘이 왕정제도가 무엇인지 몰라서 왕을 구했겠습니까? 그런데도 하나님은 사무엘에게 "왕의 제도를 가르치라"고 하십니다. 하나님을 버리고 왕정제도를 취하는 것이 하나님을 얼마나 슬프시게 하는 일인지, 하나님이 왜 분노함으로 왕을 주고 진노함으로 폐한다 하셨는지 이스라엘에게 확실히 알려주라는 것입니다. 하나님을 버리고 세상 왕을 취했을 때 우리 삶에 어떤 일이 일어나는지 알아야 한다며 확실히 경고하시는 것입니다.

+성경 말씀을 앞세워 누군가를 비판하고 판단하지는 않습니까?

+아무리 내 생각이 옳은 것 같아도 모든 일에는 하나님의 때가 있다는 사실을 인정합니까?

내가 세운 세상 왕이 내 삶을 압제하고 착취합니다

10 사무엘이 왕을 요구하는 백성에게 여호와의 모든 말씀을 말하여 11 이르되 너희를 다스릴 왕의 제도는 이러하니라 그가 너희 아들들을 데려다가 그의 병거와 말을 어거하게 하리니 그들이 그 병거 앞에서 달릴 것이며 12 그가 또 너희의 아들들을 천부장과 오십부장을 삼을 것이며 자기 밭을 갈게 하고 자기 추수를 하게 할 것이며 자기 무기와 병거의 장비도 만들게 할 것이며 13 그가 또 너희의 딸들을 데려다가 향료 만드는 자와 요리하는 자와 떡 굽는 자로 삼을 것이며 14 그가 또 너희의 밭과 포도원과 감람원에서 제일 좋은 것을 가져다가 자기의 신하들에게 줄 것이며 15 그가 또 너희의 곡식과 포도원 소산의 십일조를 거두어 자기의 관리와 신하에게 줄 것이며 16 그가 또 너희의 노비와 가장 아름다운 소년과 나귀들을 끌어다가 자기 일을 시킬 것이며 17 너희의 양 떼의 십분의 일을 거두어 가리니 너희가 그의 종이 될 것이라 18 그날에 너희는 너희가 택한 왕으로 말미암아 부르짖되 그날에 여호와께서 너희에게 응답하지 아니하시리라 하니 삼상 8:10-18

하나님은 이스라엘에게 왕정제도가 무엇인지를 알려주십니다. 이 말씀에서 '데려다가'(11, 13절), '가져다가'(14절), '끌어다가'(16절) 등 빼앗음을 나타내는 동사가 네 번, '십일조를 거두다'가 두 번(15, 17절), 모두 여섯 번 나옵니다. 수혜자에게 주는 것을 나타내는 동사 '준다'가 두 번(14, 15절), '하게 하다'가 세 번(12절), '시키다'가 한 번(16절) 나옵니다.

하나님은 또한 '너희'와 '그'의 것을 대조하십니다. 왕이 취해 가는 것은 '너희'의 것입니다. 그 취한 것을 가져다가 '그'의 것을 위해 사용합니다. '그'가 열 번이나 나옵니다.

즉, 왕은 백성에게 가능한 모든 것을 착취하는 자입니다. 그리고 그것을 백성에게 유익이 되지 않는 일에 사용하는 자입니다. 왕은 아들, 딸, 재산, 세금(십일조)을 탈취하다가 결국은 이스라엘을 종으로 삼을 것이라고 합니다. 이스라엘 백성들은 억압에서 해방되고 하나님에게서도 자유로워지려고 왕을 요구했지만, 원하는 자유는 얻지 못하고 원치 않는 종의 처지로 떨어지게 되었습니다.

사무엘은 그 왕정제도의 문제점을 일일이 지적하며, 백성이 그들 스스로 택한 왕정 때문에 부르짖을 것이나 여호와께서는 그들을 구원하지 않으실 것이라고 합니다(18절). 하나님이 어떤 분입니까? 출애굽 때에 백성들의 부르짖음을 들으시던 분입니다. 죽게 된 그들을 구원하신 분입니다. 그런 하나님께서 이제 그들의 부르짖음에 응답하지 않으신다는 것입니다.

지금 우리가 세우기 원하는 왕은 무엇입니까? 믿음은 없지만 세상적으로 번듯한 배우자입니까? 자녀입니까? 돈과 권세입니까? 불신결혼(不信結婚)하지 말라고 그렇게 이야기를 해도 무조건 하겠다고 합니다. 지금은 좋아 보이는 그것이 우리를 압제하고 착취할 것이라고 해도 안 들리는 것입니다. 이러한 세상 왕은 나의 자유, 재산, 권리를 모두 압제하고 착취할 것입니다. 우리가 왕을 세우고자 한다면 결국 그 왕의 종이 되고 말 것입니다.

한 판사가 자기 아내에게 "아버지 어머니께 생활비를 더 달라고 할 테니 아끼지 말고 실컷 써라"고 했답니다. 얼마나 멋있습니까? 그런데 이것이 곧 세상 왕입니다. 그 판사의 부모는 이 아들을 얼마나 왕으로 키웠겠습니까? '공부 잘해 판사만 되면 교회 나가지 않아도, 하나님 버려도 좋다!' 하면서 키웠을 것입니다. 그렇게 왕으로 키워 놨더니 이 아들이 아내밖에 모르면서 돈을 죄다 아내에게 가져다주는 것입니다. 이 판사의 부모는 아들이 공부 잘하는 것이 너무 좋아서 거기에 목을 매다가 앞으로 아들의 종노릇할 것을 보지 못한 것입니다.

알코올중독에 빠져 술만 마시고 돈 안 주는 남편 때문에 도저히 못 살겠다며 이혼하고 돈 많은 남자를 만나 재혼한 분이 있습니다. 그런데 알고 보니 이 부자 남편이 세상 왕이었습니다. "한 번 이혼한 경험이 있는 여자는 믿을 수 없다"면서 하루에 1만 원씩만 주면서 감시를 한다는 것입니다. 이분은 처음보다 더 비참해지고 말았습니다. 알고 보니 알코올중독이었던 첫 남편이 열배 백배 더 자신을 사람대접해준 것이었습니다.

떼 부리는 기도는 안 하는 것이 좋습니다. 내가 원하는 왕은 나를 압제하고 착취할 뿐입니다. 제도 개혁보다 더 중요한 것은 사람의 개혁입니다.

+내가 원하는 세상 왕은 무엇입니까?

+돈과 권세를 왕으로 세우지 말라는 하나님의 말씀이 들립니까?

+분노함으로 왕을 주시고 진노함으로 폐하시는 하나님을 인정합니까?

말씀이 들리지 않으니 세상 왕을 세우려 합니다

19 백성이 사무엘의 말 듣기를 거절하여 이르되 아니로소이다 우리도 우리
왕이 있어야 하리니 20 우리도 다른 나라들 같이 되어 우리의 왕이 우리를
다스리며 우리 앞에 나가서 우리의 싸움을 싸워야 할 것이니이다 하는지라
삼상 8:19-20

20절에는 '우리'가 다섯 번 나옵니다. 이 '우리'는 죽으나 사나 열방
과 같이 되는 것이 소원입니다. 그동안 예수를 믿으며 은혜란 은혜는
다 누리면서도 "나는 돈, 학벌이 있어야 하고 부잣집에 시집을 가야 한
다"면서 말씀 듣기를 거절하고 세상을 부러워하는 우리의 모습과도
같습니다.

그러나 그토록 원하는 '우리'의 왕이 나를 위해 내 싸움을 대신 싸워
줄 것 같습니까? 그렇지 않습니다. 돈 많은 남편, 돈 많은 아내, 공부 잘
하는 자녀가 내 싸움을 대신 싸워 줄 것 같습니까? 천만의 말씀입니다.

왕의 제도가 얼마나 가혹한지 사무엘이 다 가르쳐 주었는데도 백성
은 이 말 듣기를 거절합니다(19절). 자기 생각으로 꽉 차서 그렇습니다.
그 귀에 아무것도 안 들리는 것입니다. 오히려 "요즘 같은 시대에 장가
라도 가려면 학벌이 있어야 하고, 세상과 싸우려면 스펙을 갖춰야 한
다"고 말합니다. "기도하고 회개하면서 참고 살아온 게 몇 년인데 나아
진 게 뭐냐?"고 오히려 따집니다. "사무엘님이 뭘 모르시는데, 회개하
고 기도한다고 되는 것이 아닙니다" 합니다. 그러니 예수를 믿는데도
만날 세상 왕을 구하는 것입니다.

21 사무엘이 백성의 말을 다 듣고 여호와께 아뢰매 22 여호와께서 사무엘에게 이르시되 그들의 말을 들어 왕을 세우라 하시니 사무엘이 이스라엘 사람들에게 이르되 너희는 각기 성읍으로 돌아가라 하니라 삼상 8:21-22

그럼에도 하나님은 우리 인생의 연약함을 아시고 왕을 예비해 주십니다. 그리하여 유력하고 준수하고 인간 승리 가문의 아들인 사울이 왕으로 세워집니다. 진정한 지도자 사무엘이 살아 있어도 백성이 외적으로 완벽한 사울 같은 사람을 너무 원하는 것을 아셨기에 거기에 맞는 응답을 주신 것입니다.

그렇습니다. 떼 부리는 기도의 응답은 그것에 맞는 외형적인 응답입니다. 원하는 것을 얻은 후에 망해 보아야 진짜 하나님의 응답이 무엇인지 알게 될 것이기 때문입니다. 불신결혼도 그래서 합니다. 때가 안 되면 무슨 말을 해도 안 들리기 때문입니다.

아내에게 매달 1억 원씩 벌어다 주는 남편이 있었습니다. 이 남편이 아내 몰래 여대생을 고용해 연봉을 1,800만 원이나 주며 데이트 상대로 삼았답니다. 게다가 만날 때마다 40만 원을 더 주었다나요? 아내는 이런 사실을 알고 나서도 남편이 하도 돈을 많이 가져다주니 "밖에서 자식만 안 낳아 오면 된다. 대신 한 여자와 6개월 이상 관계를 지속하지만 말아라"면서 이를 승인했습니다. 그런데 남편이 한 여자와 6개월 이상 만나다 결국 꼬리가 밟히고 말았습니다. 아내가 배신감에 치를 떠니 그 남편은 "1년 치 선금을 미리 줬기 때문에 어쩔 수 없이 만남을 계속했다"고 했답니다.

어떻습니까? 행복해 보입니까? 이게 사람 사는 것입니까? 누군가 내게 1억 원을 준다고 하면 어떻게 하겠습니까? 교회고 뭐고 다 끊고 그 돈을 따라가겠습니까?

우리는 그것이 하나님을 버리는 일인 줄도 모르고 배우자고, 자식이고, 돈이고, 권력을 왕으로 세웁니다. 아무리 아니라고 해도 "그래도 돈 한번 원 없이 써 보고 싶다" 합니다. "불신결혼은 아니다"라고 아무리 이야기해도 "버림을 받아도 저 사람과 한번 살아 보고 버림받겠습니다" 합니다. 학벌보다 믿음이 중요하다고 말해도 "내 자식이 망할 때 망하더라도 서울대학교 한번 가 보았으면 좋겠습니다. 제발 붙게만 해 주세요" 합니다.

결혼을 놓고 기도한다면서 "키가 크면 좋겠습니다. 돈 잘 벌면 더 좋겠습니다" 하고 기도하지는 않습니까? 육적인 것만 구하고 있으면서 구체적인 기도를 한다고 착각하고 있지는 않습니까? 바로 이것이 세상 왕을 구하는 기도입니다. 망하는 기도입니다. 그렇게도 원하던 것을 손에 다 쥐어도 그것 때문에 망하는 사람이 한둘이 아닙니다.

이스라엘도 쫄딱 다 망하고 나서야 진짜 왕 다윗을 세우게 됐습니다. 하나님은 우리가 가짜 왕에게 착취당한 후에야 진짜 왕, 예수 그리스도를 찾을 것이라는 사실을 이미 알고 계십니다. 그런데도 자식이 떼를 쓰면 부모는 자식 말을 들어줄 수밖에 없습니다. 사무엘상 8장 21절에도 하나님의 말씀을 들어야 할 백성은 듣지 않고 오히려 말씀을 선포해야 할 사무엘과 하나님이 백성의 말을 듣고 있습니다. 자식이 부모를 이기면 안 됩니다. 들어야 할 사람이 말하고 말해야 할 사람이 듣는 것은 비극을 초래할 뿐입니다.

어떤 분들은 말씀이 참 어렵다고 합니다. 자존심이 강한 분들이 특히 그렇습니다. 예수님처럼 밝혀야 말씀 듣는 게 쉬워지는데 내 생각을 먼저 내세우니 말씀을 들을 수도 없고, 말씀이 들리지도 않는 것입니다. 세상 왕을 달라고 부르짖는 것도 말씀이 들리지 않아서입니다. 말씀이 안 들리니 혈기를 부리는 것입니다.

사무엘상 8장 22절에서 사무엘은 이스라엘 사람들에게 하나님의 뜻을 알립니다. 자기의 생각을 조금도 드러내지 않습니다. 사역자는 자신의 색깔을 드러내지 않아야 합니다. 왕을 세우는 것은 하나님의 뜻이 아니라고 사무엘이 얼마나 외치고 싶었겠습니까? 그런데 하나님이 "왕을 세우라" 하시니 두말 않고 "아멘" 했습니다.

하나님이 "왕을 세우라"고 허락하신 것은 진짜 왕을 세우기 위함입니다. 하나님은 새 시대에 교회의 머리로, 새 백성의 왕으로 예수 그리스도를 세우셨습니다. 우리 왕은 예수 그리스도이십니다. 매 순간 예수님은 우리 마음에 감동을 주시고 믿음의 길로 인도하십니다. 분노함으로 주시는 왕, 진노함으로 폐하시는 왕이 아닌 진짜 왕, 예수 그리스도를 내 인생의 진정한 왕으로 세워야 합니다.

+하나님의 말씀이 들립니까?

+구체적으로 기도한다고 하면서 세상 왕을 구하지는 않습니까?

+예수 그리스도만이 우리를 살리는 진짜 왕이심을 인정합니까?

우리들 묵상과 적용

저는 능력 있는 부모님 밑에서 과도한 사랑을 받으며 자랐습니다. 그 덕분에 학창 시절부터 내가 최고라고 생각했습니다. 내 위에는 사람이 없는 줄 알았고 선생님까지도 우습게 보았습니다. 친구 넷과 어울리면서 전교생을 괴롭히곤 했습니다.

대학 졸업 후 방송인으로 사회에 첫발을 내디뎠을 때만 해도 인생이 제 뜻대로 풀릴 것에 대해 한 치의 의심도 없었습니다. 결혼도 불신결혼을 했습니다. 결혼 후 시집살이가 시작되자 못 살겠다 난리를 치고, 그 스트레스를 각종 쇼핑과 사치로 풀곤 했습니다.

그러다가 김양재 목사님의 말씀을 듣게 됐습니다. 말씀이 들리기 시작하자 내 결혼생활의 문제가 시어머니가 아니라 저에게 있음을 깨달았습니다. 어렸을 때부터 할 수 없는 게 없었고 못 가질 게 없었던 저였기에 참을성도 없고 욕심만 가득한 제 자신이 문제였던 것입니다. 그 사실을 깨달으면서 삶이 제자리로 돌아왔습니다.

그러나 처음에는 실수가 많았습니다. 남편과 함께 교회를 다녔지만 남편의 심기를 건드리는 바람에 남편을 실족시키고 말았습니다. 저 역시 큐티도 힘들고 예배도 가기 싫어 하나님을 버리고 교회도 그만 다닐까 하는 생각을 하기도 했습니다. 그런데 어릴 때부터 자녀에게 큐티를 시키면 대입 때 언어영역 점수는 따 놓은 당상이라고 하시는 목사님의 말씀이 나팔 소리처럼 들렸습니다. 이렇게 다니다 보니 어느새 공동체에 잘 붙어 있게 되었습니다.

그러나 지체들에게 "자식을 내려놓아라, 양육은 꼭 받아라" 하면서도 정작 제 아들에게는 "공부 잘해 서울대 가서 주의 일을 하라"고 종용했습니다. 자식들에게 폭풍 조기 교육을 시켰지만 큰 아이가 특목고 2차 면접에 떨어지고 나서야 정신이 들었습니다. 우리가 천국에서 만나는 것이 이 땅에서의 성공보다 중요하다고 가르쳐야 했는데 일단은 먼저 성공하고 보자고 가르쳤던 것이 깨달아졌습니다.

그럼에도 내려놓아야 할 것이 아직도 많습니다. 고2 아들은 키가 170cm도 되지 않습니다. 성장판이 거의 닫혔다는 병원의 진단을 받은 적도 있습니다. 공부 잘하는 아들에게 "침대는 과학, 얼굴은 의학이니 일단 키만 크면 대학 가서 킹카가 될 수 있다"고 말해 두었는데 하나님은 키만 안 크게 하셨습니다. 정말 야속하신 하나님이십니다. 하나님은 제 수준에 맞는 눈높이 교육으로 실패가 뭔지 가르쳐 주셨습니다. 이 사건에서 '옳소이다'가 되니 선물도 주셨습니다.

교회에서 발을 뗀 후로 꿈쩍도 안 하던 남편이 저의 권유로 8년 만에 다시 교회에 나오게 된 것입니다. 이후부터 저는 남편의 눈치를 보고 자식에게도 혈기 내지 않으며 무리하게 공부시키기보다 잠을 재웁니다.

이렇게 하나님의 말씀을 삶에 적용해 가는 중에 최근에는 두 아들이 전에 없던 사춘기 열병을 앓고 있습니다. 큰아들은 전교 1등을 했다고 스마트폰을 사줬더니 중독 수준으로 빠져 있고, 작은아들은 시험 잘 보겠다는 말에 속아 게임을 이틀만 허락해 주었더니 이제는 "매일 게임을 하겠다. 게임을 못하게 정해 놓은 규칙 때문에 이 집에서 못 살겠다"고 난리를 칩니다.

하나님은 분노함으로 왕을 주시고 진노함으로 거두신다고 하셨는데, 자식을 제가 원하는 왕으로 만들고 싶어 떼 부리던 저는 그때만 해도 이렇게 제가 자식들에게 종노릇하며 착취당하리라고는 생각지 못했습니다. 자녀교육이 부모의 신앙고백에서 시작된다고 했는데, 저의 실체가 드러나고 진짜 왕을 찾게 되니 인생 최대 고비 가운데 오히려 부흥의 때를 보내고 있습니다.

이렇게 10년을 달려왔습니다. 하나님은 그동안 고난이 축복임을 몸소 체험케 하셨습니다. 큰아들은 어느덧 큐티 10년 차인데, 언어 성적이 전국 0.1%, 전교 1등입니다. 하나님은 약속을 지켜 주셨습니다. "중간고사 성적이 2등이나 올랐다"는 아들에게 "전교 1등이 아니면 다 똑같다"고 말하지 않고 "잘했다. 다음 학기에 더욱 분발하여 전교 1등을 꼭 찍자"고 돌려 말하니 더욱 좋아합니다. 지혜가 생기니 적용을 하게 됩니다. 이제는 아이들에게 결코 종노릇하지 않는 부모로 살아가고 있습니다. 이렇게 큐티 10년 차에 말씀이 들리니 20년 차에는 어떤 상급이 있을까 기대 반 걱정 반입니다.

자녀를 왕으로 세우려 했지만 하나님의 도우심이 아니면 키울 수 없다는 것을 깨닫게 해주신 하나님을 사랑합니다.

말씀으로 기도하기

하나님은 우리의 왕이십니다. 우리를 구속하시고 구원하시고 자유케 하십니다. 그런데도 우리는 하나님을 버리는 일인 줄도 모르고 배우자, 자식, 돈, 권력을 왕으로 세웁니다. 이스라엘도 자신들을 구원해 주신 하나님을 버리고 이웃 나라 왕을 부러워하며 왕을 세우고 싶다고 떼를 부렸습니다. 그러나 하나님은 분노함으로 왕을 주시고 진노함으로 폐하시는 분입니다.

기복신앙 때문에 자녀를 왕으로 세우고자 합니다 / 삼상 8:1-3

자녀 문제가 불거질 때마다 내 잘못은 생각하지 못 하고 자녀의 잘못만 보았습니다. 좋은 성적 받아 좋은 대학에 들어가는 것만이 정답이라고 생각했는데 따라 주지 않는 자녀가 원망스러웠습니다. '어떻게 나 같은 부모에게서 저런 자식이 나올 수 있나' 하며 탄식했습니다. 그러나 그것은 나를 우상 삼고 자녀를 왕 삼으려고 한 내 교만이었음을 깨닫습니다. 지금부터라도 내 자녀를 향한 하나님의 섭리를 깨닫기 원합니다. 좋은 학벌, 좋은 스펙이 아니라 믿음을 먼저 가질 수 있기를 위해 기도합니다.

세상 왕을 세우는 것은 하나님을 버리는 일입니다 / 삼상 8:4-9

내 생각이 항상 옳다고 여겼습니다. 하나님의 뜻을 다 안다고 여기며 틀린 것을 보면 꼭 짚고 넘어가야 했습니다. 때로는 큐티하며 말씀으로 이웃을 정죄하기도 했습니다. 그렇게 내 안에 세상의 가치관으로 왕을 세우고 있었습니다. 그것이 하나님을 버리는 일인 줄 몰랐습니다. 내 목소리를 줄이고 겸손히 하나님의 뜻을 구하기 원합니다. 하나님의 뜻에 순종하기 원합니다.

내가 세운 세상 왕이 내 삶을 압제하고 착취합니다 / 삼상 8:10-18

내가 세운 왕이 나를 위해 싸워 줄 줄 알았습니다. 자녀를 왕으로 세워 놓고 나를 빛내라고 강요했습니다. 배우자를 왕으로 세워 놓고 돈과 권세까지 취하려고 했습니다. 그러나 결국 내가 세운 왕 때문에 종이 되었습니다. 그 왕들이 오히려 내 삶을 압제하고 착취하고 있습니다. 오직 주님만이 나의 왕이시라는 진리를 깨닫기 원합니다.

말씀이 들리지 않으니 세상 왕을 세우려 합니다 / 삼상 8:19-22

지금까지는 세상의 왕을 세워 달라고 떼 부리는 기도를 했지만 이제는 모든 것을 내려놓습니다. 더 이상 자녀를 좋은 대학에 보내려고 안달하지도, 돈과 명예에 애걸하지도 않겠습니다. 우리의 왕은 오직 예수 그리스도이심을 인정합니다. 주님께서 내게 지금의 상황과 환경을 허락하신 것에도 다 뜻이 있음을 깨닫습니다. 주님의 사랑과 섭리에 감사합니다.

영혼의 기도

하나님 아버지, 늘 떼 부리는 기도만 했습니다. 죽어 가는 인생을 건져 내 살려 주신 것에 대한 감사는커녕 "돈도 주셔야죠", "자녀가 좋은 대학에 들어가야죠" 했습니다. 자녀를 임금 삼고 싶어 하고 우상의 자리에 앉혀 놓고는 자녀교육에 실패했다고 울고불고 합니다.

이제라도 자녀는 하나님이 내게 잠시 맡겨 주신 영혼임을 인정하게 하옵소서. 감당할 만하니까 우리에게 맡기셨음을 깨닫고 감사하게 하옵소서. 죽는 날까지 자녀가 달라지지 않는다 해도 그 때문에 내가 더욱더 낮아져서 하나님을 사모하고 갈 때, 히스기야가 천국 간 이후에 므낫세가 달라졌던 것처럼 하나님이 언젠가는 내 자녀의 삶에 방문해 주실 것을 믿습니다.

내 손으로 왕을 세워서 우리가 얼마나 실패를 많이 했습니까? 그 실패 때문에 '천부여 의지하옵니다' 하며 손들고 나왔습니다. 주님 우리를 받아 주옵소서. 하나님만이 상급이고 우리의 왕이심을 이제야 깨닫습니다. 날마다 떼 부리는 기도를 했던 것이 알고 보니 하나님을 버리는 일이었다는 것을 이제야 알았습니다.

이제부터라도 진짜 왕이신 예수 그리스도를 내 삶의 왕으로 모시기 원합니다. 내 가정과 이 교회에 하나님이 좌정하여 주옵소서. 늘 세상의 왕을 세우려고 하는 연약한 우리를 불쌍히 여기시고 주님의 마음을 주옵소서.

예수님 이름으로 기도합니다. 아멘.

02
떼 부리는 기도의 응답
사무엘상 9장 1-14절

교회를 잘 다니면서 공부도 잘하던 학생이 있었습니다. 이 학생이 고등학교 3학년이 되었는데, 예배와 족집게 과외 시간이 딱 겹친 겁니다. 학생은 서울의 명문대학교에 입학하는 것이 목적이었기 때문에 예배를 포기하고 과외를 했고, 마침내 목표하던 학교에 붙었습니다. 그리고 세상에서 승승장구하니 그의 나이 쉰이 되도록 교회를 멀리하게 됐습니다. 급기야는 교회를 소리 높여 헐뜯는 비판자가 됐습니다.

과연 이 학생이 명문대학교에 붙은 것이 제대로 된 기도의 응답인가요, 아니면 떼 부리는 기도의 응답인가요? 우리가 세상 왕을 구하는 떼 부리는 기도를 할 때 하나님은 어떻게 응답하시는지 살펴보겠습니다.

분노함으로 응답하십니다

어느 집사님의 남편이 바람을 피우는데, 눈만 뜨면 '그 여자하고 어디를 갔을까, 뭘 하고 있을까' 하는 생각에 괴로웠다고 합니다. 그 집사님의 소원은 남편 다리를 부러뜨려서라도 남편하고 매일 같이 있는 거였답니다. 그래서 하나님께 떼 부리는 기도를 했습니다. 그러다가 소원이 이뤄졌습니다. 남편이 실직을 해서 정말 매일 같이 있게 됐다는 것입니다. 그러자 더는 의심이고 뭐고 할 게 없었지만, 남편이 늘 집에만 있으니 지긋지긋해지더랍니다. 그래서 다시 "주여, 남편을 의심하지 않겠습니다. 하나님 뜻대로 하옵소서" 하고 기도했습니다. 그랬더니 하나님이 남편을 회복시켜 주셔서 다시 취직이 됐다고 합니다. 간절함이 목에 차면 이런 기도가 나오나 봅니다.

이스라엘도 그랬습니다. 이제 좀 살 만해지자 "사무엘은 물러나라, 우리에게 스펙 좋고 능력 있는 왕을 달라"며 떼를 썼습니다. 그러자 하나님은 그들의 기도에 응답하십니다.

> 베냐민 지파에 기스라 이름하는 유력한 사람이 있으니 그는 아비엘의 아들이요 스롤의 손자요 베고랏의 증손이요 아비아의 현손이며 베냐민 사람이더라 삼상 9:1

하나님은 이스라엘의 요구에 사울이라는 청년으로 응답하셨습니다. "그들이 나를 버려"(삼상 8:7), 즉 하나님을 버리고 선택한 왕이 사울인 것입니다.

사울이 누구입니까? 그는 베냐민 출신의 사람입니다. 여기서부터 의미심장합니다. 하나님이 아무렇게나 사울을 고르셨겠습니까? 그렇지 않습니다. 사울의 등장은 결코 우연이 아닌 것입니다. 베냐민이 어떤 지파입니까? 그것을 알려면 사무엘상 이전 이야기인 사사기 19장을 살펴봐야 합니다.

사사기 19장에는 무시무시한 동족말살 전쟁으로 열두 지파 간에 분열이 생긴 이야기가 나옵니다. 한 레위인과 그의 첩이 베냐민 기브아에 머물 때 베냐민 사람들이 와서 이 레위인과 상관하고자 했습니다. 지금으로 말하면 동성애를 가리키는 것입니다. 그것이 해서는 안 될일인 줄 알았던 레위인은 그들의 욕구를 채워 주기 위해 자신의 첩을 내주었는데, 베냐민 사람들이 이 첩을 밤새도록 윤간해 결국 죽게 만들었습니다. 레위인은 첩의 시체를 열두 덩이로 나누어 이스라엘 사방으로 보냈습니다. 성경에는 "이스라엘 자손이 애굽 땅에서 올라온 날부터 오늘까지 이런 일은 일어나지도 아니하였고 보지도 못하였도다"(삿 19:30)라고 이 사건을 설명합니다.

그야말로 자기 소견에 옳은 대로 행하던 시대였습니다. 레위인에게 첩이 있는 것도 이상하고 칼로 시체를 나눠 사방으로 보낸 것도 이상합니다. 어쨌든 이 일을 전해 들은 온 이스라엘 지파가 여호와 앞에 모여서 베냐민을 치기로 했습니다.

그런데 이 베냐민이 얼마나 잔인하고 강한지 고작 2만 5천 명의 군사로 40만 이스라엘 군대와 1, 2차 전투에서 승리합니다. 회개는커녕 소수의 군사로 목숨 걸고 싸운 것입니다. 창세기는 베냐민을 일컬어 "물어뜯는 이리"(창 49:27)라고 말합니다. 정말 야비하고 무서운 지파입니다. 그들과의 싸움에서 두 번이나 패배한 이스라엘이 얼마나 부끄러

윘겠습니까?

이들은 하나님 앞에 기도합니다. 그리고 하나님의 약속을 믿고 나아가 마침내 세 번째 전투에서 대승을 거둡니다. 이스라엘 사람들은 베냐민과의 싸움이 얼마나 질렸으면 "딸을 낳으면 베냐민 사람에게 아내로 주지 않겠다"고 맹세까지 했습니다.

> 이스라엘 사람들이 미스바에서 맹세하여 이르기를 우리 중에 누구든지 딸을 베냐민 사람에게 아내로 주지 아니하리라 하였더라 ^{삿 21:1}

그러나 세월이 흘러 베냐민이 아주 멸절될 지경이 되자 이스라엘은 '그래도 하나님이 세우신 지파인데 어떻게 망하게 두는가, 도와야 하지 않겠는가' 하고 마음을 고쳐먹습니다. 그리고 마침 전쟁에도 나가지 않고 이런 맹세도 하지 않은 야베스 길르앗 족속을 다 죽이고 400명의 처녀를 남겨 베냐민에게 건네줌으로 그들의 멸절을 막습니다.

이 이야기는 사울이 왕으로 세워지기 불과 얼마 전에 벌어진 일입니다. 그러니까 사울은 이런 배경에서 살아남은 베냐민 사람의 아들이자 손자요, 그의 어머니는 야베스 길르앗 처녀 중 한 사람이었던 것입니다. 그러니 사울의 집안에 얼마나 원한과 상처가 많았겠습니까? 아버지는 전쟁 중에 전멸하여 고작 600명 살아남은 지파 사람이고, 어머니는 고작 400명 살아남은 지파의 사람이니 그들의 원한이 뼛속 깊었을 것입니다.

하나님은 사무엘을 내쫓고 왕을 세우고자 하는 이스라엘의 왕을 바로 이 베냐민 지파에서 고르신 것입니다. 이것이 바로 하나님의 분노하심의 결과라는 사실을 알겠습니까? 이스라엘이 그 소식을 듣고 얼마나 치를 떨었을까요? 비록 자신들이 왕을 요구했지만 가장 싫어하고 멸시하는 지파, 소돔 이래 가장 반감을 많이 사고 있는 베냐민 사람을 왕으로 임명하시다니, 하나님을 불신했을 것입니다.

사울은 또 어땠겠습니까? 사무엘이 사울을 찾아가 왕으로 선택되었다는 걸 처음으로 말할 때 사울은 이렇게 이야기합니다.

사울이 대답하여 이르되 나는 이스라엘 지파의 가장 작은 지파 베냐민 사람이 아니니이까 또 나의 가족은 베냐민 지파 모든 가족 중에 가장 미약하지 아니하니이까 당신이 어찌하여 내게 이같이 말씀하시나이까 하니 삼상 9:21

이것을 단순히 '사울이 참 겸손하구나'라고만 이해하면 안 됩니다. 자신의 뿌리를 알고 있는 사울로서는 '어떻게 나 같은 사람에게서 이스라엘의 왕을 구할 수 있는가' 하고 의아해 했던 것입니다. 베냐민 사람으로서, 레위인의 첩을 윤간해 죽인 것도 모자라 전쟁을 벌이고도 회개하지 않은 지파의 후손인데 죄의식이 있지 않았겠습니까?

그러나 이것은 위장된 겸손이었습니다. 앞으로 자신의 뜻을 이루기 전까지 본심을 숨기기 위한 겸손에 불과했습니다. 결국 그런 사울 때문에 이스라엘은 큰 위기를 겪게 됩니다.

'망해도 좋으니 한번 가 보고 망하자!' 하며 세상 것을 원하는 기도를 우리는 얼마나 많이 해 왔습니까? 교회를 열심히 다니면서도 부부간, 형제간, 부모 자식 간에 원수처럼 살고, '내 자식만 잘되게 해주옵소서' 기도하고 있다면 이것이 떼 부리는 기도입니다. 집안에 해묵은 갈등이 있습니까? 이것을 해결하지 않으면 그 잔재가 남아서 내 아들이 사울처럼 왕이 된 후에 내 가정을 말아먹고 말 것입니다.

결국 하나님은 이스라엘이 원하는 대로 왕을 주셨습니다. '너희들이 요구한 왕이 바로 여기 있다' 하고 준수한 것으로 응답하셨습니다. 사실 이것은 질투하기까지 사랑하시는 하나님의 '사랑하심의 복수'입니다. 벌을 주셔서라도 하나님 알기를 원하시는 말할 수 없는 사랑인 것입니다.

이렇게 떼 부리는 기도를 해도 하나님은 그렇게 사랑으로 응답하십니다. 벌을 주시고 망하게 하셔서 하나님을 알게 하십니다. 자식이 성공하기만을 기도했는데 정말 내 자식이 서울대학교 간 것이 분노하심으로 주신 응답, 사랑하심의 복수라는 것이 믿어집니까? 이것을 미리 알고 '하나님 뜻대로 하옵소서' 하고 기도할 수는 없을까요?

+분노하심으로 주신 응답을 받아 놓고 기뻐하지는 않았습니까?

+지금 하나님의 사랑하심의 복수 속에 살아가고 있습니까?

+기도할 때 '하나님 뜻대로 하옵소서' 하고 기도합니까?

원하는 대로 다 응답해 주십니다

하나님은 이스라엘이 떼 부리는 기도를 했다고 해서 대충 응답하지 않으셨습니다. 우리는 '사울은 무조건 나쁜 왕'이라는 고정관념을 가지고 있지만 이런 생각을 버리고 객관적으로 볼 수 있어야 합니다. 사울은 언약 백성을 위한 하나님의 최선의 선택이었습니다.

> 기스에게 아들이 있으니 그의 이름은 사울이요 준수한 소년이라 이스라엘 자손 중에 그보다 더 준수한 자가 없고 키는 모든 백성보다 어깨 위만큼 더 컸더라 삼상 9:2

그러고 보면 어딜 가나 이 외모가 문제입니다. "하나님은 중심을 보시는 분이다. 외모를 보지 말라"고 그렇게 말해도 사람들은 앉으나 서나 외모를 봅니다. 우리들교회 판교채플은 아무래도 최근에 지은 건물인만큼 영상을 볼 수 있는 화면도 크고 화질도 뛰어납니다. 사람들의 얼굴에 점은 물론 주름까지 자세하게 보입니다. 그러다 보니 성도들이 말씀에는 집중을 안 하고 '저 여자는 왜 저렇게 화장이 진해!', '저 부부는 어제 부부싸움을 했나, 표정이 안 좋네' 하면서 딴생각을 한다는 겁니다. 반면에 휘문채플에는 큰 화면이 없으니 말씀에만 집중합니다.

하나님은 이런 사람의 속내를 꿰뚫고 계신 분입니다. 그러니 이스라엘의 떼 부리는 기도에도 온갖 준수함을 동원하여 그들이 원하는 왕을 세워 주십니다. 사울은 젊고 키가 장대하다고 합니다. 단번에 혹할 수 있는 외모를 가진, 어디에 내어놓아도 손색없을 정도로 완벽한 인물이었다는 겁니다.

그뿐이 아닙니다. 사울은 내면도 잘생겼습니다.

> 3 사울의 아버지 기스가 암나귀들을 잃고 그의 아들 사울에게 이르되 너는 일어나 한 사환을 데리고 가서 암나귀들을 찾으라 하매 4 그가 에브라임

산지와 살리사 땅으로 두루 다녀 보았으나 찾지 못하고 사알림 땅으로 두루 다녀 보았으나 그곳에는 없었고 베냐민 사람의 땅으로 두루 다녀 보았으나 찾지 못하니라 5 그들이 숩 땅에 이른 때에 사울이 함께 가던 사환에게 이르되 돌아가자 내 아버지께서 암나귀 생각은 고사하고 우리를 위하여 걱정하실까 두려워하노라 하니 삼상 9:3-5

아버지가 암나귀를 찾아오라 명령하니까 사울은 두말 않고 길을 떠나 자그마치 40km 이상의 길을 다닙니다. 결국 암나귀는 찾지 못했지만 "나 때문에 아버지가 걱정하시겠다"며 지극한 효심까지 보입니다. 사람 됨됨이는 외모나 소유나 학벌에 있는 것이 아니고 내면적인 인격이 갖춰져야 하는데, 사울이야말로 이 됨됨이가 된 사람이었습니다. 사울의 됨됨이는 다음 절에도 나옵니다.

6 그가 대답하되 보소서 이 성읍에 하나님의 사람이 있는데 존경을 받는 사람이라 그가 말한 것은 반드시 다 응하나니 그리로 가사이다 그가 혹 우리가 갈 길을 가르쳐 줄까 하나이다 하는지라 7 사울이 그의 사환에게 이르되 우리가 가면 그 사람에게 무엇을 드리겠느냐 우리 주머니에 먹을 것이 다하였으니 하나님의 사람에게 드릴 예물이 없도다 무엇이 있느냐 하니 삼상 9:6-7

사울은 효심뿐 아니라 하나님에 대한 신앙심도 갖췄습니다. 사환이 "길을 가르쳐 줄 하나님의 사람에게 가자"하니 그에게 빈손으로 갈 수 없다며 예의까지 갖춥니다. 그뿐 아니라 그를 만나기 위해 험한 비탈길도 마다치 않습니다(삼상 9:11). 믿음을 직접 실천한 것입니다.

> 8 사환이 사울에게 다시 대답하여 이르되 보소서 내 손에 은 한 세겔의 사
> 분의 일이 있으니 하나님의 사람에게 드려 우리 길을 가르쳐 달라 하겠나
> 이다 하더라 9 (옛적 이스라엘에 사람이 하나님께 가서 물으려 하면 말하
> 기를 선견자에게로 가자 하였으니 지금 선지자라 하는 자를 옛적에는 선견
> 자라 일컬었더라) 10 사울이 그의 사환에게 이르되 네 말이 옳다 가자 하
> 고 그들이 하나님의 사람이 있는 성읍으로 가니라 11 그들이 성읍을 향한
> 비탈길로 올라가다가 물 길으러 나오는 소녀들을 만나 그들에게 묻되 선견
> 자가 여기 있느냐 하니 삼상 9:8-11

사울은 사환과도 좋은 관계를 맺고 있습니다. 사환의 말을 하찮게
생각할 수도 있는데 사울은 그의 말도 하나님의 인도로 받아들입니다.
그뿐만 아니라 여자를 무시하던 그 시대에 소녀들에게 "선견자가 여
기 있느냐" 물으며 여자를 존중하는 태도를 보입니다.

하나님은 사소한 일상을 잘사는 사람을 쓰십니다. 사울의 일상이 어
땠습니까? 사소한 소도구처럼 등장한 암나귀, 사환, 소녀들을 대할 때
마다 어느 것 하나 무시하지 않고 최선을 다했습니다. 효심, 신앙심,
배려심, 책임감 등을 모두 갖추지 않았습니까? 그래서 그가 그들의 손
에 의해 왕으로 뽑힌 것입니다. 만약 사울이 암나귀를 찾아오라는 아
버지의 말을 듣지 않았다면 어떻게 됐겠습니까? 사무엘을 만나지도
못했을 것입니다. 일상에서 최선을 다하지 않았다면 왕 후보조차 되지
못했을 것입니다. 오늘 만나는 사소한 만남이 내 사업을 일으킬 절호

의 기회가 될 수도 있다는 것을 믿어야 합니다.

여기까지만 보면 사울이 왕위에 오른 것은 하나님의 완벽한 응답처럼 보입니다. '떼를 부려도 이런 완벽한 응답을 주신다면 떼 부리는 기도를 백 번도 더 하겠다' 할지도 모릅니다. 그러나 성경은 전후좌우를 두루 살피며 읽어야 합니다.

이렇게 겸손하고 잘생기고 키 크고 효심에 신앙심까지 갖춘 사울이 왕이 되자 맨 처음 한 행동이 놀랍게도 야베스 길르앗을 위해 전쟁을 한 것입니다. 야베스 길르앗은 그의 어머니 지파입니다. 그러니까 왕이 되자마자 어머니의 한을 푼 것입니다. 이 사건은 앞으로 이스라엘에 닥칠 비극을 예견합니다.

한이 많은 사람은 목표를 이루기까지 얼마나 겸손한지 모릅니다. 자신의 속을 숨겨야 살아남을 수 있기 때문입니다. 아무리 주변에서 손가락질을 해도 준수함을 가지고 겸손하게 행동합니다. 그래서 이런 사람이 왕이 되면 세상이 참 무섭게 돌아갑니다. 이 이치를 분별할 수 있겠습니까?

사울은 믿음보다 성품이 우선인 인물이 아니었나 싶습니다. 아무리 완벽해도 성품은 환경에 금세 무너집니다. 높은 자리에 올라가면 누구도 예외가 없습니다. 원수를 갚아야 하기 때문입니다. 그런데 사실 원수를 갚아야 할 지파는 베냐민이 아니라 이스라엘인데, 세월이 한참 흐르다 보니 앞뒤 정황 다 잘라먹고 무조건 원수가 돼서 이런 기가 막힌 일이 생기는 것입니다. 그러니 나라 간에 갈등이 끝이 없고 지역감정이 해결 안 되는 것입니다.

결국 사울은 폭군이 됩니다. 이것이 떼 부리는 기도에 준수함으로 주신 응답의 반전입니다. 완전히 '폭망'하는 것입니다. 그렇다면 하나님은 더 이상 이스라엘을 사랑하시지 않는 것일까요?

+외모와 성품만 보고 사람을 판단한 적이 있습니까?

+믿음보다 사람의 됨됨이를 강조하지는 않습니까?

+준수함으로 주신 응답이 결국 나를 망하게 하는 길이라는 사실을 인정합니까?

하나님은 우리를 끝까지 사랑하십니다

하나님은 평범해 보이는 작은 사건 속에서 큰 뜻을 이루시는 분입니다. 우연한 만남 속에 하나님의 뜻이 감추어져 있다는 것을 잊지 말아야 합니다. 우연인 것 같지만 그 속에 하나님의 섭리가 있습니다.

사울이 사무엘을 만난 것이야말로 하나님의 섭리입니다. 아직도 하나님이 이스라엘을 끝까지 사랑하신다는 신호인 것입니다. 사울이 사고칠 때마다 사무엘이 그 일들의 뒤처리를 다 하지 않습니까? 그러니 사울 곁에 사무엘이 있는 것이 축복입니다.

그러고 보면 언제나 하나님의 사람이 모든 일을 풀어 갑니다. 집집마다 나라마다 사무엘처럼 중심이 잡혀 있는 한 사람만 있으면 소망이 있습니다. 그러니 사울 왕 시대의 주인공은 사울이 아니라 사무엘입니다. 하나님은 이스라엘의 왕인 사울이 아니라 사무엘을 통하여 하나님의 이름을 세워 가셨기 때문입니다.

12 그들이 대답하여 이르되 있나이다 보소서 그가 당신보다 앞서 갔으니 빨리 가소서 백성이 오늘 산당에서 제사를 드리므로 그가 오늘 성읍에 들어오셨나이다 13 당신들이 성읍으로 들어가면 그가 먹으러 산당에 올라가기 전에 곧 만나리이다 그가 오기 전에는 백성이 먹지 아니하나니 이는 그가 제물을 축사한 후에야 청함을 받은 자가 먹음이니이다 그러므로 지금 올라가소서 곧 그를 만나리이다 하는지라 14 그들이 성읍으로 올라가서 그리로 들어갈 때에 사무엘이 마침 산당으로 올라가려고 마주 나오더라 삼상 9:12-14

사무엘더러 "물러나라, 왕을 달라" 하던 백성이 이제는 그가 오기 전에는 먹지도 않는답니다(13절). 얼마나 큰 존경심입니까? 세상 왕을 구할 때와는 달리 사무엘은 백성으로부터 다시 존경을 받았습니다. 그 비결은 꾸준한 사역자의 자세 덕분이 아닐까 생각합니다. 사무엘인들 자신을 배척하던 백성이 있는 산당에서 제사를 집전할 마음이 났겠습니까? 그런데 사무엘은 한결같이 예배를 집전합니다. 이것이 사역자의 올바른 자세입니다. 하나님은 이런 사무엘에게 사울은 물론 다윗에 이르기까지 왕을 세우는 역할을 맡기십니다.

이처럼 우리는 사울이 아니라 사무엘이 되어야 합니다. 각 가정과 직장, 학교 등 내가 속한 어디에서든 말씀으로 사람을 분별하고 문제를 풀어 가는 역할을 잘 맡아야 합니다.

우리들교회의 어느 부자 성도님이 자신의 생각을 홈페이지에 올려 주었습니다.

"어떤 교수가 동네에 혼자 앉아 있는 노인에게 말동무도 돼 주고 잔디도 깎아 주고 커피도 마셔 주면서 2년을 지냈다고 합니다. 그러던 어느 날 노인이 보이지 않아 근처 사람들에게 물어보니 놀랍게도 그 노인이 코카콜라 회장이었습니다. 노인은 교수에게 2년 동안 친구가 되어 준 것에 고마워 250억 달러의 주식을 주었습니다.

그런데 과연 이 교수의 행운이 단지 믿음 덕분이었는지 묻고 싶습니다. 선한 마음을 전하다 보니 보답을 받은 것 아닐까요? 그저 믿음으로만 하나님을 찾는 건 아니라고 말하고 싶습니다. 저는 성품이 괜찮은 편이어서 다른 사람에게 피해 주지 않으려고 노력하고, 형제간에 잘 지내며, 검소하고, 남들에게 배려하며 살아갑니다. 이렇게 삶으로 본을 보이는 것이 먼저 돼야지 '하나님은 왕이다' 하고 말로만 하는 것은 저는 옳지 않다고 생각합니다.

아내는 그런 저더러 회개하라고 합니다. 그런데 저는 정작 회개가 나오지 않는데 어떻게 하라는 것인지 모르겠습니다. 저는 세상 생활이 재미있습니다. 우리들교회에는 도박, 술로 망한 사람이 많은데 제 주위에는 성실하게 남에게 피해 입히지 않고 살면서 바른길을 걷는 사람들이 대부분입니다. 그래서 성도님들의 나눔이 이해되지 않을 때가 많습니다. 어느 집사님은 남편과 헤어졌다가 다시 가정을 합쳤다고 합니다. 얼마나 기쁘겠습니까? 그런데 저는 이런 나눔이 공감이 안 됩니다.

저는 사업을 하고 있습니다. 돈이 있다고 티를 내지 않고 표현하지 않기 때문에 사람들이 잘 모릅니다. 기업을 하며 자리를 지켜야 하고 막중한 책임을 지고 있기 때문에 하나님께 올인할 시간이 없습니다. 그래도 시간을 쪼개어 최대한 열심히 예배 드리고 있다고 생각합니다.

그런데도 아내는 저더러 하나님 곁으로 오라고 야단만 칩니다. 날마다 기독교 방송만 틀어 놓고 보고 있으면서 지겹지도 않은지 아주 고집불통이고 절대 물러서지 않아요. 하나님이 원하시는 것을 100% 만족할 때까지 끝없이 요구하는 것 같습니다.

저를 향한 아내의 기대는 끝이 없으니 맞추기가 너무 어렵습니다. 처음에는 주일성수 하라더니 주일성수 하니까 소그룹 모임에 나오라고 하고, 모임에 나가니 매일 큐티하라고 합니다. 매일 큐티하면 이제는 매일 기도생활하라고 하겠죠? 그래도 김양재 목사님의 남편께서는 돌아가시기 직전에 영접하고 구원을 얻었다고 하셨는데, 저는 지금 예배도 잘 드리고 있으니 그분보다는 한 수 위라고 생각합니다.

아내는 제가 요즘 큐티를 하지 않고 중국어를 공부한다고 뭐라고 하는데, 사람이 목표나 도전정신도 필요한 것 아닙니까? 저는 아내처럼 믿음이 뛰어나지 못합니다. 아내와 믿음에 있어서는 극과 극입니다. 아내는 저보고 사업이 망해야 한다고 하는데 저는 사업을 위해 부단히 노력하니 너무 맞지 않습니다. 그래도 요즘은 저에게 맞는 설교를 하는 목사님 말씀을 들으면 와 닿는 게 있어요."

저는 이 글에서 세상 왕을 구하는 전형적인 모습을 봤습니다. 이분은 교회에 30년을 출석했다고 하는데 왜 여전히 세상 왕을 구하는 걸까요? 너무 준수한 세상 왕이 계속 승승장구했기 때문입니다. 그래서 진짜 왕이신 예수 그리스도를 구하기가 너무 어려운 것입니다.

그래도 우리들교회를 떠나지 않는 것이 구원의 근거입니다. 사울이 사무엘을 만난 것이 축복이었던 것처럼 저와 그분의 아내가 이 성도님 곁에 지겹게 붙어 있는 것이 곧 하나님의 끝없는 사랑입니다.

+내가 속한 공동체에서 내 역할은 사울입니까, 사무엘입니까?

+내 곁에도 사무엘과 같은 사람이 있습니까?

+하나님의 사람이 지겹게 붙어 있는 것이 하나님의 사랑이요 구원의 근거임을 인정
합니까?

저는 중학교 3학년 때 나이트클럽에서 당시 고등학교 3학년이던 지금의 남편을 처음 만났습니다. 그리고 첫눈에 반했습니다. 큰 키와 남자다운 성격에 매료된 것입니다. 그때부터 남편은 제 우상이 되었습니다.

1991년에 남편이 입대를 하고 정식으로 사귀게 되면서 750여 통의 편지를 주고받았고, "내 사랑 송이, 내 마누라 송이, 내가 믿는 건 너와 돈밖에 없다"는 말에 세상을 다 가진 것처럼 기뻤습니다.

남편은 제대 후에 여러 가수의 안무가로 이름을 날리더니, 클론으로 활동하며 인기 스타의 가도를 달렸습니다. 그의 노래 '꿍따리 샤바라'는 정말 큰 사랑을 받았습니다. 그러나 저는 콜라라는 그룹으로 두 장의 앨범을 냈지만 소속사와 대중의 기대에 미치지 못했습니다. 결국 신승훈, 박미경, 클론, 노이즈 등 소위 잘나가는 스타들의 소속사에서 망한 가수 1호가 되었습니다. 저는 열등감으로 주눅이 들어 자존감이 바닥으로 내리쳤습니다.

2000년 8월, 남편은 "저 푸른 초원 위에 그림 같은 집을 짓고 알콩달콩 잘 살자"며 제게 프로포즈를 했습니다. 저는 '드디어 내게도 불행 끝, 행복이 시작하려나 보다' 하는 마음에 가슴이 벅찼습니다. 이게 꿈인가 생시인가 했습니다. 그동안 제가 원하는 온갖 준수함을 갖춘 남편을 따라다니며 떼 부리는 기도를 한 줄도 모르고 분노함으로 주신 응답에 기쁘기만 했습니다. 그러나 폭풍전야의 고요처럼 그 기쁨은 단

3개월 만에 끝나고 말았습니다.

2000년 11월 9일 낮 2시경, 오토바이 세차를 하러 본가에 간다고 나간 남편은 집에서 1km도 떨어지지 않은 사거리에서 불법 유턴하는 차와 충돌하고 말았습니다. 그 결과 다시는 걸을 수 없고 만져도 감각을 느낄 수 없는 하반신 장애 1급 판정을 받게 되었습니다. 제 안에 늘 안고 있던 두려움과 놀람의 사건이 임한 것입니다.

처음에는 제 착한 성품과 열심과 사랑의 힘을 믿으며 죽는 날까지 남편을 간병하리라 자신했습니다. 그러나 꿈에도 생각지 못했던 전혀 새로운 현실에서 남편과 다툼이 끊이지 않았습니다.

그토록 원했던 남편이었지만 인간적인 사랑의 한계에 봉착하게 되니 제 속에서는 생색과 보상심리로 툭하면 이혼과 위자료를 요구했고 "나는 피해자, 너는 가해자"를 운운하며 남편을 학대했습니다. 그러면서도 저는 "날개만 없을 뿐 나 같은 천사가 어디 있어?" 하며 집밖에서는 천사의 모습으로 나도 속고 남도 속이는 삶을 살았습니다.

그러던 중에 암으로 투병하시던 엄마가 죽기 전에 유언을 남기셨습니다. "자식을 이 땅에 두고 먼저 가니 눈에 밟힌다"며 눈물을 흘리시더니 우리에게 "꼭 하나님을 믿고 교회에 나가라" 하시고는 소천하셨습니다. 사실 엄마는 아버지와 이혼하고 유부남을 만나며 다른 가정마저도 파탄시키셨습니다. 하나님을 떠나 세상을 택하여 20년 넘게 불교신자로 사셨습니다. 그러다가 온몸에 암이 전이되어 시한부 판정을 받고 칼로 생살을 도려내는 고통 속에서 하나님을 부르며 눈물로 회개하셨습니다.

저는 2006년 5월 말에 우리들교회에 처음 출석했습니다. 그때 김양재 목사님이 마태복음을 설교하셨는데, 설교 중에 "바람 피운 남편, 힘든 시댁, 힘든 상사, 힘든 사람들과 환경이 없다면 우리는 결코 하나님의 이름을 부를 수가 없다. 내가 예수의 이름을 부르도록 그들이 수고한 것이다. 그래서 우리는 복음에 빚진 자이다"라는 말씀을 듣는 순간 귀가 뻥 뚫린 느낌이었습니다. 목사님이 어떻게 제 얘기를 아시고 말씀하는지 깜짝 놀라지 않을 수가 없었습니다. 또한 "예수님이 이 땅에 오신 이유는 의인을 구원하러 오신 게 아니라 죄인을 회개시키려고 오셨다"는 말씀에 '그동안 천사인 줄만 알았던 내가 바로 죄인이었구나' 하며 저의 실체를 보게 하신 주님께 감사와 회개의 눈물을 흘렸습니다.

교회에서 세례를 받고 각종 양육을 받으니 더욱 이혼할 수가 없었습니다. 망해도 남편만 있으면 행복할 것 같았습니다. 그동안 세상 왕을 원하다가 하나님의 복수 속에서 사랑을 발견했습니다. 남편도 함께 예배를 드리고 부부목장에 가는 것이 기도제목이었는데, 2011년 2월 남편이 교회에 등록했고 부부목장도 참석하고 있습니다.

저는 2008년까지 그동안 다섯 번의 시험관 아기에 실패했습니다. 거의 포기를 했지만 4년 뒤 남편에게서 "시험관 한 번 더 해볼까?"라는 문자가 왔습니다. 그리고 5년 만에 다시 시험관 아기 시술 끝에 자녀를 얻을 수 있었습니다. 하나님께서 우리 부부에게 영적 자녀까지 낳게 해 주심에 감사합니다.

말씀으로 기도하기

하나님은 우리의 떼 부리는 기도에도 응답하십니다. 때로는 그 응답이 너무도 완벽하고 준수해서 떼 부리는 기도를 백 번도 더 하고 싶어집니다. 그러나 그 준수함이 나를 망하게 하는 길이라는 사실을 기억하기 원합니다.

분노함으로 응답하십니다 / 삼상 9:1

자녀가 원하는 학교에 합격하고 남편의 사업이 승승장구하는 것이 불철주야 기도한 덕분이라고 생각했습니다. 떼 부리는 기도를 하면서도 응답을 받으니 완벽한 하나님의 일하심인 줄 알았습니다. 그러나 그것은 내 삶에 사울 왕을 세우는 일이었습니다. 하나님의 분노함으로 주신 응답이었습니다. 그럼에도 그 응답이 나를 망하게 해 결국 하나님을 더 알게 되었으니 감사합니다. 이제는 모든 것이 하나님의 뜻대로 이루어지기를 원합니다.

원하는 대로 다 응답해 주십니다 / 삼상 9:2-11

하나님을 믿고 기도한다고 하지만 결국 선택의 기로에서는 말씀보다 그럴듯해 보이는 세상을 선택하곤 합니다. 사람을 대할 때도 믿음보다는 외모를 보고 판단할 때가 많습니다. 성품이 좋고 됨됨이가 바르면 입에 침이 마르도록 칭찬하면서 그렇지 않으면 무시합니다. 십자가를 통과하지 않으면 아무 소용이 없음에도 믿음보다는 성품을 강조

했습니다. 그러나 이제는 준수함 뒤에 숨은 사울의 본심을 발견하게
하여 주옵소서.

하나님은 우리를 끝까지 사랑하십니다 / 삼상 9:12-14

말씀으로 분별하고 문제를 해결하는 사무엘과 같은 사람이 되기를
원하지만 시시때때로 넘어지고, 감정과 상처를 앞세워 문제를 일으키
는 사울처럼 행동합니다. 이제라도 늘 말씀에 귀 기울이며 하나님과 친
밀한 관계를 만들어 나가기 원합니다. 떼 부리며 기도하고 분노함으로
주시는 응답 때문에 망하고 나서야 하나님을 찾는 것이 아니라 그 전에
하나님께서 택하여 주신 것만 받고 누리는 제가 되기를 원합니다.

영혼의 기도

하나님 아버지, 누가 하나님을 속일 수 있겠습니까? 그런데도 우리는 거짓으로 신앙생활을 합니다. 예수를 믿는다는 것은 어떤 경우에도 죽어지고 썩어지고 밀알이 되는 것인데, 그 모든 것은 덮어 두고 그저 이 땅에서 잘 먹고 잘살려고만 합니다. 불신자와 다름없이 간절해지면 울고불고 떼 부리며 기도합니다.

그런데 그 떼 부리는 기도에 마지못해 응답해 주신 세상 것 때문에 제 인생이 망했습니다. 주님 안에서 구한 것이 아니고 세상 야망을 위해서 구했기에 저도 속고 남들도 다 속았습니다.

오늘 사울을 보니 이제야 이해가 됩니다. 사무엘을 버리면서까지 그렇게 간절히 세우고자 했던 세상 왕이 그동안 제가 치를 떨며 무시하던 베냐민 출신임을 알게 되었습니다.

주님, 아무리 준수하다 해도 하나님 없는 세상 왕에 속지 않게 하여 주옵소서. 그 준수함을 뒤쫓던 백성들이 얼마나 긴 시간 동안 용광로에 들어가 있었는가를 기억하게 해주옵소서. 떼 부리는 기도를 멈추고 어떤 경우에도 '하나님의 뜻대로 하옵소서' 하고 기도하게 해주옵소서. 진짜 왕 예수 그리스도를 만나는 우리 모두가 될 수 있도록 역사하여 주옵소서.

예수님 이름으로 기도합니다. 아멘.

Part 2

넘어지고
또
넘어져도

03
아름다운 출발을 도우시는 하나님
사무엘상 9장 15절-10장 1절

저는 집안에서 아무도 돌봐 주지 않는 가운데서도 중고등학교에 무사히 입학했습니다. 또 꿈에 그리던 대학에 들어갔으니 더 이상 바랄 것이 없었습니다. 누가 보아도 아름다운 출발을 했습니다. 졸업 후에는 꿈에 그리던 학교에서 강의 요청도 받았습니다. 음악계에서도 아름다운 출발이 이어졌습니다. 급기야는 아름다운 출발의 종착지로 모든 것을 갖춘 남자를 만나 남부러워할 만한 결혼까지 했습니다.

그러나 이 세상이 제가 원하는 아름다운 것으로만 이루어져 있지 않다는 사실을 깨닫기까지 그리 오랜 시간이 걸리지 않았습니다. 하나님은 넘치는 진노로 제게서 잠시 얼굴을 가리셨기 때문입니다. 그리고 저보다 더 아파하셨던 주님의 사랑으로 진정한 아름다운 출발을 하게 되었습니다. 하나님은 이렇게 우리의 인생을 아름답게 출발할 수 있도록 도우십니다.

이스라엘도 그랬습니다. 하나님의 진노로 어려움이 한둘이 아니었습니다. 사무엘은 또 어떻습니까? 백성에게 배척을 당하는 입장에서 마음이 몹시 아팠을 것입니다. 사울로서는 집안의 재산인 암나귀가 없어진 것이 고난이요, 가문의 원한을 생각하면 온몸과 마음에 상처투성이였을 것입니다. 백성들은 백성들대로 원하는 왕이 세워졌지만 그 왕이 잔인한 베냐민 가문 사람이니 얼마나 괴로웠겠습니까? 그뿐만 아니라 자신들을 그렇게 사랑해 주던 사무엘을 배척하고는 밤마다 죄책감에 시달렸는지도 모릅니다. 다들 믿음의 분량대로 낙심되었을 것입니다.

그러나 하나님은 이들 모두를 아름답게 새 출발하게 하십니다. 우리가 지금 어떤 환경에 처했든 하나님은 지금 있는 그 자리에서 아름다운 출발을 하게 하시는 분이심을 믿으시기 바랍니다.

하나님께 묻고 또 물어야 합니다

사울이 오기 전날에 여호와께서 사무엘에게 알게 하여 이르시되 삼상 9:15

여기서 '알게 하다'는 표현에는 '귀에 바짝 대고 비밀을 속삭인다'는 의미가 담겨 있습니다. 직통계시의 의미가 아니고 친구에게 귀에 대고 털어놓듯이 실제적, 인격적으로 친하게 얘기해 준다는 것입니다. 회사에서 높은 지위의 사람이 내게만 비밀을 털어놓는다고 하면 기분이 어떨까요? 신뢰를 받고 있다는 마음에 뿌듯하지 않겠습니까? 그런데 하나님이 사무엘에게 그렇게 비밀을 털어놓았다고 합니다. 사무엘이 곧 하나님의 사람이었기 때문입니다.

그렇다면 하나님은 사무엘에게 무엇을 속삭이셨을까요? "이스라엘의 믿음이 아직은 멀었다. 외모가 준수한 왕을 원하고 있으니 네가 먼저 사울을 인정해라" 하고 사울을 왕으로 세울 수밖에 없는 상황을 알려주셨을 것입니다. 하나님은 사무엘이 이스라엘 백성과 사울 왕 시대를 함께 가기를 원하셨습니다. 백성이 왕을 잘못 구했다는 것을 누군가는 설명해 주고 바로 잡아 주어야 하니 사무엘을 그들 곁에 붙여 주신 것입니다.

사실 사무엘도 사울이 하나님이 고르신 이스라엘의 왕이라는 사실을 하루 전에야 알았습니다. 점쟁이처럼 신접해서 안 것이 아닙니다. 하나님이 말씀해 주신 것입니다. 사무엘조차 하나님이 말씀해 주시지 않으면 하나님의 뜻을 알 수 없는데 우리가 어찌 하나님 뜻을 알 수 있겠습니까? 그래서 하나님 앞에 어린아이처럼 묻고 또 물어야 합니다. 사무엘처럼 "사무엘아! 사무엘아!" 부르시는 하나님의 음성을 들어야 합니다. 사울처럼 자신의 준수함만 믿고 하나님을 외면해서는 안 됩니다.

우리가 큐티를 열심히 해야 하는 이유가 여기에 있습니다. 큐티하며 하나님 말씀 듣기를 즐거워하면 하나님은 우리에게도 비밀의 말씀을 속삭여 주십니다.

지체를 섬기는 일도 마찬가지입니다. 하나님께 길을 물으면서 지체들이 아름다운 출발을 할 수 있도록 도와야 합니다. 나는 지체에 대해서 알 수 없지만 말씀에 의지하면 하나님이 알게 하십니다. 사무엘은 백성들이 자신을 배척할 때도 결코 망연자실하지 않고 하나님의 음성에 귀를 기울였습니다.

그러니 '배신당했다' 하며 누구를 원망하지 맙시다. 우리에게는 천국 가는 그날까지 사명만 있을 뿐입니다. 하나님께 묻고 또 물으며 한명 두 명 '사람을 살리다' 보면 그 순간부터 아름다운 출발을 하게 될 줄로 믿습니다.

+지금 나의 상황과 환경이 어떻습니까?

+내 상황이 어떻든 아름다운 출발을 하게 하시는 하나님을 인정합니까?

+어려운 일이 있을 때 큐티하며 하나님께 묻습니까?

하나님의 '내 백성'이 되어야 합니다

16 내일 이맘때에 내가 베냐민 땅에서 한 사람을 네게로 보내리니 너는 그에게 기름을 부어 내 백성 이스라엘의 지도자로 삼으라 그가 내 백성을 블레셋 사람들의 손에서 구원하리라 내 백성의 부르짖음이 내게 상달되었으므로 내가 그들을 돌보았노라 하셨더니 17 사무엘이 사울을 볼 때에 여호와께서 그에게 이르시되 보라 이는 내가 네게 말한 사람이니 이가 내 백성을 다스리리라 하시니라 삼상 9:16-17

할머니들은 손주들을 보고 '내 새끼, 내 새끼' 합니다. 하나님도 당신의 백성을 '내 새끼'라고 하십니다. "내가 너를 지명하여 불렀나니 너는 내 것이라"(사 43:1) 하시는 것입니다.

하나님이 사울을 왕으로 세우신 것도 이스라엘이 예뻐서가 아니고 그들이 '내 백성'이기 때문이라고 하십니다. "'내 새끼', '내 백성'이 블레셋의 손에 압제당하고 있는데, 그들의 부르짖음이 내게 상달되었기에 사울을 세운다" 하십니다. 백성들은 하나님을 버렸는데 하나님은 그런 백성을 여전히 '내 백성'이라 하십니다.

문제를 일으킨다고 내 자식이 아닐 수 있습니까? 아무리 말썽을 부려도 내 자식은 내 자식이고 내 백성은 내 백성인 것입니다. 자격이나 공로나 실력이 있어서가 아닙니다. 한 번 자녀는 영원한 자녀인 것입니다. 주님은 우리가 철들 때까지 기다리시고, 책임지시고, 끝까지 선한 길로 인도하십니다. 이것을 믿는다면 세상에 두려울 것이 뭐가 있겠습니까?

10 야곱이 브엘세바에서 떠나 하란으로 향하여 가더니 11 한곳에 이르러는 해가 진지라 거기서 유숙하려고 그곳의 한 돌을 가져다가 베개로 삼고 거기 누워 자더니 12 꿈에 본즉 사닥다리가 땅 위에 서 있는데 그 꼭대기가 하늘에 닿았고 또 본즉 하나님의 사자들이 그 위에서 오르락내리락하고 13 또 본즉 여호와께서 그 위에 서서 이르시되 나는 여호와니 너의 조부 아브라함의 하나님이요 이삭의 하나님이라 네가 누워 있는 땅을 내가 너와 네 자손에게 주리니 14 네 자손이 땅의 티끌같이 되어 네가 서쪽과 동쪽과 북쪽과 남쪽으로 퍼져 나갈지며 땅의 모든 족속이 너와 네 자손으로 말미암아 복을 받으리라 15 내가 너와 함께 있어 네가 어디로 가든지 너를 지키며 너를 이끌어 이 땅으로 돌아오게 할지라 내가 네게 허락한 것을 다 이루기

까지 너를 떠나지 아니하리라 하신지라 ^{창 28:10-15}

하나님이 야곱에게 어마어마한 약속과 위로와 복을 주십니다. 야곱이 뭔가를 잘해서가 아닙니다. 오히려 지금 야곱은 아버지와 형을 속이고 장자의 명분을 갈취해서 집을 도망쳐 나와 처량하게 돌베개를 베고 잠을 자고 있습니다.

그런데도 하나님은 야곱을 축복하십니다. 이것이 '너는 내 새끼, 내 백성이다'라는 뜻입니다. 복 받을 만한 일을 해야 복을 받고 그렇지 않으면 복을 못 받는 것이 아닙니다. 우리 중 누가 신앙이 좋다 말할 수 있겠습니까? 우리는 다 그렇고 그렇습니다. 늘 하나님과 세상 사이 선택의 갈림길에 서서 '어디로 갈까' 고민하고 잘못되지나 않을까 두려워합니다. 그럴 때 하나님은 우리의 이런 생각까지 다 받으십니다.

두려워하지 말라 네가 수치를 당하지 아니하리라 놀라지 말라 네가 부끄러움을 보지 아니하리라 네가 네 젊었을 때의 수치를 잊겠고 과부 때의 치욕을 다시 기억함이 없으리니 ^{사 54:4}

하나님은 언제나 우리 편이십니다. 한 사람 한 사람의 고민을 다 알고 계십니다. 그러니 혼자라는 생각을 버려야 합니다. 큰 죄악 가운데 있다 할지라도, 주님을 배반했다 할지라도 여전히 나를 사랑하시는 주님의 사랑에 목이 멜 수밖에 없습니다. 이 하나님이 우리의 하나님입니다.

내가 넘치는 진노로 내 얼굴을 네게서 잠시 가렸으나 영원한 자비로 너를 긍휼히 여기리라 네 구속자 여호와께서 말씀하셨느니라 사 54:8

지금 주님이 잠시 분노하시므로 나에게 아픔이 있을 수 있지만 주님이 더 아파하신다는 것을 아십니까? 부모가 되면 이 마음을 알게 됩니다. 내 자녀가 못되게 굴면 주는 것을 멈추고 엄하게 가르치고 훈육합니다. 계속 퍼다 주는 것이 사랑의 전부는 아니지 않습니까?

하나님이 잠시 얼굴을 가렸다고 하십니다. 그러나 이 아픔을 겪고 나면 영원한 자비로 긍휼히 여기겠다고 하십니다. 주님은 '내 백성'을 이렇게 양육해 가십니다.

이는 내게 노아의 홍수와 같도다 내가 다시는 노아의 홍수로 땅 위에 범람하지 못하게 하리라 맹세한 것 같이 내가 네게 노하지 아니하며 너를 책망하지 아니하기로 맹세하였노니 사 54:9

하나님이 노아의 홍수 같은 재앙을 내려도 그것을 경험하고 나면 다시는 책망하지 않기로 맹세했다고 하십니다. 정말 지나고 보니 잠시 아팠지만 다시는 책망하지 않으심을 느낍니다. 아팠던 시간이 지난 후부터는 완전히 새로운 사람이 되어서 영원한 자비를 경험하게 되었습니다. 누가 저를 욕해도 맘 상하지 않고, 누가 분쟁을 일으켜도 휘말리지 않게 되었습니다. 이것이 곧 제 간증입니다. 저 역시 하나님의 '내 백성'입니다. 이제는 지도자가 되어서 내 백성을 지도해야 할 사명을 주셨습니다. 이것이 제게는 아름다운 출발입니다. 누구든 고난을 잘

견디고 이기면 예외 없이 아름다운 출발을 하게 될 줄 믿습니다.

어느 성도님이 사업을 하다가 임대료를 내지 못해 사무실을 정리해야 하는 상황에 처했습니다. 건물 주인이 찾아와 물었습니다.

"다른 사무실은 구했습니까?"

"아뇨, 구하지 못했습니다."

"그럼 이제 어떻게 먹고살 겁니까?"

"빚을 내지 않고 대리운전이라도 할 생각입니다."

주인은 기가 찬 듯 또 물었습니다.

"아내는 뭐해요?"

"가사도우미 합니다."

"교회 다닌다면서요?"

"한 10년 방탕한 생활을 하다가 돌아왔습니다."

"나도 교회 다니고 내 주위에 교회 다니는 사람이 많은데, 다들 취직도 잘되고 잘살던데 정말 교회 다니는 것 맞아요?"

주인이 성도님을 불쌍한 듯 쳐다보았습니다. 성도님이 허허 웃기만 하고 있으니 주인이 그러더랍니다.

"나 같으면 해골이 다 되었을 텐데, 그래도 얼굴은 좋으시네요."

그래서 이 성도님이 주인에게 이렇게 이야기했답니다.

"하나님 떠나서 방탕하게 사니 하나님이 저의 물질을 거두어 가신 것입니다. 그런데 10년 후에 한번 보시죠. 그때는 저도 살기가 괜찮을 겁니다."

당장 먹고살 길이 막막한데 이 상황이 얼마나 기가 찹니까? 그런데도 이 성도님은 하나님이 아름다운 출발을 하게 하시리라는 것을 믿은 겁니다. 그런 믿음으로 살다 보면 아름다운 출발을 못 할 사람이 누가 있겠습니까? 하나님은 '내 백성'을 반드시 살리시는 분입니다.

+당신은 하나님의 '내 백성'입니까?

+내가 아플 때 하나님은 더 아파하신다는 사실을 아십니까?

+잠시 얼굴을 가리시더라도 결국엔 '내 백성'을 살리시는 하나님을 인정합니까?

분별을 잘해야 합니다

18 사울이 성문 안 사무엘에게 나아가 이르되 선견자의 집이 어디인지 청하건대 내게 가르치소서 하니 19 사무엘이 사울에게 대답하여 이르되 내가 선견자이니라 너는 내 앞서 산당으로 올라가라 너희가 오늘 나와 함께 먹을 것이요 아침에는 내가 너를 보내되 네 마음에 있는 것을 다 네게 말하리라 삼상 9:18-19

하나님의 음성을 들은 사무엘은 사울을 바로 알아보는데 사울은 그러지 못합니다. 자신이 찾아야 할 사람이 사무엘인데 그 사무엘 앞에서 선견자를 찾고 있습니다. 맹자, 공자 앞에서 문자를 쓰는 것이죠. 사울이 겸손한 것 같아도 영적으로 하나님과 깊은 관계가 없기 때문에 결정적으로 중요할 때 분별을 못합니다. 매사를 말씀으로 분별하는 것이 아름다운 출발의 비결입니다.

아무리 성품이 좋고 외모가 준수하면 뭐합니까? 진정한 겸손도 사람을 분별하는 데서부터 옵니다. 아무에게나 잘하고, 아무나 도와주는 것이 어찌 겸손이겠습니까? 제아무리 겸손하게 굴어도 분별 못해서 실패하는 사람이 얼마나 많습니까? 분별 못한 채 결혼하고, 분별 못한 채 동업하다가 온 집안을 말아먹는 일들이 수두룩합니다. 또한 진정한 겸손은 구원과 연결되어야 가능하기 때문에 하나님의 지혜가 없이는 불가능합니다. 그 지혜는 십자가이고 말씀입니다.

사무엘은 이스라엘이 하나님의 백성임을 압니다. 하나님이 그들을 향해 '내 새끼' 하시는 마음을 압니다. 그래서 하나님의 마음으로 그들을 도울 수가 있는 것입니다. 하나님이 "내 백성이다" 하시면 나도 "내 백성이다" 해야 합니다. 하나님이 "내 백성이다" 하시는데 "아니에요. 저랑은 상관 없어요"라고 할 수 있겠습니까? 만약 그렇다면 사명자로서 틀린 자세입니다.

하나님의 부르심을 경험하지 않은 사람들은 남을 세울 수가 없습니다. 물론 사울도 하나님이 세우셨지만, 하나님과 친근히 지낸 사무엘과 떼 부리는 기도 응답으로 세워진 사울과는 너무 다릅니다. 사무엘은 자기 생각이 없습니다. 하나님께 들은 대로 합니다. 그게 가장 큰 지혜입니다. 사울은 하나님이 나이와 혈통을 불문하고 세운 자이므로 같이 가고, 같이 마시고, 같이 먹고, 섬기는 것입니다. 이것이 리더십입니다.

사무엘은 사울을 지도자로 인정했습니다. 하나님이 그러라 하시니까 그대로 따랐습니다. 사실 하나님은 사울이 훌륭해서 그를 지도자로 세우신 것이 아닙니다. 그저 백성을 교훈하려고 사울을 세우신 것입니다.

그러니까 꼭 좋은 남편과 살아야만 행복한 게 아닙니다. 나를 교훈

시키기 위해서 이상한 남편과 살게 하시는 것이 하나님의 은혜이고 축복입니다. 하나님은 그저 우리의 구원에만 관심 있을 뿐입니다. 그러니 하나님이 허락하신 내 상황을 두고 자꾸 좋고 나쁨, 옳고 그름을 따지면 안 됩니다.

사무엘은 사울에게 "네 마음에 있는 것을 다 네게 말하리라"(삼상 9:19) 합니다. 남의 마음을 어떻게 다 말할 수 있겠습니까? 그러나 성경처럼 인간론을 자세히 알려주는 책이 없습니다. 성경을 꿰뚫다 보니 누구로부터 한마디만 딱 들어도 그 사람의 서론 본론 결론이 파악됩니다. 그 사람의 인생이 말씀으로 다 해석되기 때문입니다.

제게도 '목사님! 어떻게 제 마음을 잘 아세요?' 하는 분이 한둘이 아닙니다. 제가 미리 들어서 아는 것도 아니고 신접해서 아는 것도 아닙니다. 사무엘도 그랬을 것입니다. 말씀에 귀 기울이며 '내 백성'에게 초점을 맞추면 모든 답이 나옵니다. 이것이 분별입니다. 사명을 잘 감당하는 아름다운 출발의 비결입니다. 이것을 잘 분별해야 합니다.

+말씀으로 분별합니까?

+하나님 말씀대로 행하는 것이 가장 큰 지혜임을 인정합니까?

+나를 교훈하기 위해서 고난을 허락하시는 하나님을 경험했습니까?

어둠의 세력에서 벗어나야 합니다

사울에게는 하나님의 '내 백성'임에도 아름다운 출발을 하지 못하도록 그의 발목 잡는 것이 있습니다.

첫째, 잃어버린 암나귀입니다.

사흘 전에 잃은 네 암나귀들을 염려하지 말라 찾았느니라 온 이스라엘이
사모하는 자가 누구냐 너와 네 아버지의 온 집이 아니냐 하는지라 삼상 9:20

사람이 사람을 세울 때 그 사람의 관심사를 알지 못하면 마음을 열
수 없습니다. 사무엘은 사울의 관심사를 알고 있었습니다. 사울은 온
통 잃어버린 암나귀 생각뿐이었습니다. 길을 걸어도 암나귀, 개를 만
나도 암나귀, 소를 만나도 암나귀, 사람을 만나도 암나귀뿐입니다. 암
나귀에서 벗어나지 못합니다.

사무엘은 이런 사울의 관심사를 알기에 "암나귀를 찾았다"고 합니
다. 그리고 넌지시 사울의 앞날에 대해서 말합니다. "너는 이스라엘의
보배다. 너는 하나님이 이스라엘을 맡기실 생각을 하는 사람이다. 그
러니 암나귀 좀 그만 찾아다녀라."

암나귀가 해결되지 않으면 사울은 더 이상 진도를 나갈 수가 없습니
다. 아름다운 출발을 할 수 없습니다. 그래서 사무엘이 사울을 만나자
마자 "암나귀를 찾았다"고 한 것입니다.

너무 연약한 사람은 혼자서는 문제를 잘 해결하지 못합니다. 사울이
얼마나 연약합니까? 육척 장신에 준수한 외모와 성품을 가졌지만 암
나귀 한 마리조차 제대로 찾지 못합니다. 그러니 사무엘이 그 암나귀
를 찾아 준 것입니다. 그러나 우리 인생에 찾아 주지 않는 암나귀도 많

습니다. 남편도, 돈도, 자식도 누가 찾아 주지 않습니다. 그래서 안 돌아옵니다. 그렇지만 하나님은 사울에게도 "너는 온 이스라엘이 사모하는 자, 보배"라고 하십니다. 하나님은 지금 우리에게도 그렇게 말씀하신다는 사실을 믿습니까?

그런데 말입니다. 그 보배를 대단한 이스라엘 왕으로 세우시는 데 고작 암나귀 한 마리가 없어진 사건이 동기가 된 것이 참 우습지 않습니까? 그러나 여기에도 하나님의 계획이 있습니다. 암나귀를 찾는 사울의 간절한 마음을 통해서 왕을 찾는 백성들의 간절함을 사울에게 맛보게 하신 것입니다. 이처럼 우리의 하찮은 고난도 우리 집안에 예수 그리스도로 왕을 세우는 과정이 될 수 있다는 사실을 기억하기 바랍니다.

제 시집살이 고난을 통해 하나님은 우리들교회를 세우셨습니다. 남들이 보기에 저의 고난은 얼마나 하찮은 것입니까? "걸레질하는 것도 고난이냐?" 할 수 있습니다. 그렇지만 그 고난 때문에 제가 여기까지 올 수 있었습니다. 저는 이 정도 고난 가지고도 교회를 세웠는데 여러분은 더 큰 고난을 가지고도 왜 아무것도 못 세웁니까?

하나님은 저를 이렇게 쓰시기 위해서 시집살이를 허락하셨는데, 저는 날마다 '빨리 살림 났으면 좋겠다. 피아노 쳤으면 좋겠다'고 생각했습니다. 길을 갈 때도, 일을 하다가도 항상 그 생각뿐이었습니다. 하나님은 제가 '보배'라고 하는데 제 머릿속에는 온통 '암나귀'뿐이었던 것입니다. 이렇듯 우리에게는 누구나 벗어나지 못하는 암나귀가 있습니다.

어느 집사님이 남편과 사별하고 아이 둘 데리고 총각과 재혼을 했습니다. 그리고 갖은 방법을 동원해 이 남편과의 사이에서 아이를 얻으려고 노력을 하던 중 우리들교회에 등록을 했습니다. 그러고는 새가족 환영회에 참석했는데, 마침 그날 큐티 본문이 이사야 54장이었습니다.

잉태하지 못하며 출산하지 못한 너는 노래할지어다 산고를 겪지 못한 너는 외쳐 노래할지어다 이는 홀로 된 여인의 자식이 남편 있는 자의 자식보다 많음이라 여호와께서 말씀하셨느니라 사 54:1

그날 말씀을 전하시는 전도사님이 "오늘 본문에 잉태치 못한 자가 복이 있다고 하시네요. 그러니 네 자식 내 자식 구별하지 말고 지금 있는 아이들 잘 키우세요. 말씀을 신뢰하여 사시는 적용을 해야 합니다" 했습니다. 그 말씀을 듣고 이 집사님은 "무슨 이런 교회가 다 있나" 하며 미련도 없이 교회를 떠났습니다. 우리들교회에는 이래서 떠나는 사람이 한둘이 아닙니다. 말씀대로 전하는데 왜 이상하다고 하는지 모르겠습니다.

그러다가 집사님은 8년 후에 두 번째 남편과도 이별을 했습니다. 인생이 고달프고 자식들도 점점 힘들게 하니 집사님은 다시 우리들교회로 돌아왔습니다. 우리들교회는 이런 분들이 모여서 이루어진 공동체입니다. 다 망하고 버림받아 갈 곳 없는 분들이 모여서 교회를 지었지만 빚 한 푼 없습니다. 배부르고 등 따스하고 돈이 있을 때는 아무도 오지 않는 우리들교회지만 이렇게 하나님이 기적을 이루고 계십니다.

집사님은 아직도 남편 생각에 빠져 슬픔과 연민에 젖어 있습니다. "나는 왜 여전히 안 되는지 스스로 생각해도 기가 막히다"고 고백을 합니다. 다른 이유가 없습니다. 암나귀에서 벗어나지 못하기 때문입니다. 그럼에도 이 집사님은 하나님의 '내 백성'임을 확신하기에 자신의 수치와 고난을 솔직하게 고백할 수 있었던 것입니다.

자, 이제 사울도 암나귀를 찾았고 사무엘도 하나님이 허락하신 사람을 찾았습니다. 백성들도 자신들이 원하던 왕을 찾았습니다. 모두 찾는 데 혈안이 되어 있다가 결국 다 찾았지만, 안타깝게도 아직 찾지 못한 것이 있습니다. 눈을 들어 하늘을 보며 찾을 분이 예수 그리스도 왕이시라는 사실을 믿습니까? 우리의 진짜 왕이신 예수 그리스도를 찾길 바랍니다. 입으로 시인해서 구원에 이르시기 바랍니다.

하나님이 우리에게 보배라고 하십니다. 그러나 저도 과거 시집살이를 할 때 "무슨 보배냐"면서 원망했던 적이 있습니다. 그 진리를 몰랐기 때문입니다. 망상이란 안 해도 될 생각을 하는 것이지만, 사실을 보면서도 자꾸 아니라고 하는 것도 망상입니다. 잘생긴 것도 인정이 안 되고, 학벌이 있어도 '학벌이 무슨 상관이야!', 집안이 훌륭해도 '집이 무슨 상관이야!' 합니다. 내가 갖지 못하니 부정을 하고, 원망을 합니다. 흑암 중에 행하여 빛이 없는 곳으로 걸어가는 것입니다.

망상 속에 빠져 있으면 어둠의 세력이 꽉 붙잡고 있기 때문에 기도도 되지 않습니다. 응답도 없습니다. 하나님의 말씀이 들리지 않기 때문입니다. 어둠의 세력에서 나와야 합니다. 하나님의 '내 백성'이므로 각자의 암나귀에서 해결되어야 합니다. 내가 얼마나 귀한 '이스라엘의 보배'인지 알아야 합니다. 그래야 아름다운 출발을 할 수 있습니다.

둘째, 사울의 열등감이 아름다운 출발의 발목을 잡고 있습니다.

사울이 대답하여 이르되 나는 이스라엘 지파의 가장 작은 지파 베냐민 사람이 아니니이까 또 나의 가족은 베냐민 지파 모든 가족 중에 가장 미약하지 아니하니이까 당신이 어찌하여 내게 이같이 말씀하시나이까 하니
삼상 9:21

베냐민 지파는 이스라엘 연합지파와 잔인하게 싸움을 했던 끔찍한 지파입니다. 사울은 자신이 베냐민 지파라는 것 때문에 열등감이 있었습니다. 사람들이 손가락질하는 것 같은 자격지심도 있었습니다. 인물은 준수했지만 혈통과 명예는 미약했습니다. 그러나 하나님은 낮은 자를 들어 쓰기를 기뻐하시는 분입니다. 나에 대한 고정관념부터 버려야 합니다. '내 주제에, 내 주제에' 하는 생각도 버려야 합니다.

우리는 생각지 못했던 사람이 왕으로 세워져도 그를 인정해야 합니다. 저라고 이렇게 될 줄 알고 왔겠습니까? 저는 목사가 되기에 불가능한 조건은 다 가지고 있었습니다. 여자이고, 할머니이고, 교회를 개척했지만 예배당이 없어 학교에서 예배를 드려야 하니 어떤 프로그램도 할 수가 없었습니다. 그러나 하나님은 우리들교회를 부흥시키셨습니다. 도리어 교회 건물이 생긴 지금, 예전보다 부흥이 될지 의문입니다. 왜냐하면 배부른 사람들은 구원에 관심이 없기 때문입니다.

22 사무엘이 사울과 그의 사환을 인도하여 객실로 들어가서 청한 자 중 상석에 앉게 하였는데 객은 삼십 명가량이었더라 23 사무엘이 요리인에게 이

르되 내가 네게 주며 네게 두라고 말한 그 부분을 가져오라 24 요리인이 넓적다리와 그것에 붙은 것을 가져다가 사울 앞에 놓는지라 사무엘이 이르되 보라 이는 두었던 것이니 네 앞에 놓고 먹으라 내가 백성을 청할 때부터 너를 위하여 이것을 두고 이때를 기다리게 하였느니라 그날에 사울이 사무엘과 함께 먹으니라 삼상 9:22-24

사무엘이 위치한 성은 '라마'인데, '높은 곳'이라는 뜻입니다. 사울은 라마보다도 더 높은 산당에 오르고, 산당에서도 가장 높은 자리에 앉습니다. 이렇듯 하나님은 보배인 사람에게 일을 시키기 위해서 자존감을 세워 주십니다.

사무엘은 사울을 산당으로 초청하고 두 가지 일을 했습니다. 그를 상석에 앉히고, 자신의 분깃인 제사장의 음식을 주었습니다. 제사장적 권위를 넘긴다는 의미입니다. 내 구원의 권세를 넘긴다는 뜻을 백성에게 보여준 것입니다. 사무엘은 즉각적으로 사울을 왕으로 섬겼습니다. 말로만 한 것이 아니고 몸으로 실천했습니다. "당신은 왕이 될 사람이므로 이런 과정이 필요하고 이런 대접을 받아야 한다"고 표현한 것입니다.

모든 것을 말씀대로 순종하는 사무엘의 모습이야말로 정녕 아름다운 출발입니다. 사무엘처럼 모든 기득권을 내려놓고 하나님이 그만두라 하시면 쿨하게 그만둘 수 있어야 하는데 그러지 못하는 사람들이 얼마나 많습니까? 사무엘의 아름다운 출발을 보면서 우리 또한 그 길을 갈 수 있길 바랍니다.

사람이 연단을 받기만 하면 자존감이 낮아져서 일을 제대로 못합니다. 밑바닥에서 욕만 먹으면 자존감이 곤두박질치기 때문에 금세 회복되지 않습니다. 그러나 하나님은 아름다운 출발을 위해 회복의 시간을 허락하십니다. 오랜 죄수생활로 자존감이 바닥인 상태였지만, 요셉도 애굽 최고의 엘리트들을 통치해야 했으므로 금 사슬을 목에 걸고 버금 수레에 태워 백성들 앞에서 돌게 하셨습니다(창 41:42-43). 준비가 잘 된 사람은 이런 대접에도 교만해지지 않고 초심을 잃지 않습니다. 그러나 준비가 안 된 사람은 금세 변질이 됩니다.

그래서 겸손의 훈련이 필요합니다. 겸손이 아름다운 출발을 잘하게 하는 비결이기 때문입니다. 하나님은 제가 돈을 가졌어도 안 쓰는 훈련을 시키셨습니다. 훈련을 받고 나니 교회가 아무리 커도 제 것이라는 생각이 전혀 안 듭니다. 모든 것이 우연이 없다는 생각을 합니다.

25 그들이 산당에서 내려 성읍에 들어가서는 사무엘이 사울과 함께 지붕에서 담화하고 26 그들이 일찍이 일어날새 동틀 때쯤이라 사무엘이 지붕에서 사울을 불러 이르되 일어나라 내가 너를 보내리라 하매 사울이 일어나고 그 두 사람 사울과 사무엘이 함께 밖으로 나가서 27 성읍 끝에 이르매 사무엘이 사울에게 이르되 사환에게 우리를 앞서게 하라 하니라 사환이 앞서가므로 또 이르되 너는 이제 잠깐 서 있으라 내가 하나님의 말씀을 네게 들려주리라 하더라 삼상 9:25-27

사무엘은 사환을 앞서 보내고 사울에게만 알려줄 말이 있다고 합니다. 아름다운 출발을 위해서는 마지막까지 조심해야 합니다. 중요한 순간에 말실수를 하고 정보가 새나가서 일을 그르치는 일이 얼마나 허다합니까? 아무리 충성된 심복이어도 사환은 듣지 않아야 될 얘기가 있는 것입니다. 사소하게 여기는 것이 없어야 합니다. 아직 공적으로 왕이 된 것이 아니기에 끝까지 조심해야 합니다. 우리는 하나님 나라의 지도자입니다. 말실수를 자꾸 하고 입단속을 잘하지 못하면 지도자가 될 수 없습니다.

> 이에 사무엘이 기름병을 가져다가 사울의 머리에 붓고 입 맞추며 이르되 여호와께서 네게 기름을 부으사 그의 기업의 지도자로 삼지 아니하셨느냐
> 삼상 10:1

전적인 하나님의 주권으로 사울에게 기름을 붓고 백성의 지도자로 세우시고 모두가 아름다운 출발을 하게 됩니다.

주님은 한순간도 우리 곁을 떠나시는 법이 없습니다. 우리를 포기하지 않으십니다. 그러나 '늘 나를 도와주시므로 이제는 내 마음대로 살아야지' 하는 것은 철이 덜 든 것입니다. 하나님은 사랑받을 만한 자를 사랑하시는 것이 아닙니다. 자격과 공로가 하나도 없는 이스라엘을 사랑하십니다. 그 사랑이 하나님 아버지의 사랑입니다.

고등학교 3학년 학생이 우리들교회 큐티 나눔 게시판에 올린 글입니다.

"저희 집은 형편이 그리 좋지 않았는데, 그 와중에 부모님은 저와 누나의 교육에 많은 것을 투자했습니다. 돈 못 버는 아빠, 생계를 책임지는 엄마 때문에 나는 준수한 자가 되어야 하고 엄마 아빠를 잘 모셔야

한다고 생각했습니다. 그리고 사춘기를 겪는 누나를 계속 속으로 정죄하며 '나는 저렇게 살지 말아야겠다'고 다짐했습니다. 저는 부모님한테 대들어 본 적이 없고 방문을 쾅 닫고 들어간 적도 없습니다. 초등학교, 중학교 때 정말 속 한번 썩인 적이 없습니다.

그런데 어느 날 제가 떼 부리는 기도를 하고 있었다는 것이 깨달아졌습니다. 기도를 한답시고 '주님! 저는 잘되어서 우리 집을 살려야 돼요' 하고 떼만 부린 것입니다. 그럼에도 하나님은 그런 떼 부리는 기도를 들어주셨습니다. 저는 우수한 성적으로 중학교를 졸업하고, 과학고등학교에 입학했습니다. 모든 사람에게 착하다고 인정받으며 지냈습니다.

그런데 고등학교 들어가서 성적이 바닥을 치고 친구관계에서 끊임없는 실패를 경험했습니다. '어떻게 나한테 이러실 수 있는가' 하며 하나님을 원망했습니다. 그러면서 고등학교 3학년 때 갑작스러운 사춘기를 겪게 되었습니다. 반항심이 생기고 제가 해오던 일들에 회의감이 들기 시작했습니다. 저는 또 하나님께 떼를 썼습니다. '하나님, 왜 하필 대학을 가야 할 중요한 시점에 이런 감정을 주시나요. 저를 빨리 원래 모범생으로 되돌려 놓으세요. 저는 좋은 대학에 가야 합니다. 엄마가 저를 보면 얼마나 힘들겠어요?'

그런데 지난주 설교를 들으면서 갑자기 눈물이 폭풍처럼 쏟아졌습니다. 뒤통수를 얻어맞은 것처럼 충격을 받았습니다. 저의 삶이 사울과 똑같다는 생각이 들었기 때문입니다. 베냐민 지파처럼 망해 버린 우리 가족과 저를 볼 때마다 사울처럼 자존감이 낮아져서 '어떻게 나 같은 걸 왕으로 삼겠어' 했고, 하나님께 완벽한 왕, 대학과 돈과 명예를 달라고 날마다 떼 부리며 기도했습니다. 암나귀를 찾고, 사환과 소통하고, 부모님께 효도했던 사울이 바로 저였습니다.

그런데 사울은 결국 이스라엘을 말아먹는 왕이 되었습니다. 저도 이렇게 모범생 생활을 하다가 성공하여 왕이 돼 가장 먼저 가족과 저의 억울함을 갚는 일을 하려고 했습니다. 가족의 경제적 억울함을 갚고, 저의 감정적 억울함을 갚으려 했습니다. 제가 사울임이 인정되었습니다.

눈물이 그칠 줄 몰랐습니다. 찬양을 틀어 놓고 엉엉 울었습니다. 하나님이 저를 그렇게 호되게 다루셨던 이유가 결국은 사울 같은 제 모습을 보라고 하신 것이었습니다. 준수함이 많았지만 결국은 그 준수함 때문에 이스라엘을 말아먹는 왕이 되지 말라고 하심이 깨달아졌습니다. 제가 사춘기도 없이 준수하기만 했다면 또 다시 떼 부리는 기도만 했을 것입니다. 하나님이 저를 왕으로 세우지도 않았을 것입니다.

이렇게 귀한 말씀으로 저를 살려주신 목사님께 감사드립니다. 저를 끝까지 사랑하시고 깨달음을 주신 하나님 사랑합니다."

어떻습니까? 우리 아이들 학원에 다니는 것보다 예배 드리고 말씀 듣는 것이 훨씬 낫지 않습니까? 어른들도 채 못 깨닫는 것을 이 학생이 깨달았습니다. 고난이 있어도 말씀을 이렇게 잘 깨닫는 밑거름이 되니 얼마나 감사합니까?

시온이여 깰지어다 깰지어다 네 힘을 낼지어다 거룩한 성 예루살렘이여 네 아름다운 옷을 입을지어다 이제부터 할례 받지 아니한 자와 부정한 자가 다시는 네게로 들어옴이 없을 것임이라 사 52:1

누가 이렇게 날마다 구체적으로, 간절한 마음으로 고백을 하면서 돌아오라 하겠습니까? 비록 '광야대학 고생과'를 졸업하지 못하고 떠날지라도, 아들딸이 곤비하여 그물에 걸린 영양같이 거리 모퉁이에 누워 있다 해도, 오늘 주시는 명령을 하나도 지키지 못한다 해도, 여호와의 말씀을 자꾸 잊어버린다 해도, 공연히 누군가를 압박하고 때로는 압박당한다 해도 저는 하나님이 그토록 못 잊어 하시는, 하나님의 통치를 받는, 하나님의 명령을 듣는 하나님의 '내 백성'입니다.

+내가 아름다운 출발을 하지 못하도록 강하게 붙들고 있는 어둠의 세력은 무엇입니까?

+내가 얼마나 귀한 '이스라엘의 보배'인지 깨달아집니까?

우리들 묵상과 적용

고등학교 1학년 무렵 친구를 따라 교회에 처음 가게 되었습니다. 전도부장을 맡아 선생님과 함께 결석한 친구들의 집을 방문하는 일이 즐거웠던 기억이 납니다. 그런데 당시 전도사님이 야한 포스터를 벽에 붙여 놓고 노골적으로 보았습니다. 실망이 컸습니다. 게다가 천국에 대한 그분의 해석도 납득이 되지 않았습니다. 수련회에서는 선생님들이 통성기도 시간에 기도를 안 한다며 제 등을 때리고 누르는 일이 있었는데, 무섭고 분이 나기도 해서 그 길로 교회에 발길을 끊게 되었습니다.

그 후 저는 의사 집안의 아들로 어려움 없이 성장했습니다. 대기업에 다니며 제 부족한 점을 잘 채워 줄 것 같은 지혜로운 아내를 만나 결혼도 하고, 아들딸 낳고 나름 준수한 가장으로 성공한 인생을 살고 있다고 생각했습니다.

직장에서 주목받지 못하는 부하 직원들을 가르치고 키우는 데 보람을 느꼈습니다. 팀이 점점 성장하면서 인정도 받게 되었습니다. 그런데 몇 년 전부터 다른 부서에서 제 팀원을 한 명씩 빼 가더니 결국 제 팀이 해체되고 말았습니다. 사람에 대한 배신감으로 낙심이 되었습니다. 게다가 저를 괴롭히던 상사가 은근히 퇴사를 압박해서 자존심이 상해 죽을 것만 같았습니다. 급기야는 22층인 저희 집 서재에 앉아 아래를 내려다보며 '여기서 떨어지면 어떻게 될까?' 하는 생각을 했습니다.

그러다 제가 언제 뛰어내리게 될 지 모른다는 공포가 엄습했습니다. '그렇다면 죽기 전에 아내 소원이라도 들어주고 죽어야겠다'는 마음으로 넉 달 전 우리들교회에 오게 되었습니다. 목사님 말씀이 어떤 의미인지는 몰라도 하나님이 악한 제사장 엘리로부터 어린 사무엘을 보호하셨다는 이야기가 마치 사무엘의 귀에 바짝 대고 천천히 비밀을 알려주신 것처럼 제 귀에 쏙 들어왔습니다. 그 다음 주에는 예수님이 "나사로야" 하고 부르시니 죽은 나사로가 무덤에서 살아 나왔다는 이야기를 해주셨는데, 그때 예수님이 "철아" 하고 저를 불러 주셨고 살려주셨다는 사실이 믿어졌습니다. 하나님은 잠시 분노하심으로 얼굴을 가리셨지만 저보다 더 아파하시며 정신적, 육적으로 무너진 상황에서 저를 '내 백성'이라고 하시며 아름다운 출발을 하게 해주셨습니다.

교회를 오가는 차 안에서 아이들이 아빠랑 같이 교회에 가니까 정말 좋다면서, "그런데 아빠, 부부목장이 진짜래요!" 하기에 부부목장도 나가게 되었습니다.

이후 이직의 기회가 생겼습니다. 높은 직급과 더 많은 연봉, 프로젝트 결정권까지 주는 등 더없이 좋은 조건의 제의가 들어오자 하나님의 선물이라 생각되었습니다. 그런데 이 사실을 목장에서 나누니 목원들이 회사를 옮기지 말라는 것입니다. 죽음을 각오할 만큼 힘들었던 지금의 직장에서 떠나지 말라고 하니 너무 고민이 되었습니다. 사실 이직을 결심했지만 분별을 잘해야 한다는 마음도 컸습니다. 믿음은 부족했지만 끝까지 인도에 따르겠다고 기도하며 결정을 맡겼습니다.

결국 하나님은 이직을 막으셨습니다. 그리고 저를 괴롭히던 상사가 저를 교훈해야 하기에 세워진 사람이었다는 것을 깨닫게 하셨습니다. 목장에서 들었던 말씀들 덕분에 이직을 막으신 것이 하나님의 선하신 인도임을 깨달을 수 있었습니다.

저는 다른 사람들을 위해 애쓰고 회사를 위해서 헌신했다고만 생각했는데 그 마음속엔 더 높은 직위를 바라는 욕심이 있었다는 것을 알게 되었습니다. 그리고 사람들에게 인정받지 못했던 지난 몇 년 동안 최선을 다하지도 않았던 제 자신을 보게 되었습니다.

하나님의 인도하심을 믿는다 하면서도 '무엇이 내 생각이고 무엇이 하나님의 생각인지' 분별이 어려워 말씀을 들을수록 궁금증들이 생깁니다.

우리는 다 100% 죄인이라고 하시는데 저는 아직 50%만 죄인인 것 같습니다. 나머지 50%도 하나님이 찾아 주실 줄 믿습니다. 하나님만이 완전한 저의 왕이 되어 주시기를 기도합니다.

말씀을 통해 제가 온 이스라엘이 사모하는 자, 보배로운 자라는 것을 자각하게 해주시니 감사합니다. 암나귀에서 벗어나지 못하고 앞으로 나가지 못하는 저의 암나귀를 해결해 주시니 감사합니다. 저의 부족함을 고백하니 열등감이 사라지고 자존감이 회복되었습니다. 이런 저를 상석에 앉혀 주시고 왕처럼 섬겨 주신 하나님을 사랑합니다.

말씀으로 기도하기

　　하나님은 사기 치고 거짓말하고 도망간 야곱을 끝까지 인도하시고 복을 주셨습니다. 모든 게 무너져 힘들고, 흑암 중에 행하며 빛이 없는 자라도 하나님을 의지하면 됩니다. 아름다운 출발은 자격이 있는 사람만 할 수 있는 것이 아닙니다. 넘어져도 하나님의 백성입니다. 그런데도 우리는 영적 망상에 빠져 개가 토한 것에 자꾸 눈을 돌립니다. 누군가 나를 위하여 기도해 주는데도 내가 어둠의 세력을 너무 꽉 붙잡고 있기 때문에 기도의 응답이 안 됩니다. 이제는 어둠의 세력을 결박하고 하나님을 의지하기 원합니다. 아름다운 출발을 하게 하시는 하나님을 믿으며 나아갑니다.

하나님께 묻고 또 물어야 합니다 / 삼상 9:15
　위대한 선지자 사무엘도 어린아이처럼 하나님께 묻고 또 물었는데, 저는 직장을 결정할 때도, 자녀의 진로를 결정할 때도, 인생의 중요한 갈림길 앞에서도 내 마음대로 했습니다. 그래서 망했습니다. 그래도 감사한 것은 이제 하나님의 말씀이 들리는 것입니다. 아름답게 새 출발하게 하시는 하나님의 사랑이 느껴집니다. 이제는 무슨 일을 하든 어린아이처럼 하나님께 묻겠습니다. "사무엘아, 사무엘아" 부르신 하나님의 음성을 듣겠습니다.

하나님의 '내 백성'이 되어야 합니다 / 삼상 9:16-17

저는 혼자라고 생각했습니다. 하나님을 믿는다고는 했지만 고난이 닥치자 아무 생각도 나지 않았습니다. 이렇게 살아서 무엇하나 하며 좌절하기도 했습니다. 그러나 이제 비로소 이 고난의 시간이 주님이 분노하심으로 잠시 얼굴을 가리신 시간이었다는 것을 알게 되었습니다. 제가 아플 때 주님이 더 아팠고, 그 아픔 뒤에 영원한 자비로 긍휼히 여기겠다고 하신 맹세가 곧 제게 주신 약속임을 알았습니다. 저는 하나님의 '내 백성'입니다.

분별을 잘해야 합니다 / 삼상 9:18-19

큐티를 하고 말씀을 읽으면서도 그 말씀 속에 내 문제를 해결하는 열쇠가 있다는 사실을 인정하지 않았습니다. 슬픔과 연민에 빠져 아무리 말씀을 들려주어도 들리지 않았습니다. 제가 보기에 준수한 방법으로 해결하려고만 했습니다. 그러니 현재에 머물러 아름다운 출발을 할 수 없었습니다. 이제는 '내 새끼' 하시는 하나님 말씀을 듣겠습니다. 말씀으로 분별하여 떼 부리는 기도를 멈추고 하나님께 들은 대로 하겠습니다.

어둠의 세력에서 벗어나야 합니다 / 삼상 9:20-10:1

하나님은 제게 보배라고 하십니다. 그런데도 왜 저는 날마다 암나귀만 생각하는지 모르겠습니다. "네가 귀하다. 네가 보배다" 하시는 하나님께 "그래도 저는 돈이 많았으면 좋겠습니다", "제 자식이 서울대학교에 입학하게 해주옵소서" 했습니다. 그것이 암나귀인지도 모른 채, 그게 제 열등감에서 나온 줄도 모른 채 떼를 부렸습니다. 그러나 이제는 자격도 공로도 하나 없는 저를 '내 새끼' 하시며 끝까지 사랑하시는 하나님의 사랑만으로 만족하고 감사합니다. 저를 끝까지 사랑해 주시는 하나님 감사합니다.

영혼의 기도

하나님 아버지, 번듯한 결혼을 하면서 아름다운 출발을 했다고 생각했습니다. 고생 끝 행복 시작이라고 생각했습니다. 그런데 그 아름다움은 망해야 할 아름다움이었습니다. 제 속에 제 준수함이 너무 많아서 도리어 죽고 싶었고 이혼하고 싶었습니다. 삶의 의미가 없었습니다. 준수함 때문에 망할 뻔했는데 하나님의 다함이 없는 그 사랑 때문에 예수님을 만나게 되었습니다. 홀로 됨에도 예수님이 저의 신랑되시니 영적 상속자가 더 많아졌습니다. 진정으로 아름다운 출발을 하게 하셨습니다.

사무엘과 사울과 백성들을 보면서 모두가 자기 자리에서 죽을 것 같이 힘든데 다시 아름다운 출발을 하게 하시는 놀라운 하나님의 은혜를 보았습니다. 아직도 흑암의 세력에서 빛으로 나오지 못하고 어둠을 붙잡은 채 망상 가운데 있다면 하나님을 의지하여 그 어둠의 세력을 결박하고 거기서 나오기를 원합니다. 그리하여 아름다운 새 출발을 하게 해주옵소서.

예수님 이름으로 기도합니다. 아멘.

04
새사람으로 살려면
사무엘상 10장 1-27절

성형수술을 하면 돈이 많이 들어서 그렇지 못 고칠 곳이 없다고 합니다. 몇 억 원을 들이면 머리부터 발끝까지 다 고친다고 합니다. TV를 보면 '저런 미인도 있구나' 하고 감탄하는데, 실은 성형수술을 하면 얼마든지 그렇게 미녀가 될 수 있다고 합니다.

얼굴도 고치고, 몸도 고치고, 집도 고치고, 차도 고치지만 저는 마음을 고쳐 주는 성형외과도 있으면 참 좋겠다는 생각을 합니다. 그러면 자식, 남편, 아내의 마음도 고쳐 주지 않겠습니까? 그게 되기만 한다면 집 한 채 값도 아깝지 않을 것입니다. 하지만 마음을 고치는 일은 돈으로 되지 않습니다. 그래서 세상의 기적 중에 기적은 마음이 고쳐지는 것이라고 생각합니다.

우리들교회에서 결혼예배를 드리면 유독 은혜가 넘칩니다. 형식적인 결혼식이 아닙니다. 결혼식까지 이르게 된 기가 막힌 사연을 서로 고백하니 "이 신랑 신부가 이렇게 변해서 드디어 결혼을 하는구나!" 하는 마음에 눈물이 앞을 가리곤 합니다. 몇 해 전 판교채플에서 첫 번째 결혼예배를 드리던 날도 그랬습니다. 주례를 맡은 제게 신랑의 아버지가 "은혜 많이 받았습니다" 하며 눈물을 흘렸습니다. 그런데 이렇게 결혼식이 은혜가 넘치는 것은 신랑 신부가 아름다운 출발을 하면서 새사람이 되기 때문인 것 같습니다. 결혼을 하기까지 서로의 간증이 있고 신앙고백이 있으니 얼마나 감격스럽겠습니까?

이렇듯 아름다운 출발을 위해서 하나님은 우리를 '새사람'이 되게 하십니다. 그런데 새사람이 되려면 어떤 과정을 거쳐야 할까요?

하나님의 기름 부으심이 있어야 합니다

이에 사무엘이 기름병을 가져다가 사울의 머리에 붓고 입 맞추며 이르되 여호와께서 네게 기름을 부으사 그의 기업의 지도자로 삼지 아니하셨느냐

삼상 10:1

하나님은 사무엘을 통해 사울에게 기름을 붓습니다. 그가 완벽해서가 아닙니다. 사울은 얼굴은 잘생겼지만 열등감이 많았습니다. 게다가 열두 지파 중에서 가장 미약한 베냐민 사람입니다. 사울의 지도력에 회의를 품은 이스라엘 백성도 있었습니다. 모두가 그를 지지한 것이 아닙니다.

하나님인들 사울을 왕으로 세우고 싶어 세우셨겠습니까? 문제는 그

럼에도 불구하고 사울보다 더 나은 사람을 이스라엘에서 찾을 수가 없었다는 것입니다. 그때는 사울이 최고였던 것입니다.

허물과 약점 없는 사람이 어디 있겠습니까? 게다가 왕이 된다고 하는데 누군들 두렵지 않을 수 있겠습니까? 모세의 후계자 여호수아도 지도자로 세워질 때 두려워했습니다. 사울이라고 별수 있었겠습니까? 이것이 바로 인간의 한계입니다.

그러나 하나님은 인간의 한계를 누구보다 잘 아십니다. 그럼에도 하나님은 그 인간을 통해서 일하십니다. 이것이 하나님의 무한한 사랑입니다. 그래서 우리 또한 사람에게 그 어떤 기대도 하지 않는 것이 좋습니다.

이스라엘은 왕을 세우기 위해 제비를 뽑습니다. 그런데 그 이전에 사무엘이 사울에게 기름을 붓습니다. 이것은 중요한 의미가 있습니다. 제비만 뽑으면 나중에 "왕은 백성이 뽑았다"할 것이기 때문에 먼저 기름을 부은 것입니다. "사울을 왕으로 뽑은 것은 하나님이다"라는 의미입니다. 즉 사울에게 "너를 왕으로 세운 이는 하나님이니 하나님에게만 충성해라. 백성의 소원을 충족시키는 왕이 되면 오래가지 못한다. 하나님의 말씀으로만 인도함 받으면 백성에게 천국을 소개하는 지도자가 될 것이다. 그러므로 너는 출신의 열등감, 과거의 상처를 털어버리고 이스라엘의 왕으로서 백성을 품어야 한다. 좁은 속을 버리고 넓은 마음으로 그들을 품어야 한다. 이것이 내가 너에게 기름 부은 이유이다" 하신 것입니다.

그러고 보면 저도 하나님이 기름 붓지 않으셨다면 지금까지 올 수 없었을 것입니다. 목회를 하는 것이 원래 저의 사명도 아니었고, 처음부터 지금의 우리들교회를 담임하라고 했다면 감당 못 했을 것입니다. 한 사람 감당하는 것도 힘든데, 각 의견이 다른 1만 명 넘는 성도를 감당하는 것이 얼마나 힘들겠습니까? 설교가 길다 짧다, 성가대는 왜 없냐, 교회 건물을 왜 짓는가⋯ 이처럼 말도 많고 탈도 많으니 인간의 힘으로는 감당하지 못합니다. 사람의 비위를 맞추고자 했으면 지금까지 못 왔습니다.

그러나 하나님이 저에게 하라고 하셨기 때문에 지금까지 왔습니다. "사람의 떼 부리는 기도 듣지 말고 하나님께 들은 것만 말하라. 이것은 시간이 지나야 해결이 된다. 외롭겠지만 내가 도와주겠다" 하시면서 저에게 기름을 부으셨다고 생각합니다.

지금 생각해 보니 지난 15년 동안 제가 기도한 것은 물론이고 구하지 않은 것까지도 하나님은 넘치게 응답해 주셨습니다. 모든 기도가 다 응답되었다는 생각이 듭니다. 어마어마한 치유가 일어났고 상처가 회복되었습니다. 육적으로도 하나님이 많은 복을 주셔서 별로 기도하지도 않은 것 같은데도 좋은 성전을 주셨습니다. 이것은 오직 하나님께 충성하라고 하시는 것이고, 그러려면 '새사람'이 되어야 한다는 것입니다.

+하나님이 내게 기름을 부으시고 새사람이 되게 하심을 인정합니까?
+여전히 나를 변화할 수 없게 하는 과거의 상처나 열등감이 있습니까?
+사람은 제비를 뽑아도 왕은 하나님이 세우신다는 사실을 믿습니까?

체험신앙이 있어야 합니다

사울은 지금으로 말하면 당대신앙이라고 할 수 있습니다. 사무엘처럼 어머니의 기도로 낳은 아들도 아니고 암나귀 좇다가 갑자기 왕이 되었는데 무엇을 알겠습니까? 그러니 사울은 하나님께 충성하기가 어려웠습니다. 그에게는 체험신앙이 필요했습니다.

세상 기업도 엘리트들을 신입사원으로 뽑으면 연수원에서 각종 힘든 훈련을 시킨 후에 각자에게 맞는 임무를 줍니다. 하나님 나라도 마찬가지입니다. 준수한 외모에 효성이 있고 사람들 앞에서 겸손한 사울이 기름 부음까지 받은 것은 일류 회사에 합격한 것이라고 할 수 있습니다. 그러나 그에게는 체험신앙이 없었습니다. 그래서 하나님은 그가 당장 왕이 되게 하시지 않고 왕이 될 수 있는 훈련을 시키셨습니다. 하나님은 사울에게 체험신앙을 주시기 위해 세 가지 징조를 통해서 훈련을 시키십니다.

첫째, 집착을 끊게 하는 징조를 주십니다

네가 오늘 나를 떠나가다가 베냐민 경계 셀사에 있는 라헬의 묘실 곁에서 두 사람을 만나리니 그들이 네게 이르기를 네가 찾으러 갔던 암나귀들을 찾은지라 네 아버지가 암나귀들의 염려는 놓았으나 너희로 말미암아 걱정하여 이르되 내 아들을 위하여 어찌하리요 하더라 할 것이요 삼상 10:2

사울이 얼마나 암나귀 타령을 했습니까? 그런데 그런 사울에게 "라헬의 묘실에서 만나는 두 사람을 통해 암나귀를 찾았다는 말과 아버지 기스가 사울을 걱정한다는 이야기를 들을 것”이라고 합니다. 생면부지의 두 사람이 사울도 모르는 그의 집안 사정을 어떻게 아는 걸까요? 이것은 굉장히 초월적인 기적입니다. 처음 하나님을 믿는 사람에게는 이런 기적도 필요한 것 같습니다.

게다가 이 이야기를 듣는 장소가 라헬의 묘실입니다. 라헬이 누구입니까? 그녀는 베냐민의 엄마이자 평생 야곱의 사랑을 받은 그의 아내였습니다. 그러나 라헬은 야곱을 괴롭히기만 하다가 결국 약속의 땅에 묻히지 못했습니다. 그런 라헬이 둘째 아들을 낳다가 죽으면서 이름을 ‘베노미’ 즉 ‘슬픔의 아들’이라고 지었습니다. 자식이 일생 슬프기를 바라면서 죽는 어머니가 어디 있습니까? 그런데 이 베노미가 베냐민입니다. 야곱이 그의 이름을 ‘오른손의 아들’이라는 뜻의 베냐민으로 바꿔 준 것입니다.

이것은 라헬의 후손인 사울 역시 약속의 땅에 들어가지 못한다는 것을 암시하는 것입니다. 성경은 하나님의 분노로 세워진 사울에 대해 계속해서 비극을 암시합니다. 분노하심으로 응답하신 것이 무엇인지 우리는 계속 보게 되는 것입니다. 기도는 하나님의 뜻대로 해야 합니다. 암나귀 찾다가 부름을 받고, 사무엘의 자리까지 빼앗아 앉게 되는 이런 일이 우리에게도 얼마든지 일어날 수 있습니다.

나보다 실력도 없고 믿음도 없는데 누군가가 먼저 직분을 받아서 기분이 나쁩니까? 말씀을 보니 하나님도 사정이 있다고 하십니다. 교회도 사정이 있는 것입니다. 그 사정을 알기 위해서는 구속사적 시각으로 성경을 읽어야 합니다. 성경은 자꾸 읽어야 하고 말씀은 계속 들어야 합니다.

하나님은 초자연적인 기적을 통해서라도 사울이 암나귀에게서 벗어나도록 하십니다. 이미 일전에 암나귀를 찾았다고 이야기해 주었지만 '찾긴 뭘 찾았겠어?' 하며 의심하고 있으니 생면부지의 사람까지 동원해서 또 "찾았다"고 이야기하시는 것입니다.

우리에게도 일생 못 벗어나는 암나귀가 있습니다. 예수를 믿는데도 남편에게서, 자녀에게서, 돈에서, 외모의 감옥에서 못 벗어납니다. 믿음이 좋은 것 같은데 입만 열면 자식 얘기, 돈 얘기 합니다. 어떤 성도님은 설교를 들으면서도 핸드폰으로 주식 상황을 들여다봅니다. 소 사고 집 사는 것만 집착합니다. 과연 그런다고 갑자기 부자가 됩니까?

하나님이 왕으로 세우실 사울에게 집착을 끊으라고 하시는 것은 나중의 사역을 위해서입니다. 하나님의 일을 하려면 집착을 끊는 것이 굉장히 중요합니다. 후에 사울이 정신이 이상해지는 것도 이 집착에서 비롯되는 면이 있습니다. 우리는 이 집착의 문제를 넘어서야 합니다.

돈에 집착하고, 여자에 집착하다 보면 말씀은 하나도 안 들리게 되어 있습니다. 경마, 술, 도박에 집착하다가 결국 중독되어 빠져나오지 못합니다. 그래서 하나님은 제발 암나귀를 내려놓으라고 하시는 것입니다. 하도 못 내려놓으니까 줄곧 암나귀 타령을 하시는 것입니다.

우리는 진짜 암나귀를 못 내려놓습니다. 집착하는 것을 정말 못 내려놓습니다. 눈만 뜨면 그 생각이 앞을 가립니다. 사울도 그렇게 집착을 하니 하나님께서 끊어 주시려고 그런 징조를 보여 주신 것입니다.

둘째, 양식 걱정을 하지 말라는 징조를 주십니다

3 네가 거기서 더 나아가서 다볼 상수리나무에 이르면 거기서 하나님을 뵈오려고 벧엘로 올라가는 세 사람을 만나리니 한 사람은 염소 새끼 셋을 이끌었고 한 사람은 떡 세 덩이를 가졌고 한 사람은 포도주 한 가죽부대를 가진 자라 4 그들이 네게 문안하고 떡 두 덩이를 주겠고 너는 그의 손에서 받으리라 삼상 10:3-4

새사람이 되려면 양식 걱정을 하지 말아야 합니다. 사울은 양식이 없어서 예물 드릴 것도 없었습니다. 그런데 하나님은 모르는 사람을 통해 양식을 공급받게 하셨습니다. 떡 세 덩이 있는 사람에게 두 덩이를 받은 것입니다. 이것은 교제의 중요성, 특별히 밥상 공동체를 의미합니다.

또한 사울은 제사장이 받을 떡을 받았습니다. 이것은 사울이 왕 같은 제사장이 되리라는 것을 짐작케 합니다. 그러나 사울이 제사장이 되었다는 의미는 아닙니다. 그럼에도 사울은 왕이 되어서 스스로 제사장의 위치에서 제사를 드리다가 하나님께 버림을 받습니다. 이때까지만 해도 사사가 제사장과 왕 노릇도 다 했습니다. 그러다 왕정체제가 되면서 선지자, 왕, 제사장이 각각 구별되었습니다. 그런데 사울은 자기가 제사장 노릇까지 하다가 하나님께 버림을 받은 것입니다.

사울의 시대와 달리 우리는 만인 제사장 시대에 살고 있습니다. 그것은 제사장의 자리에서 모두가 다 같이 비판하라는 것이 아니고, 백성의 어른으로 누구보다 겸손하고 성결하고 조심하고 거룩하고 모든 사람들을 사랑하라고 하신 것입니다.

그런데 요즘 한 이단 종교단체에서는 성경공부를 빌미로 성도들에게 다가와서 한국교회를 열렬하게 비판합니다. 그런데 비판하면 교회가 좀 나아질 것 같습니까? 그렇지 않습니다. 계속 비판을 해 대면 교회는 분열이 됩니다. 그래서 비판을 조심해야 합니다. 이단의 공격에도 이겨 내려면 순종의 훈련이 필요합니다.

저라고 살면서 왜 비판할 일이 없었겠습니까? 특별히 사역을 하면서 어려운 일도, 비판할 일도 많았습니다. 그러나 때가 있는 것입니다. 학생의 때, 며느리의 때, 아내의 때, 목사의 때에 힘든 일이 많았지만 그때마다 부모님을 비판하고, 한국을 비판하고, 교회와 성도를 비판해 가면서 살았다면 그것은 내 때가 안 된 것입니다. 제가 지금 여기까지 올 수 있었던 것은 저의 때에 순종했기 때문입니다.

어느 날 말씀 사역과 가정중수 사역을 하게 된 것은 때가 되기까지 제가 누구와도 싸우지 않았기 때문이라고 생각합니다. 그래서 드디어 때가 되니까 말씀 사역과 가정중수 사역을 하게 되었습니다. 저는 이것이 진정한 비판이고 진정한 개혁이라고 생각합니다. 신뢰를 쌓기까지는 시간이 걸립니다. 제가 때마다 누군가를 비판하면서 신뢰를 쌓으려 하고, 제 지식을 가지고 자랑했다면 싹이 피기도 전에 잘리지 않았을까요?

하나님이 사울에게 주신 두 번째 징조가 바로 이것이었습니다. "돈 걱정하지 마라. 걱정하며 비판하지 마라. 그러면 그다음부터는 더 중요한 것을 놓치게 된다"는 것을 알게 하신 것입니다. 그래서 이 두 번째 징조가 참 중요합니다. 제사장이 받을 것을 나에게 주었는데 내가 그것을 가지고 비판을 일삼거나 양식을 걱정하면 안 됩니다. 이것이 제사장의 떡을 받은 사람의 태도입니다.

셋째, 새 마음을 주신다는 징조를 줍니다

하나님은 집착과 걱정을 끊은 우리에게 새마음을 주십니다. 이것은 성령을 체험하게 하시는 것입니다.

5 그 후에 네가 하나님의 산에 이르리니 그곳에는 블레셋 사람들의 영문이 있느니라 네가 그리로 가서 그 성읍으로 들어갈 때에 선지자의 무리가 산당에서부터 비파와 소고와 저와 수금을 앞세우고 예언하며 내려오는 것을 만날 것이요 6 네게는 여호와의 영이 크게 임하리니 너도 그들과 함께 예언을 하고 변하여 새사람이 되리라 삼상 10:5-6

사울이 블레셋 군대의 영문(營門)에서 오케스트라를 동반한 찬양대를 만나는데 그때 여호와의 영이 임했습니다. 사울이 은혜받았다는 이야기입니다. 은혜받는 것이 참 어려운데 사울에게 그 일이 일어났습니다. 이것이 최고의 응답입니다. 은혜는 하나님이 우리를 불쌍히 여겨주셔야 받을 수 있습니다.

남편이 돌아오고, 돈을 잘 벌고, 자녀가 공부 잘하는 것이 은혜가 아닙니다. 예배가 회복되어서 '블레셋 영문' 앞에서 춤추고, 찬양하면서 눈물 흘리고, 통성으로 기도하는 것이 은혜라는 겁니다. 예배 와서 은혜받으면 모든 문제가 해결됩니다. 예배 와서 눈물 흘리고 회개하고 자복하면 더 이상의 큰 응답은 없습니다. 사울도 춤추고 노래하고 예언하며 최고의 응답을 받습니다. 여기가 무서운 블레셋 땅인지 안방인지도 구분이 안 되고, 두려움도 부끄러움도 없이 찬양이 터져 나오는 것입니다.

그런데 우리는 예배부터 회복하라고 하면 "지금 예배 드릴 시간이 어디 있어요?"합니다. 수십 년 교회를 다녀도 은혜받지 못하면 마음이 돌 같아서 변하지를 않습니다. 내가 변하지 않으면 날마다 "너 때문이야", "부모님 때문이야", "가난 때문이야" 합니다. "당신 때문에 되는 일이 없어", "내가 이렇게 힘들게 사는 건 당신 때문이야" 하는 사람은 부모도 형제도 안중에 없습니다. 그런데 은혜를 받아 보세요. 모든 것이 감사함으로 변합니다.

은혜받는 장소도 중요합니다. 하나님은 사울이 블레셋 영문 앞에서 은혜를 받도록 했습니다. 즉 나를 가장 힘들게 하는 사람 앞에서 가장 크게 성령이 임하게 되며 은혜를 받는 것입니다. 편한 사람들과 편하게 지내는데 무슨 성령이 임하겠습니까?

나를 가장 힘들게 하는 사람, 두렵게 하는 사람이 누구입니까? 그 앞에서 성령이 운행함으로 갑자기 힘겨움과 두려움이 없어지고 기쁨이 넘치고 찬양을 하게 됩니다. 이것이 바로 새사람이 되어서 아름다운 출발을 하게 하시는 비결입니다. 그러므로 새롭게 변화되기 위해서는 은혜를 받아야 하고, 성령의 불을 받아야 하고, 능력을 받아야 하고, 마음이 새로워져야 합니다.

인생의 행복은 소유와 지배에 있는 것이 아닙니다. 행복한 사람들은 공통적으로 자긍심, 절제심, 낙관적 태도, 외향적 태도를 가졌다고 합니다. 마음껏 쓰고 살면 행복할 것 같지만 진짜 행복한 사람은 절제할 줄 압니다. 반대로 허무한 사람들이 허풍을 떱니다.

이렇게 아름다운 출발을 하려면 새사람이 되어야 합니다. 그러기 위해서는 하나님으로부터 새 마음을 받아야 합니다. 그래야만 왕 같은 제사장으로 모두를 인도할 수 있는 리더십을 갖게 됩니다. 그래야만 내 가정이 살아나고, 내 일터가 살아나고, 내 교회가 살아나고, 내 나라가 살아납니다.

+멈추지 못하는 집착이 있습니까?

+교회를 다닌다고 하면서도 배우자 탓, 자녀 탓, 가난 탓, 환경 탓을 하며 여전히 불평불만을 하고 있지는 않습니까?

+집착과 걱정을 끊는 새 마음을 체험했습니까?

변화해야 합니다

7 이 징조가 네게 임하거든 너는 기회를 따라 행하라 하나님이 너와 함께 하시느니라 8 너는 나보다 앞서 길갈로 내려가라 내가 네게로 내려가서 번제와 화목제를 드리리니 내가 네게 가서 네가 행할 것을 가르칠 때까지 칠일 동안 기다리라 9 그가 사무엘에게서 떠나려고 몸을 돌이킬 때에 하나님이 새 마음을 주셨고 그날 그 징조도 다 응하니라 10 그들이 산에 이를 때에 선지자의 무리가 그를 영접하고 하나님의 영이 사울에게 크게 임하므로 그가 그들 중에서 예언을 하니 11 전에 사울을 알던 모든 사람들이 사울이 선지자들과 함께 예언함을 보고 서로 이르되 기스의 아들에게 무슨 일이

일어났느냐 사울도 선지자들 중에 있느냐 하고 12 그곳의 어떤 사람은 말하여 이르되 그들의 아버지가 누구냐 한지라 그러므로 속담이 되어 이르되 사울도 선지자들 중에 있느냐 하더라 13 사울이 예언하기를 마치고 산당으로 가니라 삼상 10:7-13

사람들은 눈앞에서 사울이 춤추고, 노래하고, 예언하는 것을 보고 너무 놀라워하고 있습니다. 모든 사람이 놀라서 "기스의 아들에게 무슨 일이 일어났느냐?", "사울도 선지자 중에 있느냐?", "저 베냐민 집에서 무슨 선지자가 나와?" 합니다. 옆집 아들이 서울대학교에 입학하니 하도 배알이 꼴려서 "잘난 것 하나 없는 애가 어떻게 서울대학교에 갔을까? 이상하네" 하는 것입니다. 오죽하면 베냐민 집안에서 사울 왕이 나온 사건이 속담이 되었다고 합니다.

어쨌거나 사울은 예언하기를 마치고 산당으로 갑니다(13절). 성령으로 덧입고 그가 기도와 예배의 사람이 되었음을 보여주는 것입니다.

14 사울의 숙부가 사울과 그의 사환에게 이르되 너희가 어디로 갔더냐 사울이 이르되 암나귀들을 찾다가 찾지 못하므로 사무엘에게 갔었나이다 하니 15 사울의 숙부가 이르되 청하노니 사무엘이 너희에게 이른 말을 내게 말하라 하니라 16 사울이 그의 숙부에게 말하되 그가 암나귀들을 찾았다고 우리에게 분명히 말하더이다 하고 사무엘이 말하던 나라의 일은 말하지 아니하니라 삼상 10:14-16

사울의 작은아버지 역시 사울에게 무슨 일이 있었느냐고 묻습니다.

사무엘이 뭐라고 이야기했는지 궁금해합니다. 그런데 사울은 암나귀 찾은 이야기만 합니다. 사무엘이 자기에게 기름 부은 것은 이야기하지 않습니다.

　새 마음을 가지니까 굉장히 지혜로워진 것입니다. 사무엘이 가르쳐 준 것도 아닌데 자기가 왕으로 기름 부음 받았다는 것은 말하지 않는 지혜가 생겼습니다. 새 마음을 가지면 침묵할 때와 말해야 할 때를 알게 됩니다. 이것은 성령이 임하여 분별할 수 있게 된 것입니다. 새 마음이 임하고 새사람이 되고, 성령을 받으면 사람이 갑자기 지혜가 생깁니다.

17 사무엘이 백성을 미스바로 불러 여호와 앞에 모으고 18 이스라엘 자손에게 이르되 이스라엘 하나님 여호와께서 이같이 말씀하시기를 내가 이스라엘을 애굽에서 인도하여 내고 너희를 애굽인의 손과 너희를 압제하는 모든 나라의 손에서 건져 내었느니라 하셨거늘 19 너희는 너희를 모든 재난과 고통 중에서 친히 구원하여 내신 너희의 하나님을 오늘 버리고 이르기를 우리 위에 왕을 세우라 하는도다 그런즉 이제 너희의 지파대로 천 명씩 여호와 앞에 나아오라 하고 20 사무엘이 이에 이스라엘 모든 지파를 가까이 오게 하였더니 베냐민 지파가 뽑혔고 21 베냐민 지파를 그들의 가족별로 가까이 오게 하였더니 마드리의 가족이 뽑혔고 그 중에서 기스의 아들 사울이 뽑혔으나 그를 찾아도 찾지 못한지라 22 그러므로 그들이 또 여호와께 묻되 그 사람이 여기 왔나이까 여호와께서 대답하시되 그가 짐보따리들 사이에 숨었느니라 하셨더라 23 그들이 달려가서 거기서 그를 데려오매 그가 백성 중에 서니 다른 사람보다 어깨 위만큼 컸더라 24 사무엘이 모든

백성에게 이르되 너희는 여호와께서 택하신 자를 보느냐 모든 백성 중에 짝할 이가 없느니라 하니 모든 백성이 왕의 만세를 외쳐 부르니라 25 사무엘이 나라의 제도를 백성에게 말하고 책에 기록하여 여호와 앞에 두고 모든 백성을 각기 집으로 보내매 삼상 10:17-25

이스라엘이 왕을 세우기 위해 제비를 뽑습니다. 그런데 이때 사무엘이 백성을 미스바로 불러 여호와 앞에 모읍니다. 미스바가 어디입니까? '파수꾼', '망대'라는 뜻의 미스바는 회개운동을 하던 곳입니다. 그런데 이 미스바가 지금은 '반역의 왕'을 뽑는 곳이 되었습니다. 우리가 아무리 모여 회개하고 기도해도 인간은 너무 악하기 때문에 금세 주님을 반역할지 모른다는 것을 보여 줍니다.

그래서 사무엘은 미스바에 모인 이스라엘 백성에게 "내가 너희를 애굽에서 인도하고 압제하는 손에서 건져 내고 모든 고통 중에서 친히 구원하신 우리 하나님을 버리고 오늘 우리의 왕을 세운다"(삼상 10:18-19) 하고 때마다 이야기합니다. "네가 지금 왕을 세우는 것은 하나님 버리고 네가 원하는 것을 하는 짓이다", "너 불신결혼하는 것은 하나님 버리는 일인데, 네가 하도 시켜 달라고 해서 시켜 준다. 하지만 그건 하나님 버리고 네 맘대로 하는 거야" 하는 것입니다.

그럼에도 결국 이스라엘은 제비를 뽑습니다. 그 결과 베냐민 지파 마드리 가족 기스의 아들 사울이 뽑힙니다. 투명하고 공정한 절차를 밟아서 공적으로 왕이 세워진 것입니다.

그런데 백성들이 사울을 찾지 못한다고 합니다. 그래서 여호와께 묻습니다. "그 사람이 여기 왔나이까?" 그랬더니 여호와께서 "그가 짐보따리들 사이에 숨었느니라"고 하십니다(삼상 10:22). 너무 우습지 않습니까? 왕의 모습이 너무 지질해 보입니다. 베냐민이 완전히 멸절당할 때 림몬 바위에 숨어서 살아난 600명, 꼭 그 모습입니다. 이스라엘의 왕 사울이 베냐민의 후손이라는 것을 계속 연상시켜 주시는 것입니다.

그런데 이스라엘이 그런 사울을 보고 만세를 부릅니다. 막상 찾고 보니까 인물이 너무 좋은 것입니다. 다들 불평이 쏙 들어갔습니다. '사울은 안 되지' 하다가도 막상 준수한 외모를 보니 '오! 내 사랑' 하는 것입니다.

사무엘은 백성에게 다시 한 번 나라의 제도를 말하고 그것을 책에 기록합니다. 가르치고 또 가르쳐 주는 것입니다. 하나님은 말도 안 듣는 백성을 끊임없이 내 백성으로 여기고 가르쳐 주십니다.

> 26 사울도 기브아 자기 집으로 갈 때에 마음이 하나님께 감동된 유력한 자들과 함께 갔느니라 27 어떤 불량배는 이르되 이 사람이 어떻게 우리를 구원하겠느냐 하고 멸시하며 예물을 바치지 아니하였으나 그는 잠잠하였더라 삼상 10:26-27

이제 사울에게도 따르는 지체들이 생겼습니다. 그런데 어떤 불량배들은 "사울이 뭘 우리를 구원하겠어? 베냐민 지파가 우리를 어떻게 구원해? 유다 지파 정도는 되어야지. 사무엘님이 왕정제도는 하나님이 원하지 않는다고 했잖아?" 합니다. 그러나 때늦은 비판을 하는 사람들은 잘못된 일관성을 가지고 있습니다. 원수인 블레셋과 싸우라고 왕을 세웠지 자기들끼리 싸우라고 왕을 세웠습니까? 교회에서도 불량배 같은 성도들이 있습니다. 담임목사가 바뀌었는데 이전 목사님이 더 좋다면서 새로 부임한 목사님을 배척하고 말도 안 듣습니다. 이런 것은 원칙을 지키는 것도, 그 무엇도 아닙니다. 지금은 사울에게 순종을 해야 하는 때입니다.

그런데 이때 사울이 반대편을 끌어안습니다. 새 마음을 받은 사람은 이것이 가능합니다. 새 마음을 받았기 때문에, 새사람이 되었기 때문에, 성령을 받았기 때문에 지혜가 있고, 침묵도 잘하고, 자기 주제를 알고 반대편이 하는 말에도 잠잠할 줄 압니다.

하나님 보시기에 중요한 것은 새사람이 되고 변하는 것입니다. 안 좋았던 기억은 다 지워야 하는 것입니다. 열한 지파를 끌고 가야 하는데 언제까지 원한을 삼아야겠습니까? 속이 좁으면 안 됩니다. 마음이 넓어야 지체를 잘 섬길 수 있습니다. "어떻게 나에게 그럴 수 있어?" 하면 안 됩니다. 지체를 옳고 그름으로 판단하면 안 됩니다. 새사람으로 아름다운 출발을 했으면 모든 사람을 포용해야 합니다. 마음이 넓어야 합니다.

문득 새사람이 되어서 천국으로 가신 한 집사님이 생각납니다. 그분도 사울처럼 두려워 짐보따리에 숨었고 존재감이 없었지만 우리에게 깊은 생각을 주는 의인이었습니다.

그 집사님은 2004년, 우리들교회 개척 초창기부터 우리와 함께했습니다. 처음에는 소그룹 모임의 리더도 하셨지만 경제적으로 너무 힘들다 보니 진작에 내려놓았습니다. 총각 시절 이혼녀와 결혼을 해서 아이 둘을 낳고 살았는데, 돈을 못 번다고 가족들에게 무시도 많이 받았습니다. 또 아내가 우울증이 있어서 부부싸움도 많이 했습니다.

이 집사님은 지체장애 3급이었습니다. 딱히 말을 잘하는 것도 아니고 혈기도 많고 여러 가지로 부족해서 존재감이 없을 수밖에 없는 분이었습니다. 차를 타고 지방을 다니면서 물건을 수송하는 일을 했는데, 워낙 수입이 박하다 보니 잠자는 시간까지 줄여 가며 일한 탓에 졸음운전을 했고, 그러다가 사고가 나는 바람에 하나님 곁으로 떠났습니다. 운전자보험도 안 들어 놔서 보험금도 없었습니다.

집사님이 소천하신 날, 오전에 사역자들과 돌아가면서 나눔을 하는데 모두 집사님을 칭송했습니다. 힘든 인생을 사느라 그렇게 바쁜 가운데서도 교회 오는 것이 안식이었다고 합니다. 각종 부서 일을 도맡아 했고, 혼자 현수막도 걸고 영아부에서는 아이들 다친다고 끝까지 예배를 지키고 있었다고 합니다. 수고하신다고 하면 "저는 아이스크림 하나만 사주면 돼요" 하시면서 밝게 웃으셨답니다. 모든 사역자가 눈물을 흘리며 "아무도 안 보는 곳에 집사님이 늘 있었다"는 이야기를 했습니다.

그런데 그날 예배를 드리는데 성경 본문을 읽고 우리는 너무 놀랐습니다.

10 이스라엘의 파수꾼들은 맹인이요 다 무지하며 벙어리 개들이라 짖지 못하며 다 꿈꾸는 자들이요 누워 있는 자들이요 잠자기를 좋아하는 자들이니 11 이 개들은 탐욕이 심하여 족한 줄을 알지 못하는 자들이요 그들은 몰지각한 목자들이라 다 제 길로 돌아가며 사람마다 자기 이익만 추구하며

사 56:10-11

1 의인이 죽을지라도 마음에 두는 자가 없고 진실한 이들이 거두어 감을 당할지라도 깨닫는 자가 없도다 의인들은 악한 자들 앞에서 불리어가도다 2 그들은 평안에 들어갔나니 바른 길로 가는 자들은 그들의 침상에서 편히 쉬리라 사 57:1-2

하나님이 말씀을 통해 이 분을 의인이라고 너무나 정확하게 이야기해 주신 것입니다. 우리는 인정할 수밖에 없었습니다. 제가 집사님의 속사정을 얼마나 잘 알 수 있겠습니까? 그런데도 그분을 위한 기도가 절로 나왔습니다.

그런데 집사님이 마지막으로 참석했던 모임의 목장 보고서를 보니 더 기가 막힌 나눔을 하고 가셨습니다.

"저는 살면서 큰 것을 포기하고 작은 것을 택한 적이 많았습니다. 큰 아이가 틱 장애가 있는데, 경제적인 문제로 이 일 저 일 하다 보니 무심하고 소홀했던 탓에 큰 것을 놓치고 있었습니다. 하나님이 많은 것을 예비해 주셨는데 저는 우상만 좇아다녔습니다. 하나님 말씀이 제 안에 바로 서지 못하는 것이 참 죄송합니다. 눈앞에 보이는 것, 자잘한 것만 보다 보니 감사하다는 고백이 안 나왔습니다. 진정 회개하는 마음을 주셨습니다. 힘들고 지쳐도 예배와 모이기에 힘쓰고, 내가 할 수 없음을 알고 말씀에 순종할 수 있도록 기도해 주세요."

이런 나눔도 남겼습니다.

"지방 갈 일이 있었지만 목장모임에 가고 싶어 기도했는데 다행히 일이 취소되어서 기분이 너무 좋습니다. 더 좋았던 일은 하나님이 가족 구원에 대한 마음을 주셨다는 것이에요. 큰 아이 상태가 많이 좋아졌습니다. 그동안 믿음보다 성품으로 신앙생활을 해오고, 구원이라는 관점에서 보는 눈이 많이 부족한 것 같아 찔림이 많았습니다. 하나님이 붙여 주신 가족인데, 아내나 아이들에게 말씀대로 적용을 못한 것이 너무 많습니다. 하나님을 전적으로 신뢰하지 못하고 내가 해야 할 일을 앞세운 탓입니다. 분별이 안 되니 아내의 말에 화부터 내고 소리가 높아졌습니다. 말씀으로 깨달아지니 과거와 달리 마음이 달라지는 것을 느낍니다. 모든 것은 영적 후사를 책임지라고 주셨는데, 하나님께 죄송할 뿐입니다.

당대 신앙인 저는 아내와 아이들을 구원 못 시키면 큰일입니다. 구원의 관점에서 보니 아내에게 화도 덜 나고 편안합니다. 아내가 저를 화나게 하는 경우도 있지만, 자라 온 환경이 힘들고 부모님과의 관계에 있어서도 치유가 안 되는 것이 있다는 것을 알고 이제는 이해가 많이 됩니다. 오히려 제가 아내를 이해 못 하고 짜증만 낸 것 같습니다. 목장 모임에서는 거룩한 척하고 집에 가서는 행하지 못하니 아내가 속상했을 것입니다.

공동체라는 큰 틀에 묶어 주셔서 얼마나 감사한지 모릅니다. 거기서 상처도 받고 찔림도 있었지만 이제는 이것이 얼마나 큰 은혜인지 모르겠습니다. 그 속에서 나를 단련시켜 왔다고 생각합니다. 사랑하는 아내와 두 아들에게 믿음의 본이 되고, 말씀으로 회개하고, 적용 잘 할 수 있기를 기도합니다."

이 세상에 의인이 누구인가를 보여줍니다. 저는 이 나눔과 기도제목을 읽고 집사님이 완전한 의인으로 마지막을 살다가 간 것이라고 생각했습니다. 제 남편이 예수님 영접한 것 하나 때문에 제가 이렇게 기뻐하며 살고 있는데, 집사님은 식구들에게 완전히 기가 막힌 선물을 주고 간 것입니다.

이날 집사님의 마지막 말씀이 우리들교회에 내내 울려 퍼졌습니다. 모든 목사님과 성도님이 눈물로 예배하고 기도했습니다. 교회 개척 이래 처음 있는 일이었습니다. 우리에게 깨달음을 주시기 위해 순교의 제물로 드려졌다고 생각합니다. 이 땅에서는 비록 고생하고 무시당하고 힘들게 살았지만 이제 수고를 그치고 쉬라고 하나님께서 상을 주신 것이라 믿습니다.

아름다운 출발을 하려면 이렇게 새사람이 되어야 합니다. 기름 부음을 받아야 합니다. 체험신앙이 되어야 하고 집착을 끊어야 하고 양식 걱정을 하지 않아야 합니다. 새 마음을 받으면 성령을 받게 되어서 앉으나 서나 구원에 대해서 초점을 맞추게 됩니다.

+성령이 새 마음을 주신 체험신앙이 있습니까?

+새사람이 되면 우리 삶의 태도는 어떠해야 할까요?

+나를 무시하거나 힘들게 한 사람의 구원을 위해 기도할 수 있습니까?

+새사람으로 살아가고 있습니까?

우리들 묵상과 적용

지금의 아내를 만나 결혼하고 일 년 만에 아들을 낳았지만, 잦은 외박을 하는 저를 견디다 못해 아내는 결국 이혼을 결심하게 되었습니다. 그러나 아내는 서류 정리만을 남기고 "다시 한 번 생각해 보자"고 했습니다. 어릴 적 친엄마 없이 살아 온 시간들이 너무나 힘들어서 아이에게는 친엄마가 꼭 있어야 한다고 생각했던 저 또한 아이를 혼자 키울 자신도 없었기에 다시 함께 살기로 했습니다.

그러다가 아들의 폭력 사건이 두 번씩이나 터졌습니다. 아내는 모든 잘못이 저에게 있다며 원망했습니다. 그러나 합의를 보기 위해 경찰서와 법원을 오가며 피해자들에게 눈물로써 용서를 구하는 아내의 모습을 보면서 저는 아내만 탓했습니다. 저는 "아이를 어떻게 교육했기에 이런 일들이 생기냐"며 남의 일인 듯 방관하며 지방으로만 나돌았습니다.

피해자 부모와 합의하느라 빚까지 지게 되자 아내는 제게 "당신이 교회 안 다니면 내가 집을 나가겠다"며 협박했습니다. 그래서 교회에 그냥 한번 같이 가 주자는 마음으로 오게 되었습니다. 그러나 아내는 새신자 등록과 함께 저를 목장모임에까지 끌고 다니려고 했습니다. 저는 그런 아내에게 질려 매주 바쁘다는 핑계를 대며 지방에서 안 올라오고 버텼습니다. 그러자 아내는 아들이 학교를 그만 두겠다고 한다며 "교회 다니면 당신이 해달라고 하는 거 다 해 줄게"했습니다. 저도 손해 볼 것 없다 생각하고 다시 교회를 다니기 시작했습니다.

하지만 지난 5개월 동안 주일예배만 드리고 목장예배는 이 핑계 저 핑계를 대며 안 갔습니다. 그런데 매 주일 설교 시간에 남편의 바람, 알코올중독, 사업의 실패로 이혼의 위기에 처해 있는 가정들이 밥상공동체인 목장에서 '암나귀에 집착하고, 양식 걱정과 비판을 일삼고, 때에 순종하지 못했던 일'을 나누고 자기의 치부를 드러내며 점점 회복되어 간다는 이야기를 들었습니다. 의심은 했지만 이것이 징조의 말씀으로 들리기 시작하여 호기심 반으로 목장예배에 참석해 보고 싶은 마음이 생겼습니다.

이후 목장예배에 참석해 목장 식구들과 나눔을 하는 동안 제가 아내와의 관계가 좋지 않음을 핑계 삼아 가장으로서 책임을 다하지 못한 죄를 깨닫게 되었습니다. 결혼의 목적이 거룩이지 행복이 아니라는 목사님 말씀이 그제야 이해되었습니다. 저의 모든 사건이 여호와를 알지 못하고 늘 요행을 바라는, 행실이 나쁜 불량자였기에 일어난 일들이었다는 것을 알게 하셨습니다. 저는 지방에서 매일 술과 쾌락을 즐기고, 집에만 오면 아내와 싸웠는데, 그때마다 아들은 얼마나 힘들었을까, 오죽 의지할 사람이 없었으면 밖으로만 돌았을까, 얼마나 외롭고 힘들었으면 폭력으로 자기의 불만을 표출했을까 생각하니 제가 너무나 이기적인 아빠였음이 깨달아졌습니다.

아들의 폭력사건 때 눈물로 무릎까지 꿇어 가며 피해자와 합의하느라 마음고생한 아내의 모습이 떠올랐습니다. 결혼 후 가장으로서 한 일이 아무것도 없고 너무나 못된 남편이었음도 깨달아졌습니다.

이런 가정을 위해 애절한 중보기도와 관심을 가져 주신 목장 식구들이 있었기에 목장예배 드리는 시간이 너무 즐겁고 행복합니다. 지금은 부부 사이도 회복되었고, 밖으로만 돌던 아들도 귀가 시간이 빨라지고 부모의 말에도 고분고분하며 순종하게 되었습니다.

하나님은 제가 집착하던 암나귀를 내려놓게 해주셨습니다. 비판을 일삼던 저를 불쌍히 여겨 주셔서 은혜를 주시고, 아들 문제를 통한 체험신앙으로 새 마음을 주셨습니다. 항상 옆에서 기도하고 동역해 준 아내에게 감사합니다. 제게 기름 부어 주심으로 새사람이 되게 하신 하나님을 사랑합니다.

말씀으로 기도하기

　　하나님은 사울에게 기름 부으셨습니다. 그가 잘나서가 아닙니다. 하나님은 한계가 많은 인간을 통해 일하십니다. 그것이 무한한 사랑임을 믿습니다. 그러나 한계가 있는 우리를 그대로는 쓰실 수 없기에 훈련시키십니다. 집착을 끊게 하시고 양식 걱정을 하지 말라 하십니다. 하나님을 체험케 하십니다. 그리고 성령을 통해 새 마음을 주시고 새사람이 되게 하십니다.

하나님의 기름 부으심이 있어야 합니다 / 삼상 10:1
　　출신의 열등감, 과거의 상처가 있습니다. 좋은 집안도 아니고 학벌도, 직업도 뭐 하나 내놓을 만한 것이 없습니다. 직장에서도 상사의 칭찬에 집착합니다. 사람들의 시선이 하나같이 나를 비난하는 것 같을 때도 있습니다. 그런 저에게 하나님은 기름을 부으시고 '새사람'으로 변화시킨다고 하십니다. 이제는 무엇을 하든 사람을 기쁘게 하지 말고 하나님을 기쁘시게 하라고 하십니다. 이제 더 이상 과거의 상처에 발목 잡히지 않고 새사람이 되기 원합니다.

체험신앙이 있어야 합니다 / 삼상 10:2-6
　　예수를 믿는데도 배우자에게서, 자녀에게서, 돈에서 벗어나지 못했습니다. 무슨 일만 있으면 '너 때문이야!' 하며 배우자 탓, 자녀 탓, 집안 탓, 환경 탓을 했습니다. 그러면서도 교회에서는 믿음 좋은 척했습니다. 그런데 오늘 사울이 블레셋 군대 영문에서 은혜를 입고 춤추며 눈물 흘리고 기도하는 모습을 보며 저의 돌 같은 마음이 느껴졌습니다. 하나님이 아무리 은혜를 부어 주셔도 받지 못한 우매함이 있었습니다. 저를 힘들게 하는 상황을 통해 제게 임하시는 하나님을 체험하기 원합니다.

변화해야 합니다 / 삼상 10:7-27

세상에서 주목 한번 받아 보지 못하고 무시당하면서 살아왔지만 성령님이 임하시니 새사람이 되었습니다. 이제는 사람을 만날 때마다 자신감 없고 두렵기만 하던 마음이 사라졌습니다. 과거의 집착, 안 좋았던 기억도 다 지워졌습니다. 오히려 저를 무시하던 사람의 구원을 위해 중보기도도 하게 됩니다. 성령을 부어 주시고 새사람이 되게 하신 하나님께 감사합니다.

영혼의 기도

하나님 아버지, 예수님을 믿어도 집착하는 것이 많습니다. 남편 때문에, 아내 때문에, 자식 때문에 인생이 슬픕니다. 눈물 마를 날이 없습니다. 다른 사람들에게 밝은 얼굴을 보여 줄 기력이 없습니다. 다른 사람들을 섬길 힘이 없습니다.

'부모님 때문에', '아내 때문에', '남편 때문에', '자식 때문에' 하고 남 탓만 하며 살았습니다. 불량배가 되어서 교회를 비판하고 사회를 비난했습니다. 그럼에도 하나님은 아무도 보지 않는 곳에서 헌신하면서도 생이 다하는 순간까지 가족 구원을 위해 기도하던 한 의인을 알게 해 주셨습니다. 그를 통해 이 땅에서 고운 것도 풍채도 아름다운 것도 없다는 것을 알게 되었습니다.

주님, 집착을 내려놓지 못해 아무것도 못하는 우리를 불쌍히 여겨 주시고 있는 모습 그대로 받아 주옵소서. 내 가족의 구원을 위해 간절히 기도하게 하옵소서. 새사람이 되어 우리 모두가 의인의 진실한 길을 걷는 성도들이 될 수 있도록 붙잡아 주옵소서.

예수님 이름으로 기도합니다. 아멘.

Part 3

거듭되는
실수에도
불구하고

05
위기를 기회로 바꾸시다
사무엘상 11장 1-15절

지금 절체절명의 위기 가운데 계십니까? 우리가 아름다운 출발로 새사람이 되었는데 그럼에도 위기는 왜 그렇게 날마다 오는지 모르겠습니다. 그런데 가만히 생각해 보면 위기가 왔을 때 하나님은 늘 그 위기를 기회로 바꿔 주십니다. 그러므로 우리는 또 한 걸음 더 하나님 앞으로 나갈 수 있는 것입니다.

그렇습니다. 여호와의 두려움이 임하지 않으면 사람에 대한 두려움 때문에 위기가 옵니다. 그런데 여호와의 두려움이 임하면 그것이 기회가 됩니다.

여호와의 두려움이 임하지 않으면 사람의 두려움이 임합니다

우리는 사람을 너무 의지합니다. 그러다 보면 사람에 대해서 간절해지고 두려워집니다. 사람에게는 아무 능력이 없는데 그 사람을 의지하다 보면 그 사람에게 잘 보이고 싶고, 영원히 잘 먹고 잘살고 싶은 욕심 때문에 우리의 인생이 두려운 것입니다.

그래서 이스라엘 백성에게도 위기가 왔습니다. 사람을 두려워했기 때문입니다. 백성에게 위기가 오니 그들을 다스려야 하는 사울에게도, 영적인 지도자 사무엘에게도 위기가 온 것입니다. 이 위기는 사람을 두려워하는 이스라엘 백성들의 삶의 결론입니다.

위기가 와도 우리는 하나님만 신뢰하면 되지 않습니까? 그런데 이스라엘은 까마귀 고기를 먹었는지 지금까지 하나님이 베풀어 주신 은혜를 까맣게 잊어버렸습니다. 그래서 하나님은 환경으로 말씀하실 수밖에 없습니다.

> 암몬 사람 나하스가 올라와서 길르앗 야베스에 맞서 진 치매 야베스 모든 사람들이 나하스에게 이르되 우리와 언약하자 그리하면 우리가 너를 섬기리라 하니 삼상 11:1

암몬 사람이 야베스 길르앗에 쳐들어왔습니다. 그러자 야베스 길르앗 사람들이 암몬에게 "돈을 원하는 대로 다 줄 테니 화친을 맺자"고 합니다. 애걸복걸하는 것입니다. 암몬이 시키는 대로 다 할 테니 살려 달라고 하는 것입니다.

암몬이 누구입니까? 혈통적으로 볼 때 암몬은 아브라함의 조카 롯의 후예입니다. 롯은 소돔과 고모라의 멸망으로 딸들과 동침을 합니다. 그중 벤암미의 후손이 암몬입니다. 이들은 형제인 이스라엘을 끊임없이 괴롭혔던 족속입니다. 출애굽 할 때부터 잔인하기로 유명했습니다. 암몬 족속은 사람의 눈을 빼기도 하고 임신부의 배를 가르는 일도 서슴지 않았습니다. 자녀를 우상에게 불살라 바치기도 했습니다. 딸과 동침한 죄의 씨앗이 악의 열매로 자란 것입니다.

암몬은 과거 사사기 입다 시대에 이스라엘을 치려다가 항복하고 물러난 적이 있습니다. 그런데 다시 쳐들어온 것입니다. 악의 세력이 어제 사과했다고 해서 그것이 오늘까지 지속되는 것이 아닙니다. 마귀에게 일시적인 후퇴는 있어도 진정한 포기는 없습니다. 세상 사람들도 그렇습니다. 진정한 포기가 없습니다. 실력이 없어서 할 수 없이 지는 것이지 도무지 포기라는 것을 모릅니다. 암몬은 후에도 자기들을 선대한 다윗에게 선을 악으로 갚으며 대적했습니다.

그러면 믿는 우리는 어떻습니까? 하나님이 내 편인데 믿음의 방패로 이겨야 하지 않겠습니까? 그런데 조금 살 만하면 방패를 내려놓고 쉬고자 합니다. 유독 덥거나 추운 날은 교회 오기 싫으니 인터넷으로 예배 드리겠다고 하는 분들이 계십니다. 그러나 성전에 와서 예배 드리는 것과 인터넷 예배는 하늘과 땅 차이입니다. 미리미리 말씀과 기도로 무장을 해 두는 것이 앞으로 받을 영적 시험에 예방 주사를 맞는 것인데 힘들 때는 반짝 했다가 괜찮아지면 쉬는 것을 반복하니까 마귀에게, 암몬에게 조롱을 받는 것입니다.

암몬 사람 나하스의 이름은 '사탄, 뱀'이라는 뜻입니다. 그 사탄이 지금 이스라엘로 쳐들어온 것입니다. 그것을 '섬기리라' 하면 안 됩니다. 사탄은 대적해야 할 대상이지 섬겨야 할 대상이 아닙니다. "다 줄 테니 나를 살려달라"고 하면 안 됩니다. 무엇을 대적하고 무엇을 섬겨야 하는지 알려면 먼저 그 대상을 잘 알아야 합니다.

암몬 사람 나하스가 그들에게 이르되 내가 너희 오른눈을 다 빼야 너희와 언약하리라 내가 온 이스라엘을 이같이 모욕하리라 삼상 11:2

이스라엘에게 앞으로도 뒤로도 갈 수 없는 절체절명의 위기가 왔습니다. 나하스가 야베스 길르앗의 제안을 다 거절하고 더한 것을 요구하는 것입니다. 이스라엘 백성의 눈을 다 뽑아 오면 언약해 주겠다고 합니다. 이것이 제안입니까? 조롱하고 비웃은 것입니다. 그렇다면 이스라엘은 이제 어떻게 해야 합니까?

암몬은 나와 같이 갈 사람이 아닙니다. 택한 자에게는 위기가 왔을 때 말씀이 잘 들립니다. 그런데 택한 자가 아니면 이런 위기 가운데에서도 말씀이 안 들립니다. 예배의 자리에 와서도 '내가 여기 왜 앉아 있나' 하는 것입니다.

심각한 위기가 왔을 때 우리는 어떻게 대처해야 할까요? 그리고 암몬은 왜 자꾸 쳐들어오는 걸까요? 이제 끝났나 하면 또 나를 괴롭힙니다. 이럴 때는 내 죄를 봐야 합니다. 암몬만 미워할 것이 아니라는 말입니다. 이스라엘에게도 문제가 있습니다. 그렇듯 나에게도 문제가 있다는 것을 깨달아야 합니다.

모세와 출애굽 한 이스라엘 백성에게 하나님은 '가나안 복지'를 약속해 주셨습니다. 그래서 요단 서편을 향해야 하는데 요단 동편 땅에 너무 아름다운 목초지가 있는 것을 보고 마음이 흔들립니다. 세 지파가 합세해서 "우리는 가지 않겠다. 요단 동편 땅에 기업을 달라"고 떼부리는 기도를 하니 하나님이 모세에게 그 땅을 주라고 하십니다. 그래서 세 지파가 요단 동편에 남습니다. 너무나 보기 좋은 땅 때문에 약속의 땅 문 앞에서 공동체를 이탈했습니다. 약속의 땅에 못 들어간 것입니다. 이때 떼를 부리며 기도한 세 지파가 바로 르우벤, 갓, 므낫세반 지파이고, 야베스 길르앗은 갓 지파의 후손입니다.

맨 처음 이들은 어땠습니까? "우리가 반드시 요단 서편 예루살렘 성전에 가서 예배를 드리겠다", "지체들이 아프면 우리가 가서 도와주겠다"고 하지 않았습니까? 처음에는 약속을 조금 지키는 것 같았습니다. 그런데 너무 좋은 목초지에서 먹고살 만해지니 첫 마음이 무너졌습니다. 좀 살 만하다고 예배를 버렸습니다. 사람에게 환경이 이렇게 중요합니다.

그런데 지금 보니 어떻습니까? 그들이 혹했던 좋은 목초지는 열국의 각축장이 되어 전쟁이 끊임없이 일어납니다. 야베스 길르앗 바로 옆에 있는 암몬이 눈만 뜨면 쳐들어오려고 하는 것입니다. 울타리가 있어야 하는데 그렇지 못하니까 문제가 커집니다.

암몬이 왜 자꾸만 쳐들어오는지 알겠습니까? 내 인생에 왜 자꾸 위기가 오는지 깨달아집니까? 그래서 예수 믿는 사람은 조상의 죄부터 볼 수 있어야 합니다. "옳소이다. 우리 조상의 죄입니다. 우리가 예배 공동체에서 이탈했으니 이것은 당연한 삶의 결론입니다" 하고 회개하는 것이 바로 암몬을 대적하는 것입니다.

이혼하면 좀 나아질 것 같습니까? 내가 요리 잘하면 남편이 돌아오고, 내가 가정에 충실하면 아내가 돌아올 것 같습니까? 그러거나 말거나 중요한 것은 예배가 회복되는 것입니다. 예배가 회복돼야 부부가 회복됩니다.

저는 그야말로 착한 딸의 본보기라 할 수 있는 우리 자매들이 왜 그렇게 힘든 남편들을 만나서 고생을 하는지 알다가도 몰랐습니다. 정말 이상한 사람도 결혼해서 잘만 사는데, 언니들이나 저나 착하고 예수도 잘 믿고 교회도 잘 나가고 속도 안 썩이는데 왜 이렇게 힘들게 사는가, 탄식이 됐습니다. 그런데 조상의 죄가 보였습니다. 우리 집안은 14대를 내려오면서도 예수를 믿지 않은 아주 교만한 집안입니다. 조상들이 교만했습니다. 그러니까 우리 대에나 와서 이렇게 예수를 믿게 된 것입니다. 우리 자매들이 예수 믿게 된 원동력은 다 신랑들이 '밟아 주었기' 때문입니다. 그래서 조상의 죄로 이 정도 밟혀야 내가 예수를 믿게 되는 것입니다.

저의 외가는 선교사가 전도해서 예수를 믿기 시작했습니다. 제가 예수를 믿은 지 4대째인데, 그럼에도 제가 핍박을 받은 것이 '할렐루야'인 것입니다. 하나님이 저를 불쌍히 여기시고 은혜를 베푸셔서 제가 핍박을 받았다는 것입니다. 이 원리가 이해가 됩니까? 핍박이 은혜가 되는 것입니다. 내 삶의 문제를 이렇게 해석할 줄 알아야 합니다.

사무엘상 11장 5절에 보니 백성들이 야베스 길르앗 사람의 말을 전하는데, 사울은 밭에서 소를 몰고 왔다고 합니다. 아무도 그를 왕으로 인정하지 않는다는 뜻이지요. 그런데 백성들은 암몬 사람 앞에 가서 눈치나 보고 있으니 그들을 이끌고 가야 할 사울도 위기입니다. 사무엘은 어떻습니까? 백성이고 왕이 될 사람이고 죄다 위기에 빠져 있는데 사무엘이라고 안전하겠습니까? 그들을 지도해야 하는 사무엘도 위기가 찾아왔습니다.

그래서 믿음 있는 부모라 하더라도 믿음 없는 자녀와 같이 평생 위기를 겪을 수밖에 없습니다. 한 사람이 두려움으로 맨날 걱정 근심하고 있으면 온 집안에 위기가 전염될 수밖에 없습니다. 그러나 여기서 '더 믿음 있는 자가 어떤 태도를 보이는가'에 우리 영적 전쟁의 승패가 달려 있습니다.

여호와의 두려움이 임하지 않으면 사람의 두려움으로 이렇게 위기가 옵니다. 위기가 오면 상대방과 나의 실체를 직면해야 합니다. 약속의 땅을 떠나지는 않았는지, 예배 공동체를 이탈하지는 않았는지 내 죄가 해석이 되어야 합니다. 그러면 잠잠하게 전쟁을 치를 수 있습니다. 사람의 두려움으로부터 해방되어야 합니다. 사람의 두려움이 아니라 하나님의 두려움이 임해야 합니다.

+위기가 왔을 때 사람을 두려워합니까, 하나님을 두려워합니까?

+핍박이 은혜라는 사실이 믿어집니까?

+조상의 죄가 발견됩니까?

여호와의 두려움이 임하면 위기가 기회가 됩니다

그러면 위기가 기회가 되게 하기 위해 우리는 어떤 노력을 기울여야 할까요?

첫째, 영적 전문가를 찾아가야 합니다

야베스 장로들이 그에게 이르되 우리에게 이레 동안 말미를 주어 우리가 이스라엘 온 지역에 전령들을 보내게 하라 만일 우리를 구원할 자가 없으면 네게 나아가리라 하니라 삼상 11:3

야베스 길르앗 장로들은 믿음이 있습니다. 우리에게는 방법이 없지만 하나님께는 방법이 있을 것이라 생각하고 침착하게 일을 처리합니다. 먼저 암몬을 찾아가서 "우리에게 일주일 동안 말미를 주시오. 모든 이스라엘 지파에게 전령들을 보내고, 그래도 우리를 구원할 자가 없다면 그때 우리의 눈을 뽑으시오" 합니다.

그런데 나하스가 이것을 수락합니다. 그는 군대장관 자리에까지 올랐으니 굉장히 똑똑한 사람이었을 겁니다. 자존심이 강해 합치기가 하늘의 별 따기 수준인 이스라엘의 열두 지파가 일주일 만에 사람들을 합쳐 군사를 모집하는 것은 불가능하리라는 것을 나하스는 아마도 미리 알았던 것 같습니다. 그래서 "어디 해 볼 테면 해 봐라" 교만을 부리며 자신있게 수락한 것입니다. 교만은 패망의 선봉이라고 하지 않았습니까? 우리에게 기회가 없다고 하더라도 이런 틈새를 노리면 해결의 실마리를 찾을 수 있습니다.

> 이에 전령들이 사울이 사는 기브아에 이르러 이 말을 백성에게 전하매 모
> 든 백성이 소리를 높여 울더니 삼상 11:4

때 부리는 기도에는 분노하심으로 주시는 응답이 틈틈이 있다고 하
지 않았습니까? 지금 이스라엘이 사울이 사는 기브아에 가서 울고불
고하며 상황을 전합니다. 그런데 야베스 길르앗과 사울은 무슨 관계가
있습니까? 야베스 길르앗이 어떤 지파입니까? 바로 사울의 한 많은 외
가입니다. 사울의 어머니가 바로 야베스 길르앗 출신인 것입니다. 드디
어 사울이 어머니 집안의 원수를 갚을 수 있게 된 것입니다.

그런데 지금까지 이스라엘이 사울을 왕으로 인정했습니까? 비천하
기 짝이 없는 지파, 모든 지파로부터 미움을 받았던 베냐민 지파 사람
이 왕이 되었다고 그를 얼마나 무시했습니까. 왕으로 세워 놓고 왕의
일을 하나도 맡기지 않았던 것입니다. 그런데 이제 와서 사울을 찾아
가 그 앞에서 엉엉 울고 있습니다. 왕으로 세워 놓고 무시할 때는 언제
고 아쉬운 일이 생기니까 쪼르르 달려가 그 앞에서 우는 것은 도대체
무슨 심보입니까?

사람들은 신뢰의 대상이 이렇게 쉽게 바뀝니다. 다윗 시대에도 그랬
습니다. 다윗같이 훌륭한 지도자를 두고도 그 아들 압살롬에게 마음을
다 빼앗기지 않습니까? 솔로몬 시대 이후에도 열 지파가 여로보암에
게 마음을 뺏겨서 이스라엘이 남북으로 갈라집니다. 다윗과 솔로몬은
흠이 많은 사람들이었다고 쳐도 사무엘은 그렇지 않았습니다. 아무 문

제가 없었습니다. 그래서 사무엘이 사울뿐 아니라 예수님의 조상 다윗도 왕으로 세우지 않았습니까?

그러나 이때 이스라엘 백성들이 사울을 찾아간 것은 잘한 선택입니다. 사무엘이 아무리 믿음이 좋아도 이때는 사울이 적임자요, 전문가였습니다. 사울을 왕으로 세워놓았기 때문입니다. 이 또한 하나님의 절묘한 세팅입니다. 백성들이 사울을 하도 무시하니까 사울을 찾아갈 수밖에 없는 상황을 만드신 것입니다.

이것이 하나님의 질서입니다. 하나님이 우리를 양육하고 훈련하는 최고의 방법이 바로 이러한 질서입니다. 우리도 위기가 기회가 되게 하려면 이런 질서를 지켜야 합니다. 쉽게 설명하자면, 문제가 생기면 나를 양육해 주었던 목자에게 물어봐야 하는 것입니다. 옆집 집사가 믿음이 좋다고, 옆 교회에 믿음 좋은 사람이 있다고 거기 따라다녀서는 위기가 기회로 변하지 않습니다. 밤낮 신령한 점쟁이를 찾아다녀도 다 헛일입니다. 형편없고 실력 없고 가진 것 없는 목자라도 잘 섬기면 내게도 영적인 변화가 금세 일어납니다.

교회는 단순히 성경공부 하러 오는 곳이 아닙니다. 가정에서도 그렇습니다. 능력 좋은 아내가 얼마나 많습니까? 그러나 아내는 남편에게 순종해야 합니다. 능력대로 가정의 질서가 세워진다면 피차 사는 것이 지옥일 것입니다.

위기를 맞은 이스라엘도 질서를 따라 당시 영적 전문가인 사울을 찾아갔기에 위기가 기회가 되었습니다.

둘째, 자기 일 열심히 하면서 때를 기다려야 합니다

마침 사울이 밭에서 소를 몰고 오다가 이르되 백성이 무슨 일로 우느냐 하니 그들이 야베스 사람의 말을 전하니라 삼상 11:5

암나귀나 찾으러 다니던 사울은 왕으로 추대되었어도 여전히 밭에서 소를 몰고 있습니다. 긍정적으로 보면 '자기 일 참 열심히 하는구나' 하겠지만 부정적으로 보면 '이 사람은 왕이 뭘 하는지를 모르네' 하고 생각할 수 있습니다. 그런데 사울 입장에서는 어떻습니까? 사람들이 자기를 인정해 주지 않으니까 왕이 되어도 뭘 할 수 있는 것이 없는 것입니다.

인정을 받지 못할 때는 자기가 하던 일을 묵묵히 여전한 방식으로 하는 것이 맞습니다. 사울의 전공이 '암나귀 찾는 것' 아닙니까? 그는 여전히 소를 몰고 있습니다. 앉으나 서나 암나귀를 내려놓지 못합니다. 자기가 잘 하는 일, 늘 하던 일을 하고 있는 것입니다.

저도 남편이 떠난 후에 큐티를 하며 사람들을 인도했어도 오랫동안 피아노에서 벗어나지 못했습니다. 저는 2000년도까지 총신대학교에서 피아노를 가르쳤는데, 혼자 두 아이 키우며 먹고살 방법이 필요했기 때문입니다. 그래서 앉으나 서나 피아노에서 벗어나지 못했습니다. 빨리 유학 갔다 와서 전임 교수를 해야겠다고 생각했습니다. 그래서 왕이 되어서도 소 몰고 있는 사울의 마음이 백분 이해가 됩니다.

여전히 피아노에서 못 벗어나는 저를 이렇게 세워 주시려고 하나님은 사람들을 끝없이 보내 주셨습니다. 힘든 사람들, 죽고 싶은 사람들,

길이 없는 사람들이 모여들었습니다. 저는 별로 대단한 이야기를 한 것이 아닌데, 제 이야기를 들은 사람들이 살아났습니다. 사람이 죽으리만큼 극한 상황에 처했을 때 극약처방을 하면 순간 살아난답니다. 옛날 옛적 현대 의학이 도입되기 전에는 죽을 사람에게 양잿물을 조금 먹였답니다. 그러면 정말 살아났답니다. 지금으로선 도저히 믿을 수 없는 일이지요. 저도 그랬습니다. 죽을 것같이 힘들어하는 사람들에게 양잿물 같은 저의 고난을 조금 들려주니 다들 살아났습니다.

그렇게 하루하루 울면서 같이 기도하며 사람을 섬기다 보니까 유학 갈 시간도 없고, 사람이 살아나니 이보다 더 큰 기쁨이 없었습니다. 일류 학교도 가 보고, 시집도 잘 가고, 이것저것 다 해 봐도 사람이 살아나는 것만큼 기쁜 것이 없었습니다. 내가 좋으니까 결국 이 길을 가고 있는 것 아닌가 생각합니다.

'신바람 박사'라고 불리던 황수관 박사는 의과대학을 졸업하지도 않았고, 의사도 아니었습니다. 그는 교대를 나와서 교사를 하다가 스포츠 의학으로 박사학위를 받았다고 합니다. 하루는 열차를 타고 가다가 은혜가 임해서 처음으로 어떤 분을 전도했는데, 그분이 한 여자대학교 교수였습니다. 그가 황수관 박사의 이야기를 듣더니 대학교에 이력서를 내 보라고, 교수를 뽑는다고, 자기가 추천서를 써 주겠다고 했답니다. 황수관 박사는 지방대학 출신에다 유학을 갔다 온 것도 아닌데 서울에 있는 유명 대학교 교수가 되었습니다. 전도 1호의 열매가 이렇게 엄청나게 맺혔다고, 전도하다가 축복을 받았다며 간증하던 이야기가 생각납니다.

자기 일 열심히 하는 것이 축복의 근원입니다. 위기에 빠진 영혼을 구하려고 할 때에 그 위기가 기회가 되어서 저도 여기까지 오게 된 줄을 믿습니다. 항상 여전한 방식으로 살아온 것, 그것 이상도 이하도 없는 줄을 믿습니다.

셋째, 성령의 감동이 임해야 합니다

사울이 이 말을 들을 때에 하나님의 영에게 크게 감동되매 그의 노가 크게 일어나 삼상 11:6

우리는 감정에 약하고 외부의 자극에 쉽게 요동하는 너무 연약한 그릇입니다. 그래서 분노를 조절하고 절제하는 것을 훈련합니다. 그러나 하나님과 교회가 도전을 받았을 때는 의분(義憤)을 내야 합니다. 그때도 가만히 있으라고 감정이 있는 것이 아닙니다. 하나님의 교회가 지금 욕을 먹고 있는데 '좋은 게 좋은 거야. 다른 사람이 알아서 하겠지 뭐' 해서는 안 되는 것입니다.

지금 사울의 노가 크게 일어났습니다. 어머니 고향 사람들이 사면초가에 몰렸다고 하니까 갑자기 의분이 생기면서 사명대로 나아간 것입니다.

사울의 노가 크게 일기 전에 하나님의 영이 크게 감동되었다고 합니다. 사울에게 성령은 이미 임했었습니다(삼상 10:10). 그런데 어제 크게 받은 성령은 어제로 끝이고, 우리는 오늘 또 성령을 크게 받아야 합니다. 성령이 불타올라야 소도 잡고, 말도 잡고, 거룩한 분노도 임하게 됩니다. 중요한 것은 항상 현재입니다.

한 겨리의 소를 잡아 각을 뜨고 전령들의 손으로 그것을 이스라엘 모든 지역에 두루 보내어 이르되 누구든지 나와서 사울과 사무엘을 따르지 아니하면 그의 소들도 이와 같이 하리라 하였더니 여호와의 두려움이 백성에게 임하매 그들이 한 사람같이 나온지라 삼상 11:7

사사기 19장에서 어떤 레위 사람이 죽은 첩을 열두 토막 내서 이스라엘 열두 지파에 보냈던 일을 기억합니까? 사울이 지금 똑같은 짓을 또 합니다. 사울이 소를 열두 토막 내서 이스라엘 각 지파에 보내고 "전쟁에 참여하지 않는 자의 소를 다 이같이 잡아 죽이겠다" 했습니다.

지금까지 사울이 어땠습니까? 왕이 되어도 아무에게도 인정 못 받고 밭일만 했습니다. 그랬던 사울에게 성령이 임하니 각을 뜰 힘이 생겼습니다. 그걸 보며 다들 놀랐습니다. 그런데 이런 놀라움이나 사울을 향한 두려움만으로는 이스라엘이 한마음이 안 됩니다. 이스라엘이 한 사람같이 나오기 전에 무슨 일이 있었습니까? 바로 여호와의 두려움이 임했다고 합니다.

여호와의 두려움이 임하니까 이스라엘이 한마음이 되었습니다. 여호와의 두려움이 임해서 백성과 사울의 마음을 주관하셨습니다. 이처럼 성령의 역사는 사람을 바꿉니다. 하나님만이 하나가 되게 하십니다.

지나고 보면 우리들교회가 하나가 되어 걸어온 것은 진실로 하나님의 말씀 때문이었습니다. 아무리 제가 말을 잘한다고 해도 제 말로 성도가 하나 될 수 있겠습니까? 우리들교회에 여호와의 두려움이 임했기에 가능한 일이었습니다. 하나님을 두려워하므로 성도들이 다 나오는 것입니다. 목사가 두려운 것이 아니라 하나님이 두려워야 합니다.

이것이 성령 임재의 특징입니다.

> 사울이 베섹에서 그들의 수를 세어 보니 이스라엘 자손이 삼십만 명이요
> 유다 사람이 삼만 명이더라 삼상 11:8

열두 지파의 마음이 하나가 되어 33만 명의 군사가 조직되었습니다. 사사시대에는 모병을 하지 않았습니다. 왕정시대가 되면서부터 상비군이 생겼습니다. 이스라엘에는 군대도 없을뿐더러 돈도 없고, 사람도 없고, 기술자도 없었습니다. 그야말로 전쟁을 치를 수 없는 상황이었습니다. 그런데 하나님이 부르시니까 갑자기 33만 명이 모인 것입니다.

저라고 뭐가 있는 사람이었습니까? 교회를 세울 돈도 없고 도와줄 사람도 없었습니다. 그렇다고 목회하는 능력이 있었겠습니까? 정말 아무것도 없었습니다. 목회를 해 보지도 않았습니다. 개척위원도, 개척자금도 없이 우리 집에서 처음 교회를 시작했는데, 하나님이 하시지 않고는 15년 만에 이런 교회가 세워질 수가 없는 것입니다. 있을 수 없는 일입니다. 여호와의 두려움이 성도 각자에게 임해서 이렇게 모인 줄 믿습니다. 모든 것이 기적의 역사입니다.

> 무리가 와 있는 전령들에게 이르되 너희는 길르앗 야베스 사람에게 이같이
> 이르기를 내일 해가 더울 때에 너희가 구원을 받으리라 하라 전령들이 돌
> 아가서 야베스 사람들에게 전하매 그들이 기뻐하니라 삼상 11:9

사울이 지도력을 보여 주니까 길르앗 야베스 장로들이 자기 땅으로

돌아가서 "내일 구원이 이른다. 내일 해가 더울 때에 너희가 구원을 받으리라" 합니다. 구원의 소식을 확신 있게 전하는 것은 쉬운 일이 아닙니다. 전쟁에서 이길지 누가 어떻게 압니까? 그런데 갑자기 여호와의 두려움이 임하니까 사람을 두려워하지 않게 되고 사울의 말이 다 믿어지는 것입니다. 성령을 받으면 이렇게 승리가 눈에 보입니다. 이미 하나님의 사람은 이긴 사람들입니다.

우리도 그렇습니다. 고난에 사로잡혀 죽겠다고 해서 예배에 한 번만 오라 했더니 "예배 드리면 돈이 나오냐, 떡이 나오냐" 합니다. 그런데 막상 예배에 오니 구원의 확신이 생기고, 하나님의 두려움이 임하여 그렇게 두려웠던 남편, 아내, 시어머니, 직장 상사에 대한 두려움도 없어지지 않았습니까? 하나님이 문제를 해결해 주십니다.

이혼하려고 마음을 먹어도 예배 드리고 말씀이 들리니 마음이 바뀌는 것입니다. 하나님은 이혼하는 것을 원치 않으십니다. 그런데 우리는 하나님 말씀을 듣지 않으니 이혼하는 것입니다. "내가 예배 드리나 봐라. 이혼 대비해서 직장 나가 돈이나 벌어야지" 하니 가정이 깨어지는 것입니다.

아무튼 이스라엘이 사울에게 큰 기대를 하고 간 것은 아니었지만 전문가를 찾아감으로써 승리가 눈앞에 다가왔습니다.

10 야베스 사람들이 이에 이르되 우리가 내일 너희에게 나아가리니 너희 생각에 좋을 대로 우리에게 다 행하라 하니라 11 이튿날 사울이 백성을 삼 대로 나누고 새벽에 적진 한가운데로 들어가서 날이 더울 때까지 암몬 사람들을 치매 남은 자가 다 흩어져서 둘도 함께 한 자가 없었더라 삼상 11:10-11

아직 암몬 족속을 이긴 것은 아니지만, 구원의 소식을 듣고 믿음으로 순종하니 승리가 눈앞에 보였습니다. 그러니 자신만만했습니다. 그래서 "내일 너희에게 항복하러 갈 터이니 눈을 뽑든지 목을 치든지 너희 좋을 대로 하라"고 한 것입니다. 사무엘상 11장 1절에서 길르앗 야베스 사람들은 "제발 돈도 주고 몸도 줄 테니 화친해 달라"고 했었는데, 이제는 "너희 마음대로 해라" 하고 당당하게 말합니다. 담대함이 생긴 것입니다.

그 말을 들은 암몬 사람들은 어땠겠습니까? 자신들이 이겼다고 착각할 수밖에요. 내일 항복하러 오겠다고 하니 경계도 풀고 긴장도 풀고 승리에 도취해서 그날 밤엔 잠도 푹 자지 않았겠습니까? 그런 틈을 타 이스라엘이 새벽에 기습을 한 것입니다. 길르앗 야베스의 작전대로 암몬은 초토화됩니다. 사탄의 세력이 완전히 무너졌습니다. 그렇습니다. 천하보다 귀한 것이 구원이라고 생각하면 사람이 두렵지 않습니다. 내려놓음이 쉬워지고 내가 해야 할 일이 보입니다. 상대방이 경계심을 늦추게 되고 결국 승리를 얻게 되는 것입니다.

"왜 교회 안 가? 교회 안 가면 이혼해!" 하고 날마다 지지고 볶아대며 대적하면 안 됩니다. 우리의 영적 대적자, 내게 맡기신 영혼, 내가 구원의 길로 인도해야 할 대상자에게는 항상 마음을 편하게 해줘야 합니다. 그래서 나를 향한 경계심을 풀고 무장을 해제할 때, 이때야말로 전도하기 좋은 절호의 기회인 것입니다.

넷째, 포용할 수 있어야 합니다

12 백성이 사무엘에게 이르되 사울이 어찌 우리를 다스리겠느냐 한 자가 누구니이까 그들을 끌어내소서 우리가 죽이겠나이다 13 사울이 이르되 이 날에는 사람을 죽이지 못하리니 여호와께서 오늘 이스라엘 중에 구원을 베푸셨음이니라 삼상 11:12-13

암몬과의 전쟁에서 이기게 되니까 "그동안 누가 사울을 무시했는가?" 합니다. "사울을 무시한 자를 우리가 다 죽이겠다" 합니다. 그러나 영적 전쟁은 영적으로 해석해야 합니다. 이 전쟁이 사울 때문에 이긴 것입니까? 여호와의 두려움이 임해서, 하나님이 힘 주셔서 이긴 것입니다. 사울에게 무슨 능력이 있습니까? 그런데 이스라엘 백성은 사울 덕분에 전쟁에서 이긴 것으로 생각합니다. 사울에게 힘이 있다고 착각합니다.

그러나 사울은 "내가 이긴 것이 아니라 여호와가 구원을 베푸신 것이다"라고 말합니다. 사울로서는 '지금까지 나를 무시할 때는 언제고 전쟁에서 이기니 이제 와서 저럴까?' 할 수도 있지 않았겠습니까? 그런데 사울은 그러지 않았습니다. 사람을 포용하는 넓은 마음을 가졌기 때문입니다.

다섯째, 오직 하나님께 영광을 돌려야 합니다

14 사무엘이 백성에게 이르되 오라 우리가 길갈로 가서 나라를 새롭게 하

자 15 모든 백성이 길갈로 가서 거기서 여호와 앞에서 사울을 왕으로 삼고 길갈에서 여호와 앞에 화목제를 드리고 사울과 이스라엘 모든 사람이 거기서 크게 기뻐하니라 삼상 11:14-15

암몬과의 전쟁에서 이기자 사무엘은 백성들에게 "길갈로 가자" 합니다. 길갈이 어디입니까? 이스라엘이 가나안에 들어와서 첫발을 디딘 곳이요, 요단에서 메고 올라온 열두 개의 수치의 돌을 세웠던 곳입니다. 영원히 그것을 기념하고 이스라엘과 하나님의 관계를 새롭게 정립한 곳입니다. 사무엘은 '거기서', 즉 길갈에서 나라를 새롭게 하고 여호와 앞에 제사를 드리자고 인도합니다.

그런데 사무엘상 11장 15절에 보니 백성이 길갈로 가서 사울을 왕으로 삼았다고 합니다. 사울은 이미 라마에서 기름 부음을 받고 미스바에서 공식적으로 임명을 받았습니다. 그런데 지금 길갈에서 다시 왕으로 세움을 받았다는 것입니다. 그리고 공식적으로 즉위식을 드리고 나자 '사울과 이스라엘 모든 사람'이 거기서 크게 기뻐했다고 합니다. 사울의 즉위식을 거행하고 나자 사무엘이 배제되기 시작합니다. 사울이 암몬을 이기고 왕이 되니 그다음부터는 사무엘이 안 보이기 시작합니다. 이것이 분노함으로 주시는 응답입니다.

사무엘상 11장에는 사울이 최고봉에 오르는 과정이 기록되어 있습니다. 그러나 이후부터는 추락하기 시작합니다. 그 안에 하나님이 계시지 않으니 사울이 변하기 시작한 것입니다. 사무엘을 인정하고 따를 때는 모두가 크게 기뻐했는데 이렇게 승리하고 나니 백성이고 사울이고 그 마음이 달라지게 된 것입니다. 우리도 그렇게 믿음이 좋다가 직분을 받으면 달라질 수 있습니다.

사실 사울도 처음에는 순수했습니다. 그렇게 무시를 당했지만 원망하지 않았습니다. 그런데 사울이 이렇게 순수할 수 있었던 것은 타락할 시간이 없었기 때문입니다. 한 많은 사람이 주님을 확실히 못 만난채 높은 자리에 올라가면 반드시 타락하게 되어 있습니다. 환경에 장사가 없습니다. 돈도 안 만져 본 사람이, 권력도 안 가져 본 사람이 갑자기 높은 자리에 올라가면 사울처럼 변하게 마련입니다.

성령의 사람은 사람이 높아지면 교만해진다는 것을 압니다. 그래서 끊임없이 내가 죄인이라는 것을 자각하고 삽니다. 하지만 성령 없이 성공하면 내가 죄인이라는 것이 안 보입니다. 내가 잘나서 잘된 줄 착각합니다.

우리에겐 늘 여호와의 두려움이 임해야 합니다. 그러면 위기가 기회가 됩니다. 영적 전문가를 찾고, 여전한 방식으로 잘 살고, 때를 기다리며 성령의 감동으로 마음을 넓게 가지고 사람을 포용하고, 오직 하나님께만 영광을 돌릴 때에 그 모든 고난도 기회가 될 줄 믿습니다.

여호와의 두려움이 없는 한 아버지의 이야기입니다.

"우리 아버지는 나쁜 아버지입니다. 나와 형제들은 늘 남 같은 아버지를 원망했습니다. 그 때문에 하나님 아버지가 날 어떻게 사랑하는지 안 믿어져서 힘들었습니다. 우리 아버지는 전도사로 목회도 하셨고 부교역자로 여러 교회도 섬겼습니다. 아버지에게는 가르치는 은사가 있었습니다. 교인들은 담임목사님보다 우리 아버지를 더 존경한다는 이야기를 많이 했습니다. 저도 아버지에게 창세기를 배웠습니다. 평생에 하나님을 떠날 수 없고, 모든 사람은 죄인이라는 진리를 아버지로부터 너무도 정확하게 배웠습니다.

그런데 그런 아버지가 바람이 났습니다. 교회 담임목사님은 물론 젖 먹이 아이까지, 온 제직이 다 금식을 하며, 심지어는 회개의 삭발식까지 하며 아버지가 돌아오기를 기도했습니다.

그러나 아버지는 죄를 끊는 데 우유부단했습니다. 손이 절반이나 잘려 나가고, 오토바이에서 낙상하는 사고를 겪으시고도 회개하지 못하고 끝까지 타락의 길을 갔습니다.

바람을 피우던 아버지는 지금은 자기보다 14살이나 어린 여자와 노년을 보내고 있습니다. 지금 살고 있는 여자는 고주망태에다 골초로 또 입이 험하기로는 이루 말할 수 없습니다. 게다가 때때로 우리에게 전화를 해서 돈을 보내라고 하니 '저 자가 사람인가' 싶습니다. 그런데 그 여자와 아버지는 '우리는 가정을 위해서 희생만 했지 헛수고한 인생이다'라고 이야기합니다.

아버지는 가족이 굶고 자식이 학교를 못 다녀도 관심이 없었습니다. 어머니가 아니었으면 우리 네 형제는 학교도 못 다녔을 것입니다. 아버지가 가족과 같이 계셨던 시간은 너무도 짧았습니다. 대신 소심하고 유약하셨던 어머니가 복숭아 팔이, 생선 팔이, 소금 팔이를 하시고 공장에 다니며 가정을 지키셨습니다. 어떻게 우리 넷을 학교 보내고 먹였는지 아무리 생각해도 불가사의합니다.

주의 종으로서 바람이 난 것도 모자라 빚까지 지고 집을 나간 아버지 때문에 어머니는 평생 고생만 하다가 먼저 암으로 돌아가셨습니다. 믿음이 없으셨던 어머니는 신학하신 아버지와 강제로 결혼을 한 후 예수님을 영접하셨습니다. 어머니는 아버지가 바람이 난 후로도 교회를 안 간다 소리 한 번도 안 하시고 이혼한다는 소리도 안 하셨습니다.

오늘은 바로 그 어머니의 기일입니다. 온통 상처로 얼룩진 우리 가족에게는 청소년기부터 정신분열증으로 고생하는 동생이 있습니다. 오늘 그 동생에게 바람도 쐬 줄겸 야외에서 기일예배를 드렸습니다.

오빠가 말씀을 전하고 남동생이 기도를 했습니다. 누가 말하지 않아도 고난이 너무 많아서 그 기도에 절절하게 눈물이 섞입니다. 어머니의 영적 수고가 우리 네 형제를 하나님께 붙들려 있게 했노라고, 고난당한 것이 감사가 되었다고, 아버지가 회개하고 돌아오게 해 달라고, 그 여자 분도 구원시켜 달라고, 우리도 믿음의 본을 보이게 해 달라고, 막냇동생을 치료해 주시라고, 올케들이랑 제부랑 우리 형제 모두가 한 마음이 되어 눈물을 지으며 예배를 드렸습니다. 그리고 오랜만에 아버지께 전화를 해서 어머니의 기일예배를 드렸노라고, '꼭 회개하시고 신앙 회복하셔야 한다'고 거듭 말씀드리며 나도 모르게 불쑥 사랑의 고백을 했습니다.

'아버지 사랑해요.'

우리 아버지는 참 좋은 아버지입니다. 왜냐하면 우리 가족이 다 믿음의 길을 걷게 해주셨기 때문입니다."

여러분이라면 이런 아버지나 남편과 살 수 있겠습니까? 우리가 생각할 때 이 아버지는 암몬 같습니다. 저렇게 악한 인간이 어디 있습니까? 어떻게 그렇게 성경을 잘 가르치는지 모든 성도의 마음을 다 얻었다고 합니다. 그래 놓고 바람이 나서 온 교회와 온 식구가 돌아오길 기도하는데도 평생 안 돌아왔답니다. 그런데 엄마 한 사람이 가족을 지키니까 온 가족이 살아났습니다. 그래서 가정은 지킬 만한 가치가 있는 것입니다.

언젠가 결혼식에서 신랑, 신부가 자기 부모님에게 "이혼하지 않고 이렇게 살아 줘서 고맙다"고 인사를 하던 것이 생각납니다. 말씀을 듣는 한 사람이 가정에서 중심을 잡고 있으면 위기가 기회가 되어서 모든 사람이 주님을 알고 온 집안 식구가 주께로 돌아올 줄 믿습니다.

여호와의 두려움이 임하지 않으면 사람에 대한 두려움이 임해서 위기가 온다고 합니다. 사람을 의지하고 찾다가는 배신당하고 무시당할 뿐입니다.

+하나님의 질서가 인정이 됩니까?

+자기 일 열심히 할 때 하나님이 위기를 기회로 바꾸신다는 것을 믿습니까?

+남편, 아내, 시어머니, 직장 상사에 대한 두려움이 없어졌습니까?

+그동안 나를 무시했던 사람을 위해 기도할 수 있습니까?

+하나님이 하신 일을 내가 했다고 착각하고 기세등등했던 적은 없습니까?

　　　1년 전 아내가 저를 차 안으로 떠밀며 우리들교회로 인도하기에 얼떨결에 출석하게 되었습니다. 바람을 피우고, 도박하고, 주식하다 쫄딱 말아먹은 분들이 머리를 숙이고 흐느끼며 간증하는 모습들이 구경거리 치고는 최고였습니다.

　그러던 어느 날, 아내가 목장에 가자고 하기에 바빠 죽겠는데 무슨 풀 뜯어먹는 소리냐며 핀잔을 주었습니다. 그런데 몇 달 후 아내는 출근길에 질서에 순종하는 모습을 보이며 평소에 하지 않던 배웅을 하러 엘리베이터 앞까지 나왔습니다. 아니나 다를까 오늘 우리 집에서 목장 모임을 하기로 했다고 통보를 했고 저는 또 얼떨결에 목장에 나가게 되었습니다.

　목장예배는 더 가관이었습니다. 상태가 아주 시원찮은 목원들의 이야기를 직접 들으니 사실적인 현장감에 시간 가는 줄 몰랐습니다.

　한번은 목장에서 '성경이 두 줄 이상 들리지 않는다'라는 나눔을 했습니다. 그런데 주일 예배 때 목사님께서 저의 그 나눔을 읽어 주시며 '말씀이 희귀하다'는 성경 본문 말씀(삼상 3:1)과 제 나눔을 딱 맞아 떨어지게 설명하셨습니다. 그러면서 "제가 했나요? 성령님께서 하셨지요"라고 말씀하시는데 충격을 받았습니다.

　다음 날 큐티 말씀이 들릴 때까지 점심시간 30분을 제외하고 오후 4시 30분까지 무려 7시간 30분 동안 말씀을 읽고 또 읽었습니다. 그러고 나니 '말씀이 들리지 않는 것이 아니라 내가 듣지 않기로 작정을 하고 있었구나' 하는 걸 깨달았습니다. '지금부터는 말씀을 듣기로 작정하자' 결심하고 다음 날도 큐티 말씀을 읽고 또 읽었습니다.

며칠 후, '옷을 찢지 말고 마음을 찢어 돌아오라'(욜 2:13)는 큐티 말씀을 묵상하는데 하나님이 '지금이라도 돌아오면 천국에 갈 수 있다'고 하시는 것 같았습니다. 입으로는 주님을 믿기로 작정하고 큐티를 열심히 하면서도 친구들과 어울려 술판을 벌이는 제 모습이 보였고, 그런 제가 죄인임이 깨달아졌습니다. '이제부터는 죄를 짓지 않는 적용으로 큐티 나눔에 올려서 선포하자' 하고 네 번을 올리고 나니까 밑천이 바닥나고 말았습니다. '이제 양육받고 나서 올리자' 했는데, 주일에 목사님께서 갑자기 저의 초짜 큐티 4회분을 한꺼번에 읽어 주시면서 계속 올리라고, 이런 세련되지 않은 나눔은 계속 올려야 한다고 하셨습니다.

어차피 초짜인데 겁날 게 없었습니다. 그래서 "많은 아내가 내 남편이 바람을 피운 건 아닐까? 혹시 피우고 있는 건 아닐까? 앞으로 피우면 어쩌지? 등 괜한 걱정이 있다고 한다. 그냥 쉽게 바람을 피다 걸린 놈과 바람을 폈는데도 안 걸린 놈으로 보면 된다. 즉 모든 남자가 바람을 폈는데 오픈을 했는가, 안 했는가의 차이로 보면 된다"라고 올렸습니다. 그리고 가장 중요한 적용 부분에서 "저도 안 걸린 놈에 속한다"라고 올리며 마음을 정리했습니다. 사람을 두려워하면 위기가 임하지만 하나님을 두려워하면 위기가 기회로 바뀐다고 하셨기에 결국 제 무덤을 파는 일을 자초하였습니다.

그리고 조심스럽게 아내에게 제 바람 사건을 오픈했습니다. 그 결과 2시간가량 쉴 새 없이 퍼부어 대는 욕설을 감당해야 했습니다. 잠잠한

가 싶어서 고개를 드는 순간 새벽에 적진 한가운데로 들어와서 기습적으로 암문을 치듯이 내 머리통을 한 대 후려치는 아내의 매서운 손길과 오른눈이 빠질 것 같은 고통과 수모를 감당해야 했습니다. 끝으로 강아지와 함께 자야 하는 처량한 신세가 되고 말았습니다.

다음 날 목장에서 모두가 지켜보는 가운데 "하나님께 맹세컨대 똑같은 죄를 절대로 짓지 않겠습니다. 아내에게 진정 사과하는 뜻으로 무릎을 꿇습니다"라고 하며 성공적인 오픈 마무리를 할 수 있었습니다. '바람을 피웠다 안 걸린 놈'에서 '오픈한 분'으로 신분이 상승되는 기쁨을 누리게 되었습니다.

그런데 그다음 주 목장에서 예상치도 못한 일이 벌어지고 말았습니다. 제가 오픈할 때 왠지 좀 불안해 보이던 집사님이 결국 초짜 성도가 일으킨 바람을 타고 목장에서 무릎 꿇고 외도를 오픈하였고, 그다음 주에는 위장술이 뛰어나셨던 또 한 분의 집사님이 오픈한 것입니다. 우리 광풍 목장은 이스라엘 33만 명이 모인 것같이 하나님이 하나가 되게 해주셨고 3주 연속 집단 오픈이라는 신기록을 남길 수 있었습니다.

내가 잘 깨달아 이긴 줄 알고 현재 기쁨의 최고봉에서 사울처럼 추락하지 않기를 바랍니다. 자기 일 열심히 하고 때를 기다리면, 오늘도 내일도 성령님이 임해서 거룩한 분노까지 자랄 수 있도록 하나님이 도와주시리라 믿습니다. 하나님을 사랑합니다.

말씀으로 기도하기

여호와의 두려움이 없으면 사람에 대한 두려움으로 위기가 옵니다. 위기는 사람을 두려워하는 삶의 결론입니다. 사람의 두려움으로부터 해방되어야 하나님의 두려움이 임합니다. 그럴 때 위기가 기회가 됩니다.

여호와의 두려움이 임하지 않으면 사람의 두려움이 임합니다 / *삼상 11:1-2*
하나님이 내 편이라는 말을 항상 들으면서도 믿음이 없어 사람을 의지했습니다. 인맥 좋고 빽 있어야 인생이 잘 풀리는 줄 알았습니다. 내 도움이 사람에게서 올 줄 알고 사람에게 잘 보이고 칭찬받으려고 노력했습니다. 그러다 보니 사람에게 배신당하는 것이 두려웠습니다. 배신당하지 않으려고 나의 능력과 재물을 의지했습니다. 하나님께 떼를 쓰는 기도도 했습니다. 그러나 돌아오는 것은 세상의 조롱뿐이었습니다. 그러나 내 죄를 깨닫자 달라졌습니다. 예배를 회복하자 여호와의 두려움이 내게 임하고 사람의 두려움이 사라졌습니다. 사람에게 애쓰지 않아도 하나님은 나를 승리케 하시는 분이라는 사실을 깨달으며 살기 원합니다. 하나님의 사랑이 나를 살리심에 감사합니다.

여호와의 두려움이 임하면 위기가 기회가 됩니다 / *삼상 11:3-15*
위기가 오면 늘 남 탓을 했습니다. "자식이 나를 힘들게 한다, 남편이 나를 고통스럽게 한다, 시어머니 때문에 내 명에 못살겠다" 했습니

142

다. 위기가 오니 가정을 살피는 일을 해서 뭐하나 싶어 더 이상 하지 않았습니다. 술을 마시거나 친구를 만나 의미 없는 일들로 마음을 달랬습니다. 그러나 돌아오는 것은 내일에 대한 두려움과 더 큰 원망뿐이었습니다. 그런데 오늘 위기 가운데서 하나님의 질서대로 사울을 찾은 야베스 길르앗, 자기의 일을 열심히 하며 때를 기다리는 사울을 보니 위기를 마주한 내 태도가 얼마나 안일하고 어리석었는지 깨달아집니다. 무시를 당하더라도 상대를 포용하고 그의 구원을 위해 기도하기 원합니다. 불평과 불만을 끊고 하나님께 영광을 돌리기 원합니다.

영혼의 기도

하나님 아버지, 여호와의 두려움이 저에게 임했습니다. 그런데도 사람의 두려움에서 해방되지 못한 것이 많습니다. 주님은 우리가 위기에 처하는 것은 사람을 두려워해서라고 말씀하십니다. 그리고 위기에는 분명히 이유가 있다고 말씀하십니다. 악의 세력을 섬기지 않게 하시고, 내 죄와 조상의 죄까지 생각할 때 '옳소이다! 있어야 할 일이 왔습니다!' 하고 고백하게 하옵소서. 내가 죄를 대적할 때 사람의 두려움에서 벗어나게 하시고 여호와의 두려움이 임하여 위기가 기회가 될 것임을 믿습니다.

두려움에서 벗어나지 못하고 분별치 못하니 영적 전문가를 붙여 주시고, 성령의 도우심으로 삶의 위기에서 건져 주시니 감사합니다. 그 위기가 기회가 되게 해주심으로 하나님께 영광 돌리는 삶 살게 해주시니 감사합니다. 맡기신 지체를 잘 포용할 수 있는 넓은 마음을 허락해 주시어 더 많은 영혼을 살리는 사명을 감당할 수 있도록 은혜와 능력을 더해 주옵소서.

길갈에서 하나님이 한 일을 생각하며 내가 한 일이 아무것도 없노라고 고백합니다. 여호와의 은혜가 평생 임하게 될 것을 믿습니다.

예수님 이름으로 기도합니다. 아멘.

06
하나님이 기뻐하시는 일꾼

사무엘상 12장 1-25절

사사기를 보면 이스라엘은 태평하면 범죄해서 타락하고, 압제와 학대를 당하면 간구해서 회복되는 사이클을 반복하고 있습니다. 예전에는 그런 이스라엘 백성이 이상하다고 생각했는데, 이제는 이것이 제 이야기로 인정됩니다. 고난 가운데 간구할 때 하나님은 저를 구원하셨습니다. 왼손잡이 에훗, 사람 취급도 못 받고 천히 여겨지던 여자 드보라, 기생의 아들 입다를 통해 우리를 구원하셨습니다. 별 볼일 없는 사람들을 세우셔서 별일 있는 사람들을 이끌고 가게 하셨습니다. 별 볼일 없는 사람들을 세우셔서 이스라엘의 교만한 사람들을 구하신 것입니다.

하나님이 기뻐하시는 일꾼은 바로 이런 사람들입니다. 겉으로 보면 별 볼일이 없습니다. 에베소서 3장에서 바울은 일꾼에 대해 이렇게 말합니다.

7 이 복음을 위하여 그의 능력이 역사하시는 대로 내게 주신 하나님의 은혜의 선물을 따라 내가 일꾼이 되었노라 8 모든 성도 중에 지극히 작은 자보다 더 작은 나에게 이 은혜를 주신 것은 측량할 수 없는 그리스도의 풍성함을 이방인에게 전하게 하시고 9 영원부터 만물을 창조하신 하나님 속에 감추어졌던 비밀의 경륜이 어떠한 것을 드러내게 하려 하심이라 엡 3:7-9

하나님은 지극히 작은 자보다 더 작은 자를 일꾼 삼으신다고 합니다. 그리고 그를 통하여 비밀의 경륜이 어떠한 것인지 드러내고 싶어 하십니다. 일꾼이 되려면 스스로 지극히 작은 자라는 인식이 있어야 합니다. 그래야 비밀의 경륜을 드러낼 수 있습니다.

작은 자이면서 비밀의 경륜을 가진, 하나님이 기뻐하시는 일꾼에 대해서 생각해 보려 합니다.

사람 앞에 떳떳해야 합니다

사무엘이 온 이스라엘에게 이르되 보라 너희가 내게 한 말을 내가 다 듣고 너희 위에 왕을 세웠더니 삼상 12:1

즉위식을 거행하면서 사울의 인기가 너무 높아져 사무엘이 배제되기 시작했습니다. 사무엘은 이 사실을 깨닫고 순종하며 공인으로서 자신의 자리를 내려놓습니다. 그러면서 백성들 앞에서 고별 연설을 합니다. 백성을 위해 일생을 섬겼는데 이제 와서 물러나라 하니 분하지 않겠습니까? 그런데도 사무엘은 겸손하게 물러납니다. 작은 자라는 인식이 없었다면 어떻게 그 자리에서 물러날 수 있겠습니까?

사무엘은 물러나면서 왜 물러나는지 설명하는 정도가 아니라 이스라엘을 책망합니다. 그러면서 마지막에는 백성을 위해서 기도합니다. 이 모습이야말로 비밀의 경륜이 아니겠습니까?

2 이제 왕이 너희 앞에 출입하느니라 보라 나는 늙어 머리가 희어졌고 내 아들들도 너희와 함께 있느니라 내가 어려서부터 오늘까지 너희 앞에 출입하였거니와 3 내가 여기 있나니 여호와 앞과 그의 기름 부음을 받은 자 앞에서 내게 대하여 증언하라 내가 누구의 소를 빼앗았느냐 누구의 나귀를 빼앗았느냐 누구를 속였느냐 누구를 압제하였느냐 내 눈을 흐리게 하는 뇌물을 누구의 손에서 받았느냐 그리하였으면 내가 그것을 너희에게 갚으리라 하니 4 그들이 이르되 당신이 우리를 속이지 아니하였고 압제하지 아니하였고 누구의 손에서든지 아무것도 빼앗은 것이 없나이다 하니라 5 사무엘이 백성에게 이르되 너희가 내 손에서 아무것도 찾아낸 것이 없음을 여호와께서 너희에게 대하여 증언하시며 그의 기름 부음을 받은 자도 오늘 증언하느니라 하니 그들이 이르되 그가 증언하시나이다 하니라 삼상 12:2-5

인간적인 사람은 자랑도 못 하고 야단도 못 치는데, 분별이 되면 책망도 하고 자랑도 합니다. 책망도 자랑도 구원 때문이라면 할 수 있어야 합니다. 이것이 분별입니다. 하나님 앞에 내 주제를 알고 누구를 책망하거나 자랑하는 것을 삼가고 겸손해야 하지만 구원 때문에 위축되지 않고 당당히 책망하고 자랑해야 하는 경우도 있는 것입니다.

사무엘은 "너희는 나더러 '너무 늙었다. 아들들도 말썽이니 물러나라' 하는데, 그것은 옳지 않다. 나는 내 아들들도 금세 강등시키고, 지금 너희와 함께 사울 왕을 섬기게 하고 있다. 나는 부당한 축재를 하지 않았으며, 백성을 속이지 않았고, 압제하지 않았으며, 뇌물을 조금도 취하지 않았다" 하며 떳떳하게 말합니다. 백성들도 사무엘의 말에 "맞다" 합니다. 하나님도, 하나님이 세우신 사울 왕도 "맞다"고 증언합니다.

지도자 한 사람이 얼마나 중요한지 모릅니다. 평신도 지도자 한 사람이 지체를 살리고 교회를 살립니다. 하물며 한 나라의 지도자는 얼마나 그 자리가 중요하겠습니까? 나라와 백성의 목숨을 살리고 죽이기도 할 수 있습니다.

그런 의미에서 사무엘은 떳떳했습니다. 그래서 자신의 옳은 행동을 자랑할 수 있었습니다. 오랫동안 사역한 사무엘은 권력자들이 저지르기 쉬운 모든 죄악에서 청렴결백했음을 인정받았습니다. 사무엘은 하나님의 재판관으로서, 말씀을 대변하는 설교자로서, 벧엘과 길갈과 미스바를 순회하는 무보수 사역자였습니다. 그러니 떳떳했고 사람이 두렵지 않았습니다. 사무엘이 고별사를 통해 굳이 이런 이야기를 한 것은 이스라엘 백성을 책망하기 위해서였습니다. 책망은 이처럼 자기 삶이 떳떳한 사람만이 할 수 있습니다. 도덕적으로 떳떳하기보다는 예수 안에서 떳떳해야 합니다.

+하나님이 기뻐하시는 일꾼으로서 하나님의 시간과 재물과 애정과 도덕과 윤리 면에서 떳떳합니까?

+내가 압제하고 착취하는 것은 무엇입니까?

받은 은혜를 기억해야 합니다

4 곧 창세전에 그리스도 안에서 우리를 택하사 우리로 사랑 안에서 그 앞에 거룩하고 흠이 없게 하시려고 5 그 기쁘신 뜻대로 우리를 예정하사 예수 그리스도로 말미암아 자기의 아들들이 되게 하셨으니 6 이는 그가 사랑하시는 자 안에서 우리에게 거저 주시는 바 그의 은혜의 영광을 찬송하게 하려는 것이라 엡 1:4-6

하나님은 우리를 창세전에 택하셔서 신령한 복을 주시기 원한다고 하십니다. 신령한 복이란 거룩하고 흠이 없어서 하나님을 찬송하는 복입니다. 하나님은 우리를 거룩하고 흠이 없게 하기 위해서 사탄의 공격에서 계속 건지셔서 자기의 아들이 되게 하셨습니다. 우리는 이렇게 하나님께 엄청난 은혜를 받은 사람들입니다.

이스라엘도 그렇습니다. 출애굽기, 사사기를 거치며 압제당하고 죽을 뻔한 이스라엘을 하나님은 얼마나 많이 참으시며 살려 주셨습니까?

6 사무엘이 백성에게 이르되 모세와 아론을 세우시며 너희 조상들을 애굽 땅에서 인도하여 내신 이는 여호와이시니 7 그런즉 가만히 서 있으라 여호와께서 너희와 너희 조상들에게 행하신 모든 공의로운 일에 대하여 내가 여호와 앞에서 너희와 담론하리라 8 야곱이 애굽에 들어간 후 너희 조상들이 여호와께 부르짖으매 여호와께서 모세와 아론을 보내사 그 두 사람으로 너희 조상들을 애굽에서 인도해 내어 이 곳에 살게 하셨으나 삼상 12:6-8

이스라엘은 400년 노예생활을 하던 애굽으로부터 구원을 받았습니다. 그때 하나님이 기뻐하시는 일꾼 모세와 아론을 세우셨습니다. 사무엘은 그것을 기억하라고 합니다.

미국의 철학자 조지 산타야나(George Santayana)는 "과거를 기억하지 못하면 역사는 반복되고 되풀이해서 벌을 받는다. 과거에 집착하는 자는 애꾸가 되고, 과거를 잊어버리는 자는 소경이 될 것이다"라고 말했습니다. 미래를 준비하기 위해서 과거를 올바로 봐야 합니다. 은혜를 잊어버리면 어떤 것도 올바로 생각하거나 선택할 수 없습니다.

은혜를 잊어버리면 진로와 직장과 학교와 배우자 같은 것들도 올바르게 선택할 수 없습니다. 은혜를 잊어버리면 사명도 없고, 인생의 목적이 없으니 모든 것이 갈팡질팡 춤을 춥니다. 날마다 감정이 춤을 추고 진로가 춤을 춥니다. 사는 것이, 직장생활하는 것이 무의미해서 괴롭습니까? 상사가 괴롭히니 참을 수가 없어 늘 때려치우고 또 때려치웁니까? 사명이 없으니 그런 것입니다. 과거를 다시 한 번 돌아보기 바랍니다.

하나님이 나를 택하시고 은혜 주신 것을 안다면 사명이 있습니다. 나를 향한 하나님의 계획을 알게 됩니다. 그런 사람을 누가 막을 수 있겠습니까? 반대로 나를 거스르고 하나님의 계획을 방해한다면 반드시 망할 수밖에 없습니다. 그래서 애굽의 바로가 망하지 않았습니까? 이스라엘이 출애굽 하기 전 열 가지 재앙이 있던 때 하나님의 택함을 받은 사람은 그 어떤 재앙이 와도 그때마다 인내하며 견디었지만 바로는 망했습니다. 고난이 올수록 더 강팍해지고 망하는 것은 바로이고, 세상입니다.

고난이 올수록 하나님의 사람은 더욱더 겸손해집니다. 고난을 견디면서 인내와 절제와 온유와 형제 사랑을 배웁니다. 지금 고난이 왔습니까? 고난을 통해서 인내를 배우고 있습니까? 아니면 마음이 강퍅해져서 다 그만두고 싶습니까? 점점 강퍅해지고 있다면 내가 정말 하나님의 백성이 맞는지 점검해야 합니다.

> 9 그들이 그들의 하나님 여호와를 잊은지라 여호와께서 그들을 하솔 군사령관 시스라의 손과 블레셋 사람들의 손과 모압 왕의 손에 넘기셨더니 그들이 저희를 치매 10 백성이 여호와께 부르짖어 이르되 우리가 여호와를 버리고 바알들과 아스다롯을 섬김으로 범죄하였나이다 그러하오나 이제 우리를 원수들의 손에서 건져 내소서 그리하시면 우리가 주를 섬기겠나이다 하매 11 여호와께서 여룹바알과 베단과 입다와 나 사무엘을 보내사 너희를 너희 사방 원수의 손에서 건져 내사 너희에게 안전하게 살게 하셨거늘 12 너희가 암몬 자손의 왕 나하스가 너희를 치러 옴을 보고 너희의 하나님 여호와께서는 너희의 왕이 되심에도 불구하고 너희가 내게 이르기를 아니라 우리를 다스릴 왕이 있어야 하겠다 하였도다 삼상 12:9-12

사사기의 주제가 '여호와를 잊은지라'입니다. 적어도 여호수아 생전에는 전쟁을 겪은 세대들이 살아 있어서 구원의 감격을 잊지 않았습니다. 그런데 세대가 바뀌고 가나안에서 풍요롭게 살다 보니 노예 생활로부터 구원된 감격을 잊어버렸습니다. 그래서 심판을 자초하고 이방인의 압제에 시달리게 되었습니다.

우리들교회는 과거에 판교채플이 없던 시절, 휘문채플에서 고생을 많이 했습니다. 교회 건물도, 돈도 없이 저희 집에서 예배를 드리기 시작했을 때부터 함께했던 성도들과 함께 냉난방도 안 되는 휘문채플에서 추위와 더위를 고스란히 감당하면서 예배 드리던 시절이 있었습니다. 아무것도 없으니 중요한 일이 있을 때마다 얼마나 힘들게 고민하고 결정하면서 여기까지 왔는지 모릅니다. 그렇다 보니 새롭게 건축된 판교채플에서 신앙생활을 시작한 성도들이나 출석한 지 얼마 안 되는 성도들, 이 시절을 모르는 성도들과는 교회를 생각하는 마음가짐이 다를 수 있습니다.

우리에게 휘문은 성지입니다. 제가 하루인들 휘문 시절을 잊을 수 있겠습니까? 그렇다고 휘문과 판교를 편 가르기 하자는 건 아닙니다. 그저 그때 더위에 압사당할 뻔하면서 고생했던 시간을 잊지 말자는 것입니다. 고난의 시대를 경험하면 뭐합니까? 다 잊어버려서 생각조차 안 난다고 하면 방법이 없습니다. 때마다 시마다 얼마나 말씀 묵상을 치열하게 하며 여기까지 왔는데, 경험하지 않았다고 쉽게 말해서도 안 되고 잊어서도 안 되는 것입니다.

하나님은 과거 사건들과 여호와의 은혜를 잊은 이스라엘을 치셨습니다. 하솔 군장 시스라와 블레셋 사람과 모압 왕을 붙여서 치셨습니다. 사무엘상 12장 10절에 보니 이스라엘이 압제와 학대를 받자 "우리가 여호와를 버리고 죄를 범하였다"고 고백하며 회개했다고 합니다. 가나안의 대표적 우상이 바알과 아스다롯인데, 이 신들을 섬겼다고 시인합니다. 하나님이 구원해 주셨는데 조금 살 만하니까 이방 신을 섬겼다는 것입니다.

우리도 그렇습니다. 교회 다니면서도 세상의 우상을 똑같이 섬깁니다. 이제 좀 살 만해지면 과거의 은혜는 어느덧 다 잊어버리고 세상 우상에 빠지게 마련입니다. 하나님은 그런 성도를 그냥 내버려 두시지 않습니다. 환난을 각오해야 합니다. 그런데 환난에서 벗어날 수 있는 비결은 오늘 회개하는 것입니다. 하나님은 회개하는 우리를 건져 주십니다.

사무엘은 왕을 달라는 이스라엘에게 "세상 왕이 너희를 살리는 것이 아니라 오직 하나님께 회개해야 한다. 그런데 너희는 어찌하여 세상 왕을 구하느냐?" 하고 책망합니다. 사무엘상 12장 11절에 등장하는 여룹바알은 미디안의 압제로부터 이스라엘을 구원한 기드온 사사이고, 베단은 하솔의 군대 장관 시스라로부터 구원해 준 사사이며, 사무엘은 미스바 전투에서 블레셋으로부터 백성을 구원한 사사입니다. 이런 사사를 세운 분은 하나님이십니다. 하나님이 지금까지 이토록 이스라엘을 많이 구원해 주셨는데 어떻게 왕을 세우려는 '그 따위 짓'을 하고 있느냐는 것입니다.

이스라엘을 구원하신 분은 하나님입니다. 그런데 이스라엘은 어떻습니까? 은혜를 다 잊고 있습니다. 암몬 왕이 계속 쳐들어오니까 세상 왕이 필요했던 것입니다. 사무엘은 이런 이스라엘에게 "하나님이 너희 왕이시기에 전쟁을 대신 싸워 주실 것인데 너희는 왜 자꾸 사람의 왕을 구하느냐!" 하며 책망하고 있습니다. 백성들의 이런 행위가 영적 배신 행위임을 강조합니다. 세상 왕을 세운 것이 얼마나 잘못되었는지 사무엘상 8장부터 계속 언급하고 있습니다. 왜 이럴까요? 우리가 세상 왕 세우기를 너무나 좋아해서 그런 것입니다.

13 이제 너희가 구한 왕, 너희가 택한 왕을 보라 여호와께서 너희 위에 왕을 세우셨느니라 14 너희가 만일 여호와를 경외하여 그를 섬기며 그의 목소리를 듣고 여호와의 명령을 거역하지 아니하며 또 너희와 너희를 다스리는 왕이 너희의 하나님 여호와를 따르면 좋겠지마는 15 너희가 만일 여호와의 목소리를 듣지 아니하고 여호와의 명령을 거역하면 여호와의 손이 너희의 조상들을 치신 것같이 너희를 치실 것이라 삼상 12:13-15

하나님은 이스라엘이 너무 악을 써 대니 하는 수 없이 왕을 세우셨다고 하십니다. 어쩔 수 없이 왕을 세웠지만 그 역시 하나님이 세우셨기 때문에 사울 왕과 백성들이 하나님의 목소리를 듣고 청종해야 하며 하나님의 명령과 규례를 다 지켜야 한다고 말씀하십니다. 그러면 사울 왕을 통해서 하나님이 역사하실 것이라고 하십니다. 그렇지만 세상 왕이 우리의 형통함, 샬롬을 보장하지는 못합니다.

16 너희는 이제 가만히 서서 여호와께서 너희 목전에서 행하시는 이 큰 일을 보라 17 오늘은 밀 베는 때가 아니냐 내가 여호와께 아뢰리니 여호와께서 우레와 비를 보내사 너희가 왕을 구한 일 곧 여호와의 목전에서 범한 죄악이 큼을 너희에게 밝히 알게 하시리라 18 이에 사무엘이 여호와께 아뢰매 여호와께서 그날에 우레와 비를 보내시니 모든 백성이 여호와와 사무엘을 크게 두려워하니라 19 모든 백성이 사무엘에게 이르되 당신의 종들을 위하여 당신의 하나님 여호와께 기도하여 우리가 죽지 않게 하소서 우리가 우리의 모든 죄에 왕을 구하는 악을 더하였나이다 삼상 12:16-19

사무엘은 출애굽기와 사사기의 역사를 언급하면서 왕을 구하는 것이 얼마나 큰 죄인지 다시금 경고합니다. 그리고 그 죄악이 얼마나 큰 것인지 알 수 있도록 하나님께 우레와 비를 내려 달라고 기도합니다 (17절). 하나님이 사무엘의 기도에 응답하시자 그제야 백성들이 놀라서 살려 달라고 간구합니다.

하지만 이것은 진짜 회개가 아닙니다. 진짜 회개는 고백과 함께 유턴이 있어야 하지 않습니까? 세상 왕 구하는 짓 그만하고, 사울도 왕의 자리에서 내려오고, '이제부터 하나님만 우리 왕으로 섬기겠다' 다짐하고 삶에서 달라지는 것이 있어야 하는데 살려 달라고만 간구합니다.

불신결혼했습니까? 배우자가 너무 왕 같아서, 너무 좋아 보여서 결혼했습니까? 그런데 막상 살아 보니 그 왕 같던 사람이 나를 너무 힘들게 합니다. 그러면 살려 달라고 간구하기 전에 여호와를 청종하고 예배해야 합니다. 여호와만을 왕으로 섬기겠다고 고백하고 그때부터 여호와를 예배해야 하는데 살려달라는 간구만 하는 건 진정한 회개가 아닙니다. 완전한 해결을 얻지 못하는 것입니다.

우리들교회는 고백이 대단한 교회로 소문이 났습니다. 그런데 고백으로 끝이 아니고 적용을 해야 합니다. "내가 잘못했습니다. 나는 정말 내 죄에 대해서 직면하고 있어요" 하고 고백했어도 삶에서 바뀌는 것이 있어야 합니다. 우리가 큐티 나눔을 하면서 말씀대로 한 가지씩 적용하는 것이 얼마나 대단한 일인지 모릅니다. 죄를 추상적으로 회개하면 달라지지 않습니다. 그래서 이스라엘 백성도 안 달라졌습니다. "우리가 왕을 구하는 악을 행했습니다. 이제 여호와를 왕으로 섬기겠습니다" 하는 고백까지는 하지 않고 있는 것입니다.

20 사무엘이 백성에게 이르되 두려워하지 말라 너희가 과연 이 모든 악을 행하였으나 여호와를 따르는 데에서 돌아서지 말고 오직 너희의 마음을 다하여 여호와를 섬기라 21 돌아서서 유익하게도 못하며 구원하지도 못하는 헛된 것을 따르지 말라 그들은 헛되니라 삼상 12:20-21

하나님이 아무리 이스라엘을 사랑하셔도 죄 있는 것을 "없다" 하시지는 않습니다. 그러나 죄는 있을망정 죽을까 두려워하지는 말라고 하십니다. 여호와를 좇는 데서 돌아서지 말고 마음을 다하여 여호와를 섬기라고 합니다. 이것이 이스라엘 백성에게 내린 사무엘의 처방입니다.

오늘 나는 어떤 상황에 처해 있습니까? 죄책감에 하나님 앞에 서는 것이 두렵습니까? 어떤 상황에 있든지 가장 옳은 적용은 여호와를 좇는 것입니다. 여호와를 섬기는 것입니다. 가치관이 바뀌어야 합니다.

평강이 무엇입니까? 남편이, 아내가 돌아오고, 돈 잘 벌고, 자녀가 잘되는 게 평강이 아닙니다. 그런 것은 다 일시적인 것입니다. 진짜 평강은 가치관이 변하는 것입니다. 가치관이 변하면 어떤 환경에서도 평강하게 됩니다. 그래서 악인에게는 평강이 없습니다. 예수를 안 믿는 사람에게 돈이 많으면 무슨 평강이 있겠습니까?

+받은 바 은혜를 생각할 때 지금 나는 범죄, 학대, 간구, 회복 중 어느 시대를 살아가고 있습니까?

+평안하면 은혜를 잊고 살다가, 고난이 와서야 간구하지는 않습니까?

+하나님으로 만족하지 못하고 세상 왕을 구하는 이유는 무엇입니까?

자격과 공로가 필요 없습니다

여호와께서는 너희를 자기 백성으로 삼으신 것을 기뻐하셨으므로 여호와
께서는 그의 크신 이름을 위해서라도 자기 백성을 버리지 아니하실 것이요
삼상 12:22

처음 사무엘은 하나님 앞에서 "당신의 백성이 어떻게 당신에게 저럴
수 있어요?" 하며 투정했습니다. 그런데 22절을 보니 사무엘이 깨달음
을 얻었습니다. 주의 종과 백성 사이에 갈등이나 충돌이 일어나면 하
나님은 종은 버려도 백성은 버리지 않으신다는 것입니다. 아무리 백성
이 죄를 지어도 하나님은 백성 편입니다. 이스라엘 민족의 지도자는
그동안 수십 명이 바뀌었지만 하나님은 이스라엘 백성을 버린 적이
없습니다.

자식이 하도 속을 썩여 "저 자식은 어떻게 저럴 수 있어요?" 하고 불
평을 해도 하나님은 그 자식 편입니다. 하나님은 그분의 자녀를 더 사
랑하십니다. 그래서 그 자녀를 나에게 맡겨 주신 것입니다.

자녀가 공부를 못해서 학원에 맡기는 이유는 그저 내 아이를 잘 지
도해 달라는 것입니다. 하나님이 종을 세우신 이유도 그렇습니다. 주
의 종을 위하여 백성을 끌어모은 것이 아니라 하나님의 백성이 있기
때문에 그들을 지도할 종을 세운 것입니다. 종 좋으라고, 종 월급 받으
라고 백성을 맡긴 것이 아닙니다.

우리는 하나님의 백성이요, '내 새끼'입니다. 하나님이 책임지시는
어마어마한 인생입니다. 이것만으로도 자존감을 하늘 높이 세워야 합

니다. 하나님은 '내 새끼'가 죄에 눈이 멀고 귀가 멀었다 하더라도 '내 새끼'밖에 모르는 분입니다. 하나님은 왕을 구하는 못된 이스라엘일지라도 그 이스라엘을 자기 백성 삼으신 것을 기뻐하신다고 합니다. 하나님은 정말 그 이름을 위하여 자기 백성을 지키시는 분입니다. 이처럼 하나님의 백성이 되는 데는 자격과 공로도 필요 없습니다. 하나님은 자신의 백성을 무조건 기뻐하신다고 합니다. "그가 너로 말미암아 기쁨을 이기지 못하신다"(습 3:17)고 합니다.

창세전에 이미 택함을 받은 우리이기에 결코 함부로 살아서는 안 됩니다. "내가 무슨 하나님이 기뻐하시는 인생이야! 내 부모도 나를 버렸는데!" 합니까? 부모는 자식을 버릴 수 있지만 하나님은 결코 그 자식을 버리지 않으십니다.

23 나는 너희를 위하여 기도하기를 쉬는 죄를 여호와 앞에 결단코 범하지 아니하고 선하고 의로운 길을 너희에게 가르칠 것인즉 24 너희는 여호와께서 너희를 위하여 행하신 그 큰일을 생각하여 오직 그를 경외하며 너희의 마음을 다하여 진실히 섬기라 25 만일 너희가 여전히 악을 행하면 너희와 너희 왕이 다 멸망하리라 삼상 12:23-25

그래서 사무엘은 백성들을 위하여 중보기도를 게을리하거나 중단하면 하나님께 죄를 범하는 것이라고 고백합니다. 그러니 기도 쉬는 죄를 범하지 않겠다고 고백합니다. 그렇습니다. 하나님이 이 백성을 기뻐하시므로 나는 그들을 위하여 기도만 하면 되는 것입니다.

주변에 이상한 사람들이 많습니까? 속 썩이는 지체가 있습니까? 하나님은 그들을 기뻐하신다고 합니다. 이게 이해가 됩니까? 그런데 자꾸 기도하다 보면 해석이 되고 이해가 됩니다. 기도와 말씀으로 지체를 돕다 보면 하나님의 '내 백성'이 '나의 백성'이 되는 것입니다.

사무엘의 고정관념에 우레와 비를 내리시니 사무엘도 이제는 완전히 하나님 뜻에 두 손을 듭니다. 하나님의 '내 백성'이 사무엘에게도 '내 백성'이 되었으니, 사무엘은 이제 그 백성을 지키겠다고 합니다. 어떻게 지키겠다고 합니까? 바로 기도하겠다고 합니다. 종이 무슨 일을 할 수 있겠습니까? 주인이 하라는 일만 잘 하면 되는 것입니다. 우리의 주인 되시는 하나님은 "내 백성을 위하여 기도하기를 쉬는 죄를 범하지 말라"고 하십니다. 백성들을 위해서 기도하지 않는 것은 죽을 죄임을 알아야 합니다.

그렇지만 기도를 내 맘대로 하면 안 되기 때문에 선하고 의로운 도를 알아야 합니다. 말씀대로 기도를 해야 하는 것입니다. 무턱 대고 기도하면 "사업 매출이 오르게 해주세요", "자녀가 좋은 대학 가게 해주세요" 하고 세상 왕을 구하는 기도를 할 수밖에 없습니다. 그래서 우리는 하나님의 뜻을 알아야 합니다. 말씀을 보고, 오늘 어떻게 구별되게 살 것인지 가르침을 받고, 내 욕심을 내려놓는 기도를 할 때 하나님이 기뻐하시는 일꾼이 되는 것입니다.

성경에는 하나님이 기뻐하시는 종이 여럿 등장하지만 그중 사무엘상 12장 11절에 등장하는 베단과 사사기에 나오는 드보라를 빼놓을 수 없습니다. 베단의 다른 이름은 바락인데, 바락은 드보라와 함께 하솔 군장 시스라를 물리쳤습니다(삼상 12:9).

그러면 드보라는 어떻게 하나님이 기뻐하시는 일꾼이 되었을까요?

그의 남편 이름은 번개라는 뜻의 랍비돗인데, 아마도 드보라가 번개 같은 남편과 살면서 훈련이 되었던 것 같습니다. 제 남편도 번개였습니다. 말이 끝나면 그 즉시 순종해야 하고, 번갯불에 콩을 구워 내듯 눈만 한번 깜박이면 즉시 대령을 해야 했습니다. 직장에서도 상사에게 이 정도로 순종하면 안 될 일이 없을 것입니다.

저 또한 시집살이가 힘들어도 아침에 말씀 보고 순종을 하면 그것이 하나님의 전쟁이 되는 것을 경험했습니다. 하나님이 대신 싸워 주시니, 그 환경에서 제가 빠져 나올 수 있었습니다. 저는 하나님께 다 맡기고 기다리는 훈련만 했던 것입니다. 내 유익을 위해서가 아니라 구원을 위해서 했기에 순종이 쉬워졌고, 그래서 번개 같은 남편에게 13년간 훈련을 받을 수 있었습니다.

그런데 사무엘상 12장 23절에서 사무엘은 "선하고 의로운 길을 가르칠 것이다" 하고 미래형으로 말합니다. 곧 사무엘이 물러나지 않는다는 뜻입니다. 이때부터 정교가 분리가 되어서 사울은 왕정을 하고 사무엘은 제사장 역할, 즉 영적인 일을 하게 됩니다.

영적인 일에 정년이 어디 있겠습니까? 예를 들어 받은 것 없이 제가 은퇴를 한들 무슨 상관이 있겠습니까? 영적인 일은 은퇴가 없는 것입니다. 내가 다른 사람을 세우고자 하는 영역이 있다면 끝까지 하면 되는 것입니다. 하나님이 기뻐하시는 종에게는 정년이 없습니다.

그는 에브라임 산지 라마와 벧엘 사이 드보라의 종려나무 아래에 거주하였고 이스라엘 자손은 그에게 나아가 재판을 받더라 삿 4:5

드보라가 40년간 이스라엘을 통치하면서 종려나무에서 재판을 했다고 합니다. 이것은 상담을 해 주었다는 의미입니다. 하나님은 왜 하필 그때 드보라를 쓰셨을까요?

이스라엘에 80년 동안 태평성대가 지속되자 남자들이 전쟁을 안 하게 되면서 전부 악해졌습니다. 그때나 지금이나 태평성대가 오면 악하고 음란한 것이 성행하게 되어 있나 봅니다. 이스라엘에도 죄가 들끓었습니다. 이방 여인을 취하고 바알을 섬겼습니다. 지금도 그렇지 않습니까? 태평한 세월이 지속되니 곳곳에서 가정불화가 일어나고 이혼율이 역대 최고에 이릅니다.

그래서 하나님이 가정중수를 위해 드보라를 세웠다고 생각합니다. 드보라가 번개 남편과 살면서 훈련을 많이 받았기 때문에 사람들이 그녀에게 나가서 자기 삶의 아픈 부분들을 이야기할 수 있었을 것입니다. 저도 남편에게 학대를 받다가 사람들 앞에 나가서 제가 학대받고 무시당했던 얘기를 하게 되었습니다. 그런데 어디를 봐도 학대받게 안 생긴 제가, 더군다나 나이도 서른밖에 안 된 제가 그런 이야기를 하니 사람들이 얼마나 놀라웠겠습니까? 그래서 제 얘기를 듣고 나면 다 자기 얘기를 술술 한 것입니다.

저는 교회에서만 얘기하지 않고 강남 한복판에 있는 유치원에서, 학부모들 앞에서도 했습니다. 예술고등학교 강사들 모임에 가서도 하고 병원장 부인들 앞에서도 했습니다. 전혀 학대받지 않게 생긴 사람이 그런 이야기를 하니까 점점 전도가 되었습니다. 하나님은 제가 있는 곳곳이 아름다운 종려나무가 되게 하셨습니다. 큐티모임하던 우리 집도 종려나무의 처소가 되었고, 그렇게 계속 지경이 넓어졌습니다.

바락이 그에게 이르되 만일 당신이 나와 함께 가면 내가 가려니와 만일 당신이 나와 함께 가지 아니하면 나도 가지 아니하겠노라 하니 삿 4:8

바락은 드보라 밑의 2인자 군대 장관이었습니다. 바락은 천둥 번개란 의미입니다. 그런데 드보라는 번개 남편과 살며 훈련을 잘 받았으니 천둥 번개를 다루는 요령이 있었을 것입니다. 바락이 드보라에게 충성봉사를 했습니다. 시스라를 물리치러 나가라는 명령에도 "나는 드보라와 같이 나가지 않으면 이 전쟁에 나가지 않겠다"고 했습니다. 어차피 이길 전쟁이었으니 혼자 나갔더라면 모든 영광을 독차지했을 텐데 드보라와 함께 가서 그녀에게 모든 영광을 넘겼습니다.

히브리서 11장에는 드보라, 야엘도 없는데 바락의 이름만 올라와 있습니다. 바락이 더욱 대단한 것은, 당시는 여자를 천시하던 때인지라 얼마든지 드보라를 무시할 수 있었지만 오히려 절대순종을 보여 주었다는 것입니다. 그런 바락이 있었기에 드보라가 마음 놓고 사사 일을 할 수 있었습니다.

저는 여러분이 구원 때문에 내 모든 것을 내려놓고 썩어지고 죽어지는 밀알이 되길 바랍니다. 이런 사람은 하늘나라에 이름이 찬란히 올려질 것이라고 생각합니다.

내가 번개 같은 남편과 살며 힘이 들어도 내 자리에서 수고하고 헌신할 때 그 자리가 다 종려나무가 될 줄 믿습니다. 더욱 낮은 자리에서도 잘 살아내면 드보라와 바락처럼 백전백승하며 사탄을 물리치게 될 줄 믿습니다.

+나를 괴롭히는 지체도 하나님의 사랑하는 '내 새끼'라는 사실이 인정됩니까?

+기도 쉬는 죄를 범하고 있지는 않습니까?

+나는 말할 수 없는 죄인이지만 그럼에도 하나님이 나를 기뻐하고 사랑하신다는 사실이 믿어집니까?

우리들 묵상과 적용

저는 스물다섯 살 때 저를 열정적으로 사랑해 주는 한 남자를 만나 결혼했습니다. 그러나 결혼 후 그 남편은 사업이 잘되어 돈을 잘 벌면서 괴물이 되어 갔고, 저는 남편과의 불화와 열등감을 자녀에게 풀었습니다. 자녀를 나의 인형 삼아 명품으로 도배하며 그들의 영혼을 망가뜨렸습니다. 그러다 남편의 사업이 어려워지자 서류상으로 위장 이혼을 했는데, 이를 핑계로 '너무 힘들다' 합리화하며 불륜도 잠시 행했습니다. 이것이 결국 빌미가 되어 13년 결혼생활을 접고 실제 이혼을 하고 말았습니다.

이후 3년을 딸들과 '반쪽 가정'을 꾸려 나가다 '행복한 인생 제2막'을 꿈꾸며 지금의 남편을 만나 재혼하였습니다. 그러나 행복은커녕 시련이 시작되었습니다. 엄마의 재혼으로 상실감과 배신감을 느낀 사춘기 큰딸은 반항을 시작했고, 열 살짜리 작은딸은 갑작스레 생긴 의붓동생으로 인해 힘들어하며 "엄마가 싫다"고 소리쳤습니다. 그 의붓동생은 재혼을 하며 남편이 데리고 온 여섯 살 된 딸아이였는데, 남편과 사별한 전처와의 사이에 태어난 이 아이는 엄마가 암 투병하는 동안 훈육 없는 왜곡된 사랑으로 키워진 탓인지 늘 이상한 행동을 보였습니다.

언젠가 한번은 이 아이가 제 작은딸이 자기 물건을 훔치고 자기를 때린다고 했습니다. 저는 그 말만 믿고 그렇게 예뻐하던 작은딸을 혼내고 때리기까지 했는데, 넉 달이 지나 그것이 거짓말임을 알게 되었습니다.

저는 거짓을 일삼고, 으르렁으르렁 동물 소리를 내고, 사람들만 있으면 불쌍한 척하는 양극적이고 분열적인 행동을 하고, 저를 나쁜 계모로 만드는 이 아이가 정말 싫어지기 시작했습니다.

행복을 꿈꾸던 재혼 가정도 조금씩 금이 가기 시작했습니다. 그러던 어느 날 저녁 큰딸의 반항은 남편과의 몸싸움으로 이어졌고, 큰딸이 "친아빠와 살겠다"고 했습니다. "그래, 어디 한번 친아빠랑 잘 살아봐라" 했는데 정말 두 딸아이가 집을 나가 버리고 말았습니다. 한순간 남자에게 미쳐 자식들을 내쫓은 엄마라는 비난을 받게 되었습니다.

"여호와께서는 그의 크신 이름을 위해서라도 자기 백성을 버리지 아니하실 것이요"(삼상 12:22)라고 하셨으나 자녀를 잃은 상실감은 세상의 비난과는 비교할 수 없는 아픔이었습니다. 열불이 끓어오르는 지옥에서 날마다 방바닥을 구르며 새끼 잃은 어미 곰처럼 포효했습니다. 내가 낳은 자식을 내쫓을 수밖에 없도록 원인 제공을 한 남편의 딸에게 모든 원망과 저주를 퍼부었습니다. 내 아이들이 떠난 아픔 가운데 있는 저를 보며 남편은 자신이 낳은 딸을 형님 가정에 맡겼고, 집안은 졸지에 자녀가 없는 적막한 공간으로 변했습니다. 저는 수면제와 우울증약을 먹으며 그 지옥 같은 시간을 보내야 했습니다.

그렇게 죽고 싶기만 하던 때에 특별한 섭리로 우리들교회로 인도되었고, 목장에서 아동학, 특히 애착 장애 전문가인 목자님을 만나게 되었습니다. 사람들은 모두 그 아이의 이상행동이 나쁜 계모인 저 때문이라고 했지만, 목자님만이 "그 아이는 애착장애로 아플 수밖에 없는 아이"라고 말해 주었습니다. 그리고 "지금 이 아이를 데리고 오면 가정이 깨진다"고 하며 제가 먼저 회복해야 한다는 위로의 말씀을 했고, 그제야 저도 비로소 숨을 쉴 수 있었습니다.

2년 반 동안 날마다 큐티를 하며 말씀에 매달리다 보니 점점 저를 객관화하게 되었고, 이혼과 재혼의 고난이 나를 구원하기 위한 하나님의 진노요, 사랑이라는 것이 해석되었습니다. 그러던 어느 날 '그는 나보다 옳도다(창 38:26)'라는 제목의 설교 말씀을 듣는 순간 분수령적인 회개가 되었습니다. 그리고 즉시 두 아이를 데려간 전남편에게 용서를 구했습니다. 내 죄에 대한 자책감으로 괴로워하며 남편을 미워할 때는 아이들을 못 만나게 했던 전남편이 저의 사과 후 점점 엄마의 자리를 인정해 주기 시작했습니다. 그리고 아이들의 양육을 저와 의논하는 이적이 일어났습니다.

그런 가운데 지난해 3월 남편의 형님 댁에 맡겼던 막내 딸아이부터 다시 데려오는 적용을 하였습니다. 그러나 그 아이로 인해 받은 상처와 분노는 좀체 가라앉지 않았습니다. 미움이 계속 올라왔습니다. 그 아이에게 밥을 먹이고 챙겨 주면서도 '내가 낳은 자식에게는 밥도 못 챙기고 빨래도 못 해주는데' 하는 어처구니없고 기구한 심경이 뒤범벅되어 머리와 가슴에는 분열이 일어났고, 만성위염과 대상포진까지 앓아야 했습니다.

그런데 절대 돌아오지 않을 것 같았던 작은딸이 사춘기의 방황을 겪다가 저에게 다시 돌아왔습니다. 두 아이를 키우다 보니, 내 아이는 밉다가도 예쁜데 남편의 아이는 밉다가 또 밉습니다. 매일 밤 자는 아이의 머리에 손을 얹고 잠깐이나마 위하여 기도하자고 마음을 다잡았지만, 뜻대로 되지가 않았습니다. 며칠 전에는 아이의 방문 앞을 서성이

다 그 앞에 쪼그리고 앉아 "하나님 저는 이 아이가 밉습니다. 사랑이 안 됩니다. 주님, 저와 저 아이를 불쌍히 여겨 주세요"라고 부르짖었습니다. 그럼에도 이 아이에 대한 마음이 다가가지 않아 며칠 전에는 아이가 잠든 방의 문고리를 부여잡고 겨우 기도할 수 있었습니다.

　저에게 맡기신 자녀를 사랑하는 일은 제 열심과 노력으로 할 수 없음을 인정합니다. 부모로서 자격 없는 인생이지만 전적인 하나님의 도우심을 의지하오니 하나님의 '내 백성'이 '나의 백성'이 되어 잘 섬길 수 있도록 지혜와 능력 주시기를 소원합니다.

말씀으로 기도하기

사울의 인기가 많아지자 사무엘이 자리를 내려놓습니다. 이것은 겸손입니다. 사무엘은 주눅들거나 분하다고 화내지 않았습니다. 오히려 백성 앞에서 자랑도 하고 책망도 합니다. 이것이 하나님이 기뻐하시는 종의 모습입니다. 우리는 어떻습니까? 사람들 앞에 떳떳하지 못하니 누구를 책망도 못합니다. 은혜는 잊어버리기 일쑤이고 우레와 비가 내리면 살려 달라고만 아우성입니다. 지체를 사랑하기보다 원망합니다. 이제 잘못된 종의 모습을 내려놓고 하나님이 기뻐하시는 종의 모습으로 살아야 합니다.

사람 앞에 떳떳해야 합니다 / 삼상 12:1-5

한 명의 지도자가 중요하다고 하십니다. 지도자 한 사람이 가정을 살리고 교회를 살린다고 하십니다. 그런데 한 집안의 가장으로서 내가 얼마나 하나님 앞에 떳떳하지 못한 지도자였는지 고백합니다. 사람들 앞에서는 거룩한 척해도 집에 오면 말씀대로 분별하지 못했습니다. 온갖 죄를 짓고 가족들을 사랑하지 못했습니다. 그러니 자녀가 잘못하고 실수하는 것을 보아도 책망하지 못했습니다. 이제는 죄를 회개하고 돌이킵니다. 주님, 제가 주님 앞에, 사람 앞에 떳떳해서 책망도 하고 자랑도 하는 가장이요, 지도자가 되기 원합니다.

받은 은혜를 기억해야 합니다 / 삼상 12:6-21

사업이 잘되고 돈을 잘 벌면 태평할 줄 알았습니다. 자녀가 좋은 대학에 들어가니 기도의 응답인 줄 알았습니다. 우레와 비가 내리면 "이 비만 좀 피하게 해주옵소서. 나 좀 살려 주옵소서" 하고 기도했습니다. 진짜 회개를 하지 못하고 세상의 왕을 세워 놓고 하나님의 은혜를 잊었습니다. 그러나 진짜 평안은 가치관이 변하는 것임을 알았습니다. 살려 달라고 간구하기 전에 예배를 회복하고 돌이켜야 함을 알았습니다. 지금껏 세상 왕을 구했던 악을 회개합니다. 이제 여호와를 왕으로 섬기며 살기 원합니다.

자격과 공로가 필요 없습니다 / 삼상 12:22-25

자녀의 행동을 보면 정죄할 것투성이입니다. 아무리 말씀으로 가르쳐도 돌이키지 않고 오히려 대들기만 하니 원망스러웠습니다. 하나님 앞에 원망 섞인 불평으로 기도한 적도 많습니다. 그러나 오늘의 말씀을 보니 '내 새끼'라고 하시며 사랑하시는 하나님의 마음이 깨달아집니다. 지금껏 하나님이 잘 가르치고 보살펴 달라고 맡겨 주신 자녀를 저는 때려잡기만 했습니다. 마음으로 그들을 사랑하지 못하니 기도하기를 쉬는 죄를 지었습니다. 지은 죄가 많은 우리지만 이제는 "너를 너무 사랑한다" 하시는 하나님의 마음을 압니다. 지도자는 버려도 백성을 버리지 못하시는 하나님의 간절함을 깨닫습니다. 말씀으로 지체들을 잘 가르치고 이끌 수 있게 하여 주옵소서.

영혼의 기도

아버지 하나님, 지금은 이렇게 기뻐하시는 일꾼이 되게 하셨지만 번개 같은 배우자 때문에 인생이 힘들었습니다. 눈부신 얼굴을 하고 멸망 받아 지옥에 갈 뻔했는데 학대를 통해 제 죄를 보게 하셨습니다. 그냥 보게 하신 게 아니라 정말 제가 가증스러운 것을 보게 하셨습니다.

번개 같은 배우자에게 훈련시키시더니 지금은 천둥 번개 같은 사람들과 같이 가게 하십니다. 나밖에 모르던 사람이 힘든 사람을 보면서 하나님의 '내 백성'이 저에게도 조금은 '나의 백성'이 되는 기쁨을 알게 하십니다.

하나님은 어떤 환경에도 '내 백성'을 버리지 않으십니다. 하나님의 '내 백성'임이 믿어지기를 원합니다. 창세전부터, 엄마 뱃속 전부터 택한 우리 한 사람 한 사람을 보며 "너로 인해 기쁨을 이기지 못한다"고 하십니다. 이 기쁨으로 저의 자존감이 회복되기를 원합니다.

아버지 하나님, 이 땅에서 오직 하나님의 영광을 즐거워해야 하는데 우리는 얼마나 인정받기를 좋아하는지 모릅니다. 놀라운 섬김을 통해, 천국 생명책에 기록된 바락을 보면서 우리가 다른 사람을 섬기기 위해서 죽어지고 썩어지는 밀알이 되어서 한 영혼이라도 더 구원할 수 있도록 역사하여 주옵소서. 기뻐하시는 일꾼이 그렇게 해서 탄생되고 이어져 갈 것임을 믿습니다.

예수님 이름으로 기도합니다. 아멘.

07
실수할지라도 기다리신다
사무엘상 13장 1-23절

사울은 새사람으로 기름 부음 받고 아름다운 출발을 했지만 왕위에 오른 직후부터 하나님 앞에 문제를 드러내기 시작합니다. 결국 왕위에 오른 지 만 1년, 햇수로 2년째 되던 해에 사울은 하나님으로부터 버림을 받습니다. 이것은 저주입니다.

그렇다면 사울은 왜 이렇게 비극적인 결말을 맞이했을까요? 외모도 준수하고 성품도 겸손한 사람이었는데 왜 하나님께 버림받게 되었을까요? 그것은 바로 하나님 앞에서 자기 신분과 분수를 망각했기 때문입니다. 도대체 사울이 망각한 것이 무엇인지 구체적으로 짚어 보겠습니다.

1 사울이 왕이 될 때에 사십 세라 그가 이스라엘을 다스린 지 이 년에 2 이스라엘 사람 삼천 명을 택하여 그 중에서 이천 명은 자기와 함께 믹마스와 벧엘 산에 있게 하고 일천 명은 요나단과 함께 베냐민 기브아에 있게 하고 남은 백성은 각기 장막으로 보내니라 삼상 13:1-2

사울은 블레셋 사람들과 전쟁하는 것을 당연하게 생각했습니다. 그런데 사울이 얼마나 신중했던지 왕으로 즉위하고 2년이 될 때까지 군사를 모집하지 않았습니다. 그러다가 1-2절을 보니 군사를 3천 명이나 모집했습니다. 왜 갑자기 군사를 모집한 걸까요?

당시 블레셋에는 철기문화가 매우 발달했습니다. 그런데 그 블레셋이 이스라엘에게는 철기를 쓰지 못하게 했습니다. 이스라엘이 철로 된 무기나 기구를 제조하려면 블레셋에 가야 했습니다. 지금으로 말하면 강대국의 횡포나 다름없습니다. 그러니 이스라엘 입장에서는 블레셋이 무섭지 않겠습니까? 그래서 사울이 군사를 모은 것입니다. 그런데 갑자기 군사를 모은다고 소문이 나면 블레셋이 자기들을 견제할 것이니 사울은 조심스럽게 조금씩 일을 진행했습니다. 그는 이렇게 신중한 사람이었습니다.

이렇게만 놓고 본다면 사울은 세상적으로 훌륭합니다. 하지만 하나님의 구속사적인 시각으로 볼 때 지금 사울은 불순종의 태도로 일관하고 있습니다. 왜냐하면 하나님께 묻지도 않고 군사를 모집했기 때문입니다. 지난번 암몬과의 전쟁은 어땠습니까? 사울이 하나님께 순종하니 하루아침에 33만 명이 모이지 않았습니까? 여호와의 두려움이 임하니 백성들이 모인 것입니다. 사무엘도 미스바 전투에서 하나님께 묻고 금식하고 전쟁함으로 승리했습니다.

그런데 지금 사울은 자기 마음대로 사병을 모집합니다. 하나님께 묻는 것이 없어져 버렸습니다. 하나님께 묻지도 않고 자기 사람, 자기 세력을 키우기 시작한 것입니다. 통치의 성패(成敗)는 백성들에게 자발적인 마음이 들게 하는가에 달려 있습니다. 그런데 내 힘으로 모은 3천 명 때문에 33만 명이 자원해서 모이는 것을 방해할 수 있습니다.

한 교회의 목사님이 너무 훌륭하면 후임 목사님이 목회하기가 너무 어렵다고 합니다. 그러면 그 후임 목사님이 자기 사람을 키웁니다. 그런데 그 자기 사람 때문에 전체 성도가 분열되는 경우를 보게 됩니다.

사울도 그랬습니다. 백성에게 제대로 왕 대접을 못 받자 뭔가 보여주고 싶었습니다. 그래서 자기 사람을 찾은 겁니다. 그런데 정작 하나님께 묻지 않았습니다. 이것이 문제입니다. 역대상에 보면 사울이 죽은 이유는 하나님께 묻지 않았기 때문이라고, 그것이 가장 큰 죄목이라고 설명합니다(대상 10:14).

3 요나단이 게바에 있는 블레셋 사람의 수비대를 치매 블레셋 사람이 이를 들은지라 사울이 온 땅에 나팔을 불어 이르되 히브리 사람들은 들으라 하니 4 온 이스라엘이 사울이 블레셋 사람들의 수비대를 친 것과 이스라엘이 블레셋 사람들의 미움을 받게 되었다 함을 듣고 그 백성이 길갈로 모여 사울을 따르니라 삼상 13:3-4

결국 사울의 아들 요나단이 천 명의 군대를 가지고 일을 저질렀습니다. 아직 실력도 없으면서 신중한 블레셋 수비대를 친 것입니다. 오직 믿음으로 능치 못할 일이 없다고는 하지만 믿음과 무모함은 다릅니다. 요나단의 행동은 믿음보다는 무모함이었습니다. 그러니 이 무모한 요나단이 신중한 아버지 사울을 보면서 얼마나 답답했겠습니까? 반면에 조심성 많은 사울은 요나단을 보며 참 철이 없다고 생각했을 것입니다.

그러나 돌이키기에는 이미 때가 늦었습니다. 사울도 전쟁에 나설 수밖에 없었습니다. 그런데 사울이 온 땅에 나팔을 불면서 "히브리 사람이여 들으라!" 합니다(3절). 당시에 이웃나라에서 이스라엘을 천하게 부를 때 쓰던 호칭이 바로 이 '히브리 사람'입니다. 그런데 이스라엘의 왕이라는 사람이 그 호칭을 쓰고 있습니다. 백성들의 자존감을 세워 주어도 부족할 판에 안 그래도 없는 자존감을 바닥까지 떨어뜨리고 있으니 패배가 눈앞에 있게 된 것입니다. 결국 이스라엘은 위기에 처하게 되었습니다.

> 블레셋 사람들이 이스라엘과 싸우려고 모였는데 병거가 삼만이요 마병이 육천 명이요 백성은 해변의 모래같이 많더라 그들이 올라와 벧아웬 동쪽 믹마스에 진 치매 삼상 13:5

요나단의 무모한 도전이 어마어마한 블레셋의 심기를 건드리고 말았습니다. 그런데 블레셋이 이스라엘에 쳐들어온 것이 꼭 요나단 때문만은 아닙니다. 사실 그동안 블레셋은 이스라엘이 눈엣가시로 보였을 것입니다. 그냥 자기네들 지배를 잘 받고 무시받더라도 가만히 지냈으면 좋겠는데, 33만 명 군대로 암몬을 물리치고 왕을 세우더니 점점 나라의 모양을 갖추어져 가는 것 아니겠습니까? 이스라엘이 점점 부흥하는 것처럼 보이자 블레셋은 위기감을 느꼈을 것입니다. 그러니 그 이스라엘을 가만둘 수 없었습니다. 이 이스라엘을 언제 치면 좋을까 하면서 명분만 기다리고 있었는데 울고 싶을 때 요나단이 뺨을 때려 주었습니다. 명분이 생긴 겁니다.

블레셋은 이 명분을 가지고 이스라엘로 쳐들어가 벧아웬에 진을 쳤습니다. 그 블레셋 군대를 보고 이스라엘은 기가 죽었습니다. 자기들은 고작 3천 명인데 블레셋 군사는 모래알같이 셀 수가 없었습니다. 병거가 3만이고 마병이 6천이니 이스라엘이 얼마나 놀랐겠습니까?

마귀가 싫어하는 것은 교회가 부흥하고 성도들이 회개하고 변화하는 것입니다. 그럴 때마다 마귀는 무슨 수를 써서라도 우리를 공격합니다. 이스라엘도 그렇습니다. 부흥을 하니 마귀가 공격하지 않고는 못 배기는 것입니다.

6 이스라엘 사람들이 위급함을 보고 절박하여 굴과 수풀과 바위 틈과 은밀한 곳과 웅덩이에 숨으며 7 어떤 히브리 사람들은 요단을 건너 갓과 길르앗 땅으로 가되 사울은 아직 길갈에 있고 그를 따른 모든 백성은 떨더라
삼상 13:6-7

이스라엘이 암몬과의 전쟁 때와는 달리 블레셋 군사를 보고 다들 두려워서 떨고 숨습니다. 사울의 왕권이 위협을 받게 되었습니다. 백성이 전의를 다 잃어버렸습니다.

이럴 때는 해석을 잘하는 것이 중요합니다. 블레셋이 진 친 벧아웬은 '우상의 집', '악의 집'이라는 뜻입니다. 이스라엘이 하도 우상을 섬기니까 그 우상을 끊어 내기 위해 블레셋이 쳐들어온 것이라 할 수 있습니다. 이스라엘의 우상을 부수려고 블레셋이 수고를 하고 있는 것입니다.

그러니 위기가 오면 '올 일이 왔구나' 하고 생각하면 됩니다. 우리 집이 망하게 됐습니까? 내가 돈을 우상 삼고 흥청망청 카드를 긁어대니 그런 것입니다. 수중에 돈이 하나도 없습니까? 하도 술을 좋아하니 하나님이 술 사 먹지 못하게 돈을 끊어 버린 것입니다. 남편이 바람을 피웁니까? 하도 남편을 우상 삼으니 그런 것입니다. 내 악 때문에 남편이 수고하고 아내가 수고를 하는 것입니다. 내가 좀체 깨닫지 못하고 신앙생활을 못하니 남편이 바람을 펴 주고 자식이 속을 썩여 주고 아내가 가출을 하는 것입니다. 그런데 우리는 이렇게 생각을 못하고 '나쁜 X, 망할 X' 합니다. 그저 나는 잘못이 없고 블레셋만 나쁘다고 원망합니다. 그래서 나의 악과 직면하지 못합니다.

어떤 사건이 와도 나의 악을 직면하고, 하나님의 음성을 듣고, 죽어지고, 하나님을 신뢰하면 그것이 블레셋과의 전쟁에서 이기는 길입니다. 반대로 '블레셋은 나쁜 놈이야' 하면서 싸우지도 않고 숨기만 하면 백전백패합니다. 하나님 말씀이 끝까지 해석되지도 않습니다.

내 삶에 전쟁이 일어나면 먼저 내 악을 직시해야 합니다. 그 악을 내 원수 블레셋이 쳐 주는 것에 감사해야 합니다. 그런데 우리는 도무지 내 죄도 모르고 하나님께 묻지를 않으니 인생이 해석되지 않는 것입니다.

겸손에도 두 가지가 있습니다. 성품의 겸손과 믿음의 겸손입니다. 자신을 낮춘다는 점에서 같아 보일 수 있지만 결정적인 차이점이 있습니다. 성품의 겸손은 한계가 있어서 사건이 오면 무너지고 맙니다. 이 성품의 겸손에는 대부분 자신의 내면을 숨김으로 상대방의 분별력과 판단력을 흐리게 하여 잘 보이려는 목적이 수반되어 있습니다. 인간이 악하고 이기적이니까 그렇습니다. 그런 겸손은 환경이 달라지고 권세를 가지게 되면 상당 부분 변질됩니다.

그러면 믿음의 겸손은 어떻습니까? 이것은 구원이라는 영적인 관점으로 자신을 낮추는 것입니다. 영적인 분별력과 지혜의 결과라 할 수 있습니다. 믿음의 겸손은 상대방의 구원을 위해서라면 내 수치까지도 약재료로 삼아서 드러냅니다. 어떻게 해서든 상대에게 구원의 확신을 넣어 주기 위해서 취하는 겸손인 것입니다. 욕을 먹을 수도 있고 핍박과 거부를 당할 수도 있습니다. 자존심 가득한 성품의 겸손으로서는 도저히 흉내낼 수 없는 겸손입니다.

우리는 사람을 볼 때 성품인지 믿음인지 잘 분별해야 합니다. 그런데 성품과 믿음은 겉으로 보기엔 종잇장 차이이기 때문에 분별하기가 너무 어렵습니다. 눈을 밝히고 찾아야 합니다.

다윗은 하나님을 조롱하는 골리앗을 보고 "이 할례 받지 않은 블레셋 사람이 누구이기에 살아 계시는 하나님의 군대를 모욕하겠느냐"(삼상 17:26) 하고 호통을 쳤습니다. 그런 다윗이 굉장히 교만해 보이지 않습니까? 다윗의 형 엘리압도 "네 교만과 네 마음의 완악함을 아노니 네가 전쟁을 구경하러 왔도다"(삼상 17:28) 하면서 다윗에게 교만 부리지 말라고 합니다. 칼질도 못하면서 감히 장수인 골리앗과 싸우려 하는 것이 교만이라는 것입니다.

과연 엘리압의 말처럼 다윗이 교만하고 완악해서 골리앗과 싸우겠다고 나선 것입니까? 세상적으로 볼 때는 숨죽이고 가만히 있는 것이 겸손 같습니다. 엘리압이 생각한 겸손은 바로 이런 것이었습니다. 그러나 다윗이 생각한 겸손의 관점은 달랐습니다. 그는 하나님의 구원의 관점에서 상황을 판단했기 때문에 용감하게, 상식을 능가하여 하나님의 영광을 드러내는 길을 선택했습니다. 그것이 겸손이라 생각했습니다. 이것은 하나님을 믿지 않으면 알 수 없는 겸손입니다.

이에 반해 사울의 겸손은 성품의 겸손이라 할 수 있습니다. 불과 얼마 전만 해도 이스라엘은 33만 명의 군대로 암몬을 물리치지 않았습니까? 그런데 지금은 사람의 두려움이 임해서 떨며 도망가고 있는 것입니다. 모든 전쟁은 영적 전쟁이니 하나님께 기도하고 묻고 나가야 하는데, 그러지는 못할망정 자기 계획을 세우고 밀어붙인 것입니다. 아무리 신중하게 하면 뭐합니까? 3천 명과 33만 명은 비교할 수 없습니다. 그런데도 인간은 자꾸 뭐가 좀 되어 간다 싶으면 자기 계획을 세웁니다.

사람은 믿음의 대상이 아닙니다. 엊그제 33만 명 모였다고 오늘도 그만큼 모이는 것이 아닙니다. 우리들교회가 지금 이렇게 모였다고 내일도 이렇게 모일 것 같습니까? 어제 돈 많이 벌었으니 오늘도 어제만큼 벌 수 있을 것 같습니까? 어제 사람들이 잘해 주었다고 오늘도 잘해 줄 것이라 기대합니까? "이 사람이 어떻게 나에게 그럴 수 있나?"라고 하지만 사람이니까 그럴 수 있습니다. 배신은 당하게 되어 있습니다. 그래서 사람은 믿음의 대상이 아닌 사랑의 대상입니다. 우리는 평생 사랑만 하며 가야 합니다. 깨어서 하나님께 묻고 가야지 내 지혜로 판단하고 계획하면 안 됩니다.

+ 내가 계획하기 전에 하나님께 묻습니까?

+ 어제 잘나갔다고 오늘도 승승장구할 거라고 생각합니까?

+ 내 악 때문에 자녀, 배우자, 부모, 이웃이 수고하고 있다는 사실이 인정됩니까?

+ 나의 겸손은 성품의 겸손입니까, 믿음의 겸손입니까?

묻지 않으니 월권행위를 합니다

8 사울은 사무엘이 정한 기한대로 이레 동안을 기다렸으나 사무엘이 길갈로 오지 아니하매 백성이 사울에게서 흩어지는지라 9 사울이 이르되 번제와 화목제물을 이리로 가져오라 하여 번제를 드렸더니 삼상 13:8-9

이스라엘의 상황이 아주 심각해졌습니다. 적이 사방으로 공격해 오고, 백성들은 자꾸 사울에게서 흩어지고, 블레셋은 자꾸 믹마스에 모여듭니다. 악의 세력은 자꾸 모이는데 나의 지체들은 자꾸 흩어집니다. 게다가 일주일 있다가 오겠다고 한 사무엘도 오지 않습니다.

사울은 "하나님께 은혜를 구해야만 한다"는 당위성을 가지고 번제를 드립니다. 그런데 이것이 어마어마한 범죄라고 합니다. 왜 그럴까요? 위기 상황에서 사무엘이 오지 않으면 사울이라도 예배를 드려 백성을 구해야 하는 것 아닙니까? 세속사로 보면 사울이 잘못한 것 하나도 없습니다. 백성을 위해서 예배 드린 것이 무슨 잘못이겠습니까? 그런데 하나님의 구속사로 보면 상황이 달라집니다.

사울은 무섭게 예배에 집착했습니다. 예배를 드리면 전쟁에서 이길 것 같았기 때문입니다. 그런데 사무엘은 일주일을 기다리라고 했습니다. 사무엘의 말이 곧 하나님의 말 아닙니까? 그런데도 그것을 무시하고 예배를 드렸다는 것은 하나님의 말을 안 들었다는 것입니다. 사무엘의 말을 듣는 것이 하나님의 말을 듣는 것이고 그것이 곧 예배인데, 사울은 자기가 제사장이 되어 무섭게 예배에 집착을 했습니다. 예배만 드리면 다 될 것 같아 형식적인 예배에 목숨을 걸었습니다. 이것은 경건주의입니다. '거룩, 거룩'을 입으로만 부르짖는 것일 뿐입니다.

게다가 사울은 지금 월권을 하고 있습니다. 예배는 제사장이 드려야 합니다. 사울이 드리면 안 됩니다. 그런데 사울이 '나는 왕이다. 사무엘보다 내가 더 높다. 내가 왕인데 못할 것이 무엇인가?' 한 것입니다. 이렇게 자기가 마음대로 예배 드린 것이 사울의 가장 큰 죄입니다.

사울의 예배는 하나님을 신뢰하지 않고 드린 예배입니다. 그는 도망치는 자기 군사들을 감시하고, 블레셋 군사들의 동태도 파악하여 어떻게 이길 것인지 계속 연구했습니다. 갑자기 왕이 되어 아무런 시스템도, 전략도 없었기에 힘이 들기도 했겠지요. 그렇게 매일 밤이고 낮이고 고민하다가 힘에 부쳤고, 결국 월권행위를 하여 제사를 드린 것입니다.

사울은 예배 드리다가 망한 인생입니다. 얼마나 예배를 많이 드렸는지 모릅니다. 문제는 이것저것 다 쫓아다녔다는 것입니다. 신접한 자도 찾아가고 방언도 했습니다. 성령도 받고 무당에게도 가고 별것 다

했습니다. 사무엘을 찾아가는 것도 그중 하나였습니다.

이때 사울에게 필요한 것은 회개입니다. 이제라도 하나님 앞에 엎드렸어야 합니다. 그런데 사울은 여전히 인기를 못 버리고 교만을 못 버립니다. 여전히 자신을 철석같이 믿었기 때문에 실수를 합니다. 그래서 사울은 사무엘이 기다리라 한 말이 무슨 의미인지 모릅니다. 믿음은 인내인데 패스를 못했습니다. 이렇게 월권행위를 하다가 망하게 되면 나오는 것은 변명뿐입니다.

+하나님과의 약속을 기억하고 기다립니까? 성급한 마음에 월권하지는 않습니까?

+내 계획을 두고 하나님이 기다리라 하실 때에 그 의미를 알고 있습니까?

월권행위를 하면 변명이 나옵니다

10 번제 드리기를 마치자 사무엘이 온지라 사울이 나가 맞으며 문안하매 11 사무엘이 이르되 왕이 행하신 것이 무엇이냐 하니 사울이 이르되 백성은 내게서 흩어지고 당신은 정한 날 안에 오지 아니하고 블레셋 사람은 믹마스에 모였음을 내가 보았으므로 12 이에 내가 이르기를 블레셋 사람들이 나를 치러 길갈로 내려오겠거늘 내가 여호와께 은혜를 간구하지 못하였다 하고 부득이하여 번제를 드렸나이다 하니라 삼상 13:10-12

구속사가 이해되지 않는 사람은 사울이 뭘 잘못했는지 이해하지 못할 수 있습니다. 우리는 사울과 같은 지도자를 너무 쉽게 볼 수 있습니다. 죄를 지어 놓고도 "국민을 위해, 백성을 위해 했다"고 하는 것입니다. 사울도 사무엘의 말뜻을 못 알아들었는데 우리인들 알아듣겠습니까? 사울은 "내가 잘못한 것이 뭐냐, 나도 나라를 사랑한다" 하는 것입니다. 그럴듯한 변명입니다.

그러고 보면 인생에서 정말 중요한 것이 타이밍입니다. 사울이 번제를 드리자마자 사무엘이 오지 않았습니까? 사울이 30분만, 아니 10분만, 10초만이라도 참았으면 될 것인데 그걸 못 하고 죽음에 이르는 실수를 하고 만 것입니다.

하나님의 말씀을 들으면 적용하고 순종해야 합니다. 그런데 사울은 도리어 적반하장입니다. 사무엘에게 "당신만 하나님 사랑하냐? 나도 사랑한다! 당신만 우리 백성 사랑하냐? 나도 사랑한다!" 하는 것입니다. "당신만 번제 드릴 수 있냐? 나도 드릴 수 있다!" 하는 것입니다. 사울은 기름 부음을 받은 사람입니다. 어떤 환경에서도 회피하고 핑계를 대면 안 됩니다.

변명하는 사울에게 하나님이 그러십니다. "얼마 전에 암몬을 이기게 해주었더니 이번 전쟁도 이길 것 같으냐? 이전에 33만 명이 모였다고 또 그렇게 군사가 모일 것 같으냐?" 이것은 사울이 이스라엘을 얼마나 잘 다스릴 수 있을 것인지 알아보고자 하는 일종의 시험입니다. 하나님은 '내가 부족하고 아무것도 없어도 하나님을 신뢰합니다' 하는 사울의 대답을 기다리고 계십니다. 그런데 사울의 입에서는 그런 믿음의 말은 나오지 않고 변명만 가득합니다. 지난번에 암몬을 한 번 이겼으니 '하나님 없이도 내가 할 수 있어' 하는 교만이 나오는 것입니다. 이기게 하신 것은 하나님인데 사울은 그걸 기억 못 하고 있습니다.

물론 사울도 일주일을 기다렸습니다. 그런데 마지막 몇 분을 못 기다렸습니다. 99퍼센트 합격은 합격이 아닙니다. 대학 합격 발표에서 "99퍼센트 합격입니다" 하는 것 보셨습니까? 만약 그런 말을 한다면 그것은 불합격했다는 뜻입니다. 합격과 불합격은 중간이 없습니다. 여기에서 합격했으면 사울이 큰 왕이 되었을지도 모를 일인데 결국 마지막까지 기다리지 못해서 하나님의 시험에서 불합격하고 말았습니다.

하나님은 좋은 것을 주시기 위해 시험을 하십니다. 하지만 그 시험을 마치기까지 끝까지 인내하는 것이 여간 쉽지 않습니다. 적군은 곧 들이닥칠 것 같고 눈에 보이는 건 아무것도 없는데 가만히 기다리는 것이 쉽겠습니까? 바보 같고 무능해 보이지 않겠습니까? 이렇게 현실에 부딪치면 말씀대로 적용하기가 너무 힘든 것입니다. 사울처럼 안 넘어갈 자가 없습니다.

하나님은 지금 우리에게도 말씀하십니다. "암몬과 싸워 한 번 이겼다고 잘난 척하냐? 이 교회가 계속 부흥할 것 같으냐? 교회 부흥하니까 하나님이 안중에 없냐? 좀 살 만하다고 네 이름을 높이려고 하냐?" 우리는 하나님의 이런 시험에도 패스해야 합니다.

지도자는 끝까지 자기가 결정한 일에 책임을 져야 합니다. 한 번 결정했으면 거기에 "부득이"라는 말을 쓰면 안 됩니다. 이렇다 저렇다 변명하면 안 됩니다. 그만큼 지도자의 결정은 중요하고, 그래서 지도자의 자리가 외롭습니다. 언제나 한 번 결정하면 끝까지 책임을 져야 하기 때문입니다.

저도 교회에서 어떤 결정을 내리기 전에는 생각을 많이 합니다. 그 결정을 발표하기 전날까지 밤새 고민을 해서 바꿀 것이 있으면 또 바꿉니다. 그러면 사역자나 집사님들은 "목사님이 왜 이랬다저랬다 하지?", "어차피 내일이면 또 바뀌겠지" 합니다. 하지만 그것은 저의 유익을 위한 것이 아니라 교인의 영적 질서를 구하기 위해 끊임없이 고민하는 것입니다. 마지막까지 최선의 결과로 교회를 이끌어 가기 위해 그러는 것입니다. 그런데 어떤 분들은 이런 것을 두고 "교회에 시스템이 없다"고 합니다. 시스템이 없으면 어떻게 여기까지 왔겠습니까? 우리들교회에는 하나님의 시스템이 있습니다.

하나님은 늦게 오시는 법도 없고 일찍 오시는 법도 없이 '정확한 때'에 오십니다. 그런데 사람은 '비슷한 때'를 말합니다. 우리는 정확한 때와 비슷한 때를 분별해야 합니다.

그리고 보면 우리는 살면서 참 많은 순간을 기다리고 참으면서 지냅니다. 어디를 가거나 먹거나 입거나 사거나 하는 모든 일이 마음먹은 대로 내 시간표대로 되지 않습니다. 그런데 우리는 참고 기다리는 것을 잘 못합니다. 다들 30분을 못 참고, 3분을 못 참고, 3초를 못 참아 이혼을 하고 구원의 일을 그르치는 것입니다.

구원을 위해서라면 슬픔도 수치도 무시도 기다려야 합니다. 기다리지 못해서 혈기에 넘어가고, 슬픔에 넘어가고, 수치에 넘어가고, 무시에 넘어가고, 자존심에 넘어갑니다. 3초, 3분, 30분을 기다리지 못하고 회사에 사표를 집어던지고 이혼 도장을 찍는 것입니다. 그러고 나서는 변명을 합니다. "내가 오죽하면 이혼을 했겠냐고, 오죽하면 자살을 했겠느냐"고 합니다.

저도 인생에서 가장 이해가 안 되었던 것이 '왜 이렇게 참아야 하는가'였습니다. 힘든 결혼생활을 하면서 극단적인 생각을 한 적도 있습니다. 그런데 지금 생각해 보면 하나님이 우리들교회에 구원받을 자를 구름 떼처럼 모아 주신 것도 제가 그렇게 끝까지 기다린 것이 많아서인 것 같습니다. 만약 제가 참지 못하고 남편과 이혼했다면 제 인생 최고의 기쁨인 남편의 구원을 못 보지 않았겠습니까? 게다가 그 남편이 집을 남겨 주어 큐티 모임을 할 수 있었고, 우리들교회도 시작할 수 있었습니다. 그때 제가 조금 편해지려고 이혼을 했다면 지금의 우리들교회도 없었을 것입니다. 지나고 보니 저를 위해서가 아니라 공동체와 사명을 위해 참고 잘 기다리게 하신 것임을 알았습니다. 때마다 잘 기다리며 왔기 때문에 이렇게 부흥케 해주셨다고 생각합니다.

아무튼 지도자는 잘못했으면 잘못했다고 고백해야지 변명을 하면 안 됩니다. 그런데 사울은 지금 회개하지 않습니다. 자기는 잘못한 것 없이 백성을 위해 최선을 다했다고 합니다. 왕을 구하는 잘못을 저지른 백성들이나 세상 왕이 된 사울이나 다를 바 하나도 없습니다.

물론 참고 기다리는 것이 쉽지 않습니다. 블레셋이 눈앞에서 진을 치고 있는데 일주일을 기다리라는 사무엘의 말에 '옳습니다!'가 쉽게 됩니까? 그렇지가 않습니다. 만약 사울이 끝까지 사무엘을 기다렸다면 주변에서 다 "무능하다" 했을 것입니다. 그런데 더 중요한 것은 그런 평가를 받는다 해도 하나님은 그 사람을 지키고 높이신다는 것입니다. 하나님은 정확하신 분입니다. 하나님의 마음에 드는 사람은 아무리 부족하고, 아무리 묻혀 있어도 어떻게 해서든 드러내십니다. 다윗이 그렇지 않았습니까? 사무엘이 기름 부으러 그의 집을 찾아갔을 때 아버지 이새는 "내놓을 존재가 되지 않는다"며 다윗을 감추지 않습니까? 그런데도 하나님은 다윗을 불러내셨습니다.

제사보다 순종이 먼저입니다. 무엇에 순종해야 합니까? 바로 위 질서입니다. 사울의 위 질서는 사무엘입니다. 사무엘의 위 질서는 여호와 하나님이십니다. 그런데 사무엘은 악한 엘리 제사장에게도 순종했습니다. 하나님은 그런 사람을 리더로 세우십니다. 반대로 순종이 안 되는 사람의 헌신은 받지 않으십니다. 사울은 점점 사무엘에게 순종하지 않았습니다. 사울은 "나도 다 생각이 있다, 부득이하여 번제를 했다" 합니다. 그러나 하나님은 인격이시기 때문에 이처럼 질서도 없고 순종도 하지 않는, 인격적이지 않은 사람의 헌신을 받지 않으십니다.

+내 위 질서는 누구입니까? 위 질서에 '옳습니다' 하는 순종이 됩니까?

+위 질서에 순종하지 못하고 변명하고 있지는 않습니까?

+정확한 때에 오시는 하나님을 믿고 참고 기다리고 있습니까?

그럼에도 하나님은 길이 참으십니다

지금은 왕의 나라가 길지 못할 것이라 여호와께서 왕에게 명령하신 바를 왕이 지키지 아니하였으므로 여호와께서 그의 마음에 맞는 사람을 구하여 여호와께서 그를 그의 백성의 지도자로 삼으셨느니라 하고 삼상 13:14

하나님이 사울에게 "너는 이제 끝났다" 하십니다. 이것만 놓고 보면 하나님이 너무 엄하시고 인정사정없는 분으로 보일 수 있습니다. 한 번 실수했다고 핑계 댈 수도 있습니다. 그러나 하나님에 대한 제사는 바르게 드려야 합니다. 물론 사울은 "나는 나라를 위해 제사를 드렸다" 하고 핑계 댈 수 있습니다. 하지만 아무리 목적이 좋아도 소용없습니다. 방법이 옳아야 하는 것입니다. 하나님이 제정하신 영적 질서를 지켜야 하는 것입니다.

어떻게 세상의 악한 방법으로 선을 이룰 수 있겠습니까? 부정부패한 정권을 뒤엎기 위해 쿠데타를 일으킨 새 정권이 더욱 심한 독재를 하는 것을 우리는 보았습니다. 자본주의를 비판하는 공산주의는 더욱 가난해지고, 교회를 비난하여 세상으로 내려간 사람은 더욱 타락의 길로 가는 것을 수없이 봅니다. 그러니까 우리는 기다려야 합니다. 매일 그렇게 다 갈아치우고 뒤엎는 것이 아니라 내가 거기에서 썩고 죽어 밀알이 되어야 하는 것입니다.

사울은 왕이 된 지 만 1년, 햇수로 2년째 되는 때에 버림을 받았습니다. 그러면 당장이라도 사울이 망하고 다른 왕이 세워져야 하는 것 아닙니까? 그런데 놀라운 하나님의 사랑은 그렇게 망하게 되었는데도 38년을 기다리셨다는 것입니다. 결국 사울은 40년 동안 왕위에 있었습니다.

이렇게 하나님이 길이 참으시는 동안 사울의 권세는 점차 약해졌습니다. 그런데도 사울은 회개하지 않았습니다. 그토록 믿음 좋은 아들 요나단이 있고 훌륭한 선지자 사무엘이 곁에 있는데도 말씀이 안 들리는 사람, 그가 바로 사울입니다. 이 사울을 보면 정말 회개가 마음대로 되지 않는다는 것을 가슴 깊이 느끼곤 합니다. 그럼에도 우리들 교회에는 비록 왕은 아니지만 핍박 가운데서도 회개를 하며 신앙을 지키는, 위기 가운데서도 하나님께 진실한 예배를 드리는 성도들이 너무 많습니다. 사울보다 위대한 성도들이 너무 많다는 것입니다.

어느 성도의 고백입니다.

"교회 온 지 얼마 안 되었을 때 예배 참석은 그야말로 전쟁 중 전쟁이었습니다. 안 믿는 남편은 저를 교회에 빼앗길 것 같아서인지 온갖 적나라한 방법으로 핍박했습니다. 폭언과 폭력은 물론 교회에 가려고 나서는 저의 가방을 빼앗고 신발짝을 집어 던지며 아파트가 떠나갈 만큼 소리를 질러 대며 미쳤다고 욕을 했습니다. 저는 두려움은 있었지만 어디에서 나오는 용기인지 기도와 예배를 드릴 때는 눈물이 넘치고 가슴이 뜨거웠습니다.

어느 주일 아침, 그때도 힘들게 집을 나섰는데 15년을 밟고 다니던 아파트 계단에서 굴러서 손이 까지고 앞니 두 개가 흔들리고 피가 흘렀습니다. '어떻게 해야 하나? 지금 응급실에 가야 하겠지' 하면서 휴지를 꺼내서 피를 닦았습니다. 그런데 무슨 무모함에서인지 발걸음이 교회로 향하고 있었습니다. 휘문채플 2층 의자에 앉아서 손수건으로 틀어진 이를 꽉 눌러 놓고 예배를 마쳤습니다. 통증은 있는데 참을 만했습니다.

응급실에 가지 않고 다음 날 치과에 가니 의사 선생님이 "응급처치를 너무 잘했다"고 했습니다. 이는 약간 틀어져 볼품은 없게 되었지만 멀쩡해서 지금까지 잘 사용하고 있습니다.

예배에 가려면 왜 그렇게 뜻밖의 일이 많이 생기고, 두려움이 생기고, 넘어지고 유난히 아이들이 붙잡는 일이 생기는지 그때는 몰랐습니다. 지금은 그 일들이 나를 넘어뜨리기 위한 사탄의 심한 영적 싸움이었다는 것을 조금씩 알아 갑니다. 블레셋 남편이 이렇게 괴롭히니 내 속에 악을 많이 보게 되었습니다. 목사님과 지체들의 기도와 간구 때문에 견딜 수 있게 되었다는 것도 알게 되었습니다. 갖은 이유와 사건들이 생겨서 예배에 오지 못하는 초신자 지체들을 볼 때마다 그것이 악한 영들과의 심한 싸움이라는 것을 알기에 기도하게 됩니다.

그러나 더욱 힘든 것은 내 안에 있는 악한 영들과의 싸움입니다. 블레셋이 문제가 아니라 내 속에 있는 우상들이 문제입니다. 아직도 남편과 자녀와의 싸움이 혈과 육의 싸움으로만 보여 분 내고 혈기가 나며 인내하지 못하는 모습이 있습니다. 편하고 안주하고 싶어서 해야 할 일들을 미루게 됩니다. 예전만큼 남편이 심하게 안 밟아 주니 예배 때 흘리던 눈물이 말라 갑니다. 이제 항상 구원의 투구를 쓰고 성령의 검인 말씀을 가지고 오고 가는 사건들을 주님의 마음과 시선으로 바라보며 더욱 불쌍히 여겨 달라 기도하겠습니다."

우리는 이렇게 회개를 하는데 사울은 왜 이렇게 회개를 못 하나 싶습니다. 이렇게 사무엘이 호통을 치는데도 끝까지 안 돌아오는 사울 같은 사람, 왕 같은 사람을 도대체 어떻게 해야 합니까? 너무나 애통합니다.

하나님이 기뻐하시는 일꾼이 되었어도 실수할 수 있습니다. 그러나 실수했을지라도 사울을 반면교사로 삼아 어떻게 하면 회복할 수 있을까를 생각해야 합니다.

나의 블레셋은 누구입니까? 남편, 아내입니까? 시어머니입니까? 자식입니까? 그가 누구든 감사하기 바랍니다. 모든 일을 결정할 때 하나님께 묻고 가기 바랍니다. 질서를 거슬러 월권하지 말고 잘 인내하기 바랍니다. 위기가 찾아올수록 변명하거나 도망가지 말고 길이 참으시는 하나님의 사랑을 생각하기 바랍니다.

+나의 실수에도 길이 참으시며 기다리시는 하나님의 사랑이 느껴집니까?

+하나님의 "돌아오라" 부르시는 음성이 들립니까?

+"나는 갈 길 모르니 주여 인도하소서" 하며 주님께 나아갑니까?

우리들 묵상과 적용

개천에서 용 났다는 말을 들으며 명문대학교에 입학하였고, 선배의 전도로 예수님을 알게 된 후 믿는 아내와 결혼했습니다. 1년 후, 태중에서부터 힘들었던 첫딸이 태어났지만 3개월 3일 만에 천국에 갔습니다. 이 일을 계기로 하나님의 선한 영향력을 끼칠 수 있는 부부가 되게 해달라고 서원하며 신앙적 열심을 냈지만 시간이 지나면서 점점 딸이 그리웠고 '왜 나에게 이런 일이 왔는가' 하며 서글펐습니다.

그렇게 힘든 때에 우리들교회에 오게 되었습니다. 그리고 그 주에 마침 둘째 임신 소식을 들었습니다. 목장과 양육 훈련을 거치면서 그동안 믿음이 아니라 성품으로 살아왔다는 것을 알게 되었습니다. 막상 위기 상황이 오니 하나님을 신뢰하기보다는 의사 친구, 더 좋은 병원을 찾아 헤맸고 내 방법에 몰두하였습니다. 내 열심으로 예배를 드리며 타이밍을 맞추지 못하고 월권했던 저는 종교인에 불과했던 것이 깨달아져 회개와 애통이 되었습니다. 그러는 동안 둘째 아이는 태중에서 잘 자랐고 아들이 태어날 기대로 마음이 부풀었습니다.

드디어 건강한 아들을 출산했습니다. 세상을 다 얻은 듯 기뻤습니다. 하지만 5분 후 아이는 자가 호흡을 못 하고 기계에 의지하고 있었습니다. 투병이 시작되었고 마치 저의 한계를 시험하듯 하루하루 참담한 결과들이 드러났습니다. 앞으로 아들은 입으로 먹지도 움직이지도 못 하고 평생 침대 생활을 할 것이며, 게다가 양쪽 귀가 전혀 들리지 않는다는 것이었습니다. 날마다 삶과 죽음의 경계에 선 아들을 보며 나의 인간적인 방법과 인내가 철저히 무너졌습니다. 양육받은 말씀으로만 겨우 버티며 하루하루 바닥의 감정을 직면했습니다. 하나님께 묻고 깊이 만나는 나날이 시작되었습니다.

목장예배를 드리던 중 아들이 심정지 초기 상태라는 연락을 받았고 목장의 모든 식구들이 일제히 일어나 병원으로 갔습니다. 풍성한 곱슬머리, 하얀 피부에 말똥말똥한 눈을 가진 아이는 너무 예뻐서 병원 내에서도 칭찬 일색이었는데, 결국 7개월의 투병 끝에 하나님이 천국으로 데려가셨습니다. 저는 중환자실에서조차 아파 누워 있는 다른 환아들과 내 아이를 비교하며 외모를 취한 내면의 악을 직면하게 되었습니다. 저의 우상을 무너뜨리기 위해 아이들이 수고했다는 것이 깨달아져 회개하며 아이의 죽음을 담담히 받아들였습니다.

둘째를 보내고 1년 후 유전자 검사를 시작했습니다. 그러나 2년 여 동안 굴지의 여러 대형병원에서 수많은 검사를 시행하였지만 이상 유전자를 발견하지 못했고, 결국 두 아이의 병명은 미제로 남게 되었습니다.

저는 이학박사입니다. 현대 과학으로는 밝힐 수 없다는 의사의 최종 진단을 통해 하나님은 제 삶의 모든 근간인 과학적 실존의 한계를 알게 하셨습니다. 제가 아는 지식도 한낱 점에 불과하며 모든 생명의 주권은 하나님께만 있다는 것을 신앙으로 고백케 하셨습니다.

'복의 근원'이라는 의미로 지은 첫딸 '희원'이의 이름대로 딸 사건은 우리들교회를 만나게 되는 근원이 되었고, '기쁘게 하나님 뜻을 준행한다'는 의미로 지은 아들 '희준'이의 사건으로 우리 부부는 공동체의 소그룹 리더로 부름받게 되었습니다. 이 모든 일이 하나님의 타이밍으로 받아들여지니 감사합니다.

이 사건들을 겪으며 말씀에 순종하지 못하고 제 방법대로 살려 했던 저를 길이 참아 주시는 하나님, 사울처럼 38년을 기다리시며 저에게 좋은 것을 주시기 위해 저를 시험하시고, 저의 벧아웬에서 악을 쳐 주신 하나님께 감사하게 되었습니다.

'부득이 그럴 수밖에 없었다'라고 변명하던 저의 교만을 버리고, 믿음의 겸손이 생겼습니다. 저의 수치를 드러내며 다른 사람들의 구원을 위해 진실된 마음으로 섬기며 나아가게 하셨습니다. 실수하였을지라도 하나님만을 사랑하겠다고 고백하게 하신 하나님을 사랑합니다.

말씀으로 기도하기

우리는 특별히 하나님이 기뻐하시는 일꾼으로 부름받았습니다. 그런데 삶의 자리에서 정신적, 영적, 육적으로 실수를 합니다. 하나님께 묻지 않고 월권행위를 하고 변명합니다. 타이밍을 모르고 가는 우리의 죄를 하나님 앞에 내려놓지 못합니다. 그러나 하나님은 실수하는 자리에서 우리를 일으켜 세우십니다.

하나님께 묻지 않았습니다 / 삼상 13:1-7

내가 좀 살 만해지니 하나님의 은혜를 잊었습니다. 성공한 것이 하나님의 은혜인 줄 모르고, 어제 돈 많이 벌었으니 오늘도 많이 벌 줄 알았습니다. 어제 잘나갔다고 오늘도 승승장구할 줄 알았습니다. 그래서 하나님께 묻지 않았습니다. 인생의 중요한 결정을 할 때도 하나님께 묻지 않고 내 마음대로 했습니다. 이제는 어제 받은 은혜가 주님께서 주신 것임을 고백합니다. 무엇이든 결정을 하기 전에 하나님께 묻겠습니다. 성품의 겸손이 아닌 믿음의 겸손으로 분별하기 원합니다. 그러나 세상을 살다 보면 분별이 참 힘듭니다. 내 눈을 주님께서 밝혀 주시고 주님의 길로 내 발걸음을 인도하여 주옵소서.

묻지 않으니 월권행위를 합니다 / 삼상 13:8-9

주님, 믿음으로 산다는 것이 왜 이렇게 힘든지 모르겠습니다. 하나님은 기다리라 하시지만 내 눈에는 자꾸 위기만 보입니다. 기다릴 수가 없습니다. 기다리면 바보가 될 것 같습니다. 악의 세력에 당할 것만 같습니다. 그래서 하나님이 움직이시기도 전에 내가 움직였습니다. 돈으로 일을 해결하고 내 힘으로 위기를 막았습니다. 예배만 드리면 되는 줄 알고 예배 행위에 집착했습니다. 그것이 결국 월권행위이고 내가 망하는 지름길인데도 그런 줄 모르고 인본주의적인 해결법으로 세상을 살았습니다. 이제는 하나님이 기다리라 하신 것이 무슨 의미인지 알기 원합니다. 내가 보기엔 망할 것처럼 보여 초조해도 하나님이 기다리라 하셨다면 그것이 문제를 해결하는 최선의 방법이라는 것을 기억하기 원합니다.

월권행위를 하면 변명이 나옵니다 / 삼상 13:10-12

하나님은 나를 시험하십니다. "암몬과 싸워 이겨 봤다고 잘난 척하냐? 좀 살 만하다고 네 이름을 높이냐?", "실수를 했으면 회개를 하라" 하십니다. 그런데 그걸 인정하는 것이 뭐가 그렇게 힘들다고 '부득이' 하고 변명을 합니다. "그러니 하나님 왜 내게 이런 고난을 주셨습니까? 왜 자꾸 기다리게 하십니까? 내가 얼마나 힘들었으면 이렇게까지 했겠습니까? 나는 할 만큼 했습니다" 하며 하나님을 원망했습니다. '내가 잘못했습니다' 한마디를 하지 못했습니다. 이제야 하나님 앞에 고백합니다. 주님, 제가 잘못했습니다. 순종하지 못하고 기다리지 못한 저를 용서하여 주옵소서.

그럼에도 하나님은 길이 참으십니다 / 삼상 13:14

주님은 내게 블레셋 배우자를 주셨습니다. 블레셋 자식을 주셨습니다. 왜 하필 나냐고, 왜 나만 이렇게 힘들어야 하냐고 원망하고 불평했지만 시간이 지나고 보니 그것이 주님의 사랑이었습니다. 블레셋 배우자, 블레셋 자식 덕분에 내 안의 우상이 무너졌습니다. 사무엘의 말씀이 들리고 기다릴 수 있는 여유가 생겼습니다. 내가 월권하고 변명하고 회개하지 않을 때 하나님은 나를 참으시고 기다리셨다는 것을 알았습니다. 그것이 크신 하나님의 사랑임을 깨달았습니다. 이제도 이 사랑을 잊지 않고 끝까지 주님을 따라가기 원합니다. 주님 나를 인도하여 주옵소서.

영혼의 기도

　　하나님 아버지, 하나님이 기뻐하시는 일꾼으로 나아가고자 합니다. 그런데 제가 앉고 서는 자리에서 실수가 많습니다. 근심과 걱정, 조급증으로 인해 하지 않아야 할 결정을 합니다. 내 권세를 가지고 월권을 합니다. 아내, 남편, 부모, 윗사람으로서 월권을 합니다.

　인생에 선한 것이 어디 있겠습니다. 그런데 '잘못했습니다' 그 한마디가 안 나와서 변명을 합니다. 내 자신과 직면하기 싫어서 "나는 언제나 옳다"고 부르짖습니다. 자꾸 어딘가 숨고 싶습니다.

　사울을 38년 동안이나 기다려 주신 하나님의 사랑을 봅니다. 일평생 자녀와 배우자를 옳고 그름으로 판단하고 기다리지 못한 죄를 용서해 주옵소서. 기다리지 못해서 월권을 하고 하나님을 넘어서는 결정을 많이 했습니다. 저도 모르게 저지른 모든 실수를 용서해 주시고, 이제 그 자리에서 일어나게 도와주옵소서. 주님, 제 손을 잡아 주옵소서.

　하나님의 말씀이 들리게 도와주옵소서. 실수했더라도 다시 일어서기를 원합니다. 돌아오라고 계속 말씀하시는 음성을 듣게 하옵소서. 사울처럼 어리석은 길을 걸어가지 않도록 붙잡아 주시고 불쌍히 여겨 주옵소서.

　예수님 이름으로 기도합니다. 아멘.

Part 4. ——————— 그럼에도

사랑하심

08
여호와의 구원은 최고의 사랑이다
사무엘상 14장 1-23절

사울이 하나님께 묻지도 않고 월권하고 변명하는 바람에 이스라엘에 위기가 왔습니다. 이스라엘은 싸울 철 연장도 없는데 블레셋 군사는 해변의 모래알보다 더 많았습니다. 진퇴양난입니다. 이런 위기에서 하나님은 어떻게 이스라엘을 구하셨을까요?

그렇게 말을 안 들어도 자기 백성을 기뻐하고 사랑하시는 하나님은 사울을 넘어서는 지도자를 허락하셨습니다. 생각지도 못한 사울의 아들 요나단을 허락하셔서 여호와의 구원을 이루신 것입니다. 그렇다면 요나단은 어떻게 여호와의 구원을 이루어 갔을까요?

아버지의 장애를 넘어서야 합니다

하루는 사울의 아들 요나단이 자기의 무기를 든 소년에게 이르되 우리가 건너편 블레셋 사람들의 부대로 건너가자 하고 그의 아버지에게는 아뢰지 아니하였더라 삼상 14:1

요나단은 여호와의 구원을 위해서 난공불락의 블레셋과 싸우기로 결심합니다. 압제받는 백성들의 구원을 위해 나아가기로 한 것입니다. 그런데 아버지에게는 이 사실을 알리지 않았습니다. 과연 이것이 아버지에게 불효를 행한 것일까요?

그의 아버지는 이스라엘의 최고 지도자, 이스라엘의 왕입니다. 게다가 예배 드리기를 너무 좋아하는 예배중독자입니다. 그런데 믿음의 이야기가 안 통하는 것입니다. 믿음의 이야기가 안 통하는 최고 지도자라는 것이 얼마나 큰 비극입니까? 만약 우리 교회 담임목사, 우리 가정의 아버지가 믿음의 이야기가 통하지 않는 사람이면 어떻겠습니까?

물론 아버지라고 해서 다 완벽할 수 있겠습니까? 훌륭한 아버지가 있는가 하면 못난 아버지가 있고, 착한 아버지가 있는가 하면 악한 아버지도 있습니다. 모두 각각의 연약함을 가지고 있습니다. 다윗도 아들이 19명이나 되는 아버지였지만 연약함이 많아서 그 아들들을 제대로 통제하지 못했습니다. 다윗의 자녀 간에 음란과 불화, 살인, 간음이 있었던 일을 우리는 다 알고 있습니다. 솔로몬인들 그 아버지 다윗이 좋았겠습니까? 그러나 솔로몬도 아버지의 장애를 딛고 왕이 되었습니다.

사울은 겉으로는 예배도 잘 드리고 겸손했지만 영적으로는 꽉 막힌 사람이었습니다. 그런데 그 말이 안 통하는 사울이 통수권자이다 보니 요나단은 그 아버지와 의논할 생각이 전혀 없었습니다. 기습작전의 성공을 위해 철저한 보안이 유지되어야 했기 때문이기도 하지만 그 보다 더 중요한 이유가 있었습니다.

> 2 사울이 기브아 변두리 미그론에 있는 석류나무 아래에 머물렀고 함께한 백성은 육백 명 가량이며 3 아히야는 에봇을 입고 거기 있었으니 그는 이 가봇의 형제 아히둡의 아들이요 비느하스의 손자요 실로에서 여호와의 제사장이 되었던 엘리의 증손이었더라 백성은 요나단이 간 줄을 알지 못하니라 삼상 14:2-3

사울은 하나님의 주권을 멸시하고 거역했습니다. 그런데도 자기 잘못을 몰랐습니다. 도저히 회개가 안 되는 사람입니다. 사무엘이 아무리 이야기해도 자기는 잘못이 없는 것입니다. 요나단은 천 명의 군사를 가지고 말도 안 되는 전쟁을 도발했습니다. 반면 사울은 전쟁의 위기에서 예배를 드렸습니다. 딱 봐도 요나단이 야단맞아야 하는 것 아니겠습니까? 그런데 오히려 사울만 저주에 가까운 야단을 맞았습니다. 게다가 2절에 보니 군사는 3천 명에서 600명으로 줄어들었습니다. 그런데도 지금 상황을 전혀 해석하지 못하고 있습니다. 그러니 석류나무 밑에서 머무르며 분노로 한숨만 쉬어 대고 있습니다. 그런 사울이 하나님만 의지하고 블레셋에게 가는 요나단을 허락했겠습니까?

어쩌면 여러분조차도 지금 사울의 모습을 보면서 '사울이 뭘 잘못했는가?' 할 수 있습니다. 그러나 사울은 자기 열심이 하늘을 찌르는 사람입니다. 그런데 자기 열심이 있으면 뭐합니까? 지금 사울은 할 수 있는 일이 없습니다. 블레셋의 군대는 해변의 모래알같이 많은데 600명의 군사로 무엇을 하겠습니까?

사울처럼 자기 열심이 있는 사람들은 위기가 닥쳤을 때 하나님께 묻기 보다 분통을 터뜨립니다. 사울도 자리 빼앗긴 것이 속상하고 자존심이 너무 상했습니다. 그러니 석류나무 아래에서 신세한탄이나 하며 영적 침체를 겪고 있습니다.

그런데 '우리의' 사울은 이 상황에도 에봇을 입은 대제사장을 동반하고 있습니다. 정말 대단한 예배 중독입니다. "전쟁을 할까요, 말까요?" 하고 물으면 대제사장이 하나님의 응답을 대신해 주었습니다. 문제는 사울이 이것을 우상처럼 생각했다는 것입니다. 그러나 아히야가 어떻게 사울에게 제대로 된 말을 마음대로 할 수 있었겠습니까? 사무엘의 말도 우습게 여긴 사람인데 무슨 아히야의 말을 듣겠습니까?

사울은 아히야가 누군지도 모르고 분별도 못 하다가 결국 망하는 길로 가게 됐습니다. 아히야가 누구입니까? 그는 엘리의 증손입니다. 사무엘상 3장에서 하나님은 영원토록 엘리 가문을 심판하겠다 하지 않으셨습니까? 그런데 사울은 평생 말씀이 안 들리니 아히야가 망할 제사장이라는 것도 모르고 그를 개인 비서처럼 데려다 앉혀 놓고 복 받아 보겠다고 합니다. 대제사장의 에봇을 우상처럼 섬깁니다. 말씀을 삶에 적용하지도, 묻지도 않고 그저 전쟁에서 이기게만 해달라는 것입니다. 옛날 옛적에는 돈 많은 사람들이 부르면 달려가서 가정의 건강과 안녕을 위해 기도해 주는 목사들이 있었다고 합니다. 귀를 간지럽게 해줄 스승인 것입니다.

그러나 말씀이 없는 것이 얼마나 저주인지 알아야 합니다. 사울을 보십시오. 성품의 겸손이 있고 예배를 열심히 드리지만 말씀을 삶에 적용하지 못합니다. 그러니 분별도 못 하고 이상한 짓만 합니다. 사무엘이 야단쳤을 때라도 말씀이 들렸다면 얼마나 좋았겠습니까?

믿음의 사람은 금보다 귀합니다. 이 세상에 야단쳐 줄 사람이 있다는 것은 축복 중의 축복입니다. 다들 축복 설교를 좋아하지만 이 세상이 악하고 음란한데 야단치지 않고 매일 잘되게 해달라고만 기도하는 것이 과연 축복이겠습니까? 하나님의 말씀은 십자가이고 십자가는 지혜인데, 그 하나님의 말씀을 전해 주는 것이 얼마나 큰 축복인 줄 알아야 합니다.

진심으로 사랑하는 마음으로 "동업하지 마라", "불신결혼하지 마라" 하는 데도 이런 말을 얼마나 듣기 싫어하는지 모릅니다. "네가 동업해 봤냐?", "네가 불신결혼해 봤냐?" 합니다. 그러니 하나님의 말씀이 쑥 들어가고 마는 것입니다. 대제사장도 입이 쑥 들어갔습니다.

사무엘에게 야단을 맞은 것이 사울에게는 축복입니다. 그러니 지금이라도 하나님 말씀에 "옳소이다" 하고 돌아오면 될 텐데 사울은 이모든 것에 감사하지 않고 자기 왕위가 길지 못하다는 말 하나에만 꽂혀 지옥을 살고 있습니다. 하나님은 "네 왕위가 길지 못하다" 말씀하셨지 "당장 네 왕위를 끝내겠다!"고 말씀하지 않으셨습니다. 그런데 사울은 이 말 한마디에 자존심이 상했습니다.

왕이면 뭐합니까? 세계적인 선지자 사무엘이 옆에 있으면 뭐합니까? 세계적인 아들, 신앙심 좋은 요나단 같은 아들이 있으면 뭐합니까? 교만한 인간의 특징은 만족을 모른다는 것입니다. 만족을 모르니 감사가 없습니다. 만족이 없으니까 세상의 좋은 것, 술, 여자를 끊임없이 찾아다니는 것입니다. 자꾸 잃어버릴 것들, 헛된 것들에 중독되는 것입니다.

사울은 속이 꼬여 있으니 에봇을 가지고도 진정한 예배가 안 됩니다. 그러니 형식적인 예배에 목숨을 겁니다. 하나님의 주권을 멸시하고 비난합니다. 우리도 하나님의 주권을 멸시하면 비극이 시작됩니다. 승진하고 돈 버는 것이 목적이 됩니다. 그러면 말씀이 들리지 않습니다. 곁에서 누가 사무엘처럼 말씀으로 이야기해 주어도 "됐어!", "네가 뭘 알아?" 하게 되는 것입니다. 위기는 내 환경 때문이 아니라 내 속에 하나님의 주권을 멸시하고 비난하고 원망하는 마음 때문에 비롯되는 것입니다.

사울은 결국 신앙도 말씀도 기도도 회복하지 못했습니다. 지금 늦었다고 생각할 때가 가장 빠를 때입니다. 지금 다시 시작하면 되는데, 자존심이 그를 망친 것입니다. 호미로 막을 것을 가래로도 못 막을 상황에 이른 것입니다.

요나단은 이런 아버지를 정확하게 읽었습니다. 여호와의 구원 사역을 전혀 모르고 있는데 그와 함께 무슨 논의를 할 수 있었겠습니까? 그래서 여호와의 구원을 위한 전쟁을 의논할 수 없다고 판단한 것입니다. 부부간이나 부모 자녀 간에도 다 마찬가지입니다.

아들은 아버지를 객관적으로 보았습니다. 아버지를 넘어선 것입니다. 이것이 아버지를 사랑하는 것입니다. 사울에게서 어떻게 요나단 같은 아들이 나올 수 있었을까 참 기가 막히지 않습니까? 다윗의 아들 솔로몬도 마찬가지였습니다. 여자를 좋아하는 아버지, 마지막까지 여자를 놓지 못하는 아버지를 어떻게 사랑할 수 있었겠습니까? 그런데도 솔로몬은 그런 아버지 밑에서 마지막까지 예수 그리스도의 족보를 이어 갔습니다.

사울의 아들 요나단, 다윗의 아들 솔로몬 모두 슬픈 이야기입니다. 그러나 사울을 떠나서는 요나단이 없고, 다윗을 빼고는 솔로몬이 없습니다. 좋건 나쁘건 내 아버지인 것입니다. 우리에게도 불륜의 아버지, 폭력의 아버지가 있습니다. 그 아버지 때문에 이 땅에 태어나서 예수를 믿게 되었으니 감사해야 할 일입니다. 아버지를 객관적으로 보고, 그 아버지를 넘어서야 합니다. 구원의 일은 효를 넘어서는 것입니다. 구원을 모르는 사람은 하나님의 말씀이 들리지 않습니다.

+내 인생에 아버지로 인해 가로막힌 장애가 있습니까?

+그 장애를 넘어섰습니까?

+구원의 일과 효도를 분별할 수 있습니까?

담대함으로 나아가야 합니다

요나단은 이 절망적인 상황에서도 하나님만 의지하며 요동함이 없는 모습을 보여 줍니다. 구원과 믿음은 결코 환경과 상관없습니다.

4 요나단이 블레셋 사람들에게로 건너가려 하는 어귀 사이 이쪽에는 험한 바위가 있고 저쪽에도 험한 바위가 있는데 하나의 이름은 보세스요 하나의

이름은 세네라 5 한 바위는 북쪽에서 믹마스 앞에 일어섰고 하나는 남쪽에서 게바 앞에 일어섰더라 삼상 14:4-5

'보세스'는 '미끄럽다'는 뜻이고, '세네'는 이빨이나 상아 같은 '뾰족한 가시'라는 뜻입니다. 블레셋을 무찌르러 가는 길이 너무나 미끄럽고 위험한 길이요, 상처를 입을 수밖에 없는 뾰족한 길이라는 것입니다. 이렇듯 여호와의 구원을 위해서는 험산 준령을 넘어야 합니다. 박수 받으면서 가는 길이 아니라는 것입니다. 육의 아버지에게 도움받기를 거절하면서 가야 합니다. 혼자 가는 길, 외로운 길입니다.

구원의 길은 사람들이 잘 알아보지 못합니다. 당시 세상 왕을 구하는 사람들 사이에서, 믿음이 있는 사람 찾기가 희귀한 시대 상황에서 요나단이 얼마나 외로웠겠습니까? 그러다 요나단이 다윗을 만났습니다. 드디어 말이 통하는 사람을 만난 것입니다. 요나단의 기쁨이 이해가 됩니까? 그러니 요나단은 다윗을 만나 생명까지 줄 수 있는 사랑을 하게 된 것입니다. 이처럼 우리는 믿음 있는 사람을 만나면 주변 사람들에게 잘할 수 있는 원동력이 생깁니다. 믿음 있는 사람이 꼭 배우자일 필요는 없습니다.

6 요나단이 자기의 무기를 든 소년에게 이르되 우리가 이 할례 받지 않은 자들에게로 건너가자 여호와께서 우리를 위하여 일하실까 하노라 여호와의 구원은 사람이 많고 적음에 달리지 아니하였느니라 7 무기를 든 자가 그에게 이르되 당신의 마음에 있는 대로 다 행하여 앞서가소서 내가 당신과 마음을 같이 하여 따르리이다 삼상 14:6-7

그런데 요나단이 다윗을 만나기 전에 그에 버금가는 믿음이 있는 사람을 한 명 더 만납니다. 부하 한 명이 요나단과 똑같은 마음으로 사역에 동참하겠다고 하는 것입니다. 하나님이 이 일에 지체 한 명을 주셨습니다. 천금 같은 지체입니다.

믿음이라는 것이 이런 것 아니겠습니까? 생명을 내놓기 아까워하지 않는 사람들의 만남이 얼마나 설레고 기쁜 것인지를 경험하지 못한 사람은 이해하기 어려운 것입니다. 오히려 세상 사람들은 요나단과 그 부하를 불쌍히 여길 것입니다. '믿음이라는 것이 뭐라고 저렇게 왕위도 거절하고, 생명도 내놓고 갈 수가 있는가?' 할 것입니다. 그렇지만 요나단과 그의 부하는 가장 행복한 사람들입니다.

요나단은 여호와께 묻는 태도를 가졌습니다. 사울과는 아주 다르지 않습니까? 요나단이 무모하게 전쟁터로 나간 것이 아닙니다. 6절에 "여호와께서 우리를 위하여 일하실까 하노라" 하며 "여호와의 구원"이라는 표현을 썼는데, 이런 믿음이 그를 담대히 나아가게 한 것입니다. 요나단이 미쳤다고 믿는 구석도 없이 세상 왕의 아들 자리를 버리고 가겠습니까? 그러나 요나단은 하나님 나라를 만났습니다. 그래서 세상의 왕이 아무것도 아니라는 것을 알았습니다.

이렇게 요나단과 그의 무기를 든 자, 그리고 사울과 에봇을 입은 아히야는 대조를 이룹니다. 하나님은 누구 편을 드십니까? 요나단과 그의 부하 편을 드십니다. 구원의 일에는 많은 사람이 필요하지 않습니다.

이런 뉴스 기사를 읽었습니다. 기독교 내에서 이단으로 규정한 유명한 선교회가 있는데, 창립자인 어머니가 아들 목사에게 이 선교회를 물려줬다고 합니다. 그러자 아들이 어머니와 거리를 두고, 선교회 사람들은 교회 출입도 금지하고 선을 긋기 시작했다는 것입니다. 어머니 쪽에서는 재산 때문에 아들이 자기를 음해하는 것이라고 주장했습니다. 그러나 만약 정식으로 신학을 공부한 아들이 진정한 개혁을 위해서 이 일을 하고 있는 것이라면 요나단과 비슷하지 않습니까? 어머니를 넘어서는 일인 것입니다.

요나단이 부하 한 명을 데리고 해변의 모래알같이 많은 군사를 거느린 거대한 적군을 물리치지 않았습니까? 계란으로 바위 치기 같은 일을 한다고 생각할 수 있습니다. 이것이 바로 요나단의 외로움입니다. 그러나 누군가는 해야 하는 일입니다. 모두가 손가락질하고 두렵고 생명의 위협이 오는 일이지만 요나단은 믿음으로 이 모든 두려움을 이겨 내고 있습니다. 믿음 없이 이 어려운 일을 누가 할 수 있겠습니까?

성경에는 이런 일이 여러 번 등장합니다. 아브라함은 집에서 훈련시킨 병사 318명을 데리고 그돌라오멜의 연합군을 물리쳤습니다. 히브리 민족은 애굽 대군을 물리쳤습니다. 기드온과 300명의 용사는 미디안 10만 대군을 물리쳤습니다. 여호와의 구원은 숫자에 있지 않습니다. 가진 것과 따르는 사람이 없어도 여호와 하나님을 믿고 나아가면, 그것이 하나님의 뜻이라면 승리를 주십니다.

요나단은 흠도 티도 없는 사람이었습니다. 그에게는 앞뒤 보지 않는 저돌적인 용기가 있었습니다. 사울에게서 어떻게 이런 아들이 나왔을지 놀라울 뿐입니다. 반면에 다윗은 많은 부하를 챙기는 세심함을 보입니다. 심지어 필요악과 같은 요압 장군을 끝까지 데리고 가기도 합니다. 그래서 하나님은 요나단을 빨리 데려가시고 다윗을 2대 왕으로 세운 것이 아닌가 생각합니다. 다윗과 요나단은 그 역할이 달랐습니다.

+요나단처럼 용기를 가지고 담대함으로 나가야 할 일이 무엇인가요?

+구원을 위해 내 편이 되어 주는 사람이 있습니까?

성경적인 표징을 구해야 합니다

8 요나단이 이르되 보라 우리가 그 사람들에게로 건너가서 그들에게 보이리니 9 그들이 만일 우리에게 이르기를 우리가 너희에게로 가기를 기다리라 하면 우리는 우리가 있는 곳에 가만히 서서 그들에게로 올라가지 말 것이요 10 그들이 만일 말하기를 우리에게로 올라오라 하면 우리가 올라갈 것은 여호와께서 그들을 우리 손에 넘기셨음이니 이것이 우리에게 표징이 되리라 하고 삼상 14:8-10

요나단은 무모하게 돌격하지 않았습니다. 하나님께 묻고 표징을 구했습니다. 사울에게는 없던 모습입니다.

요나단이 이렇게 표징을 구한 것은 무조건 점쟁이에게 묻듯이 한 것이 아니라 성경에서 찾은 답이었습니다. 기드온이 미디안 군대를 칠 때도 동일한 표징을 구하는데, 하나님이 "적진에 들어가 미디안 군인들이 하는 말을 들으라"(삿 7:10-11)고 하십니다. 미디안 군대도 블레셋처럼 해변의 모래알같이 많았다고 하는데, 기드온이 그런 적진에 들어가서 상대방 군사의 말을 듣습니다. 그런데 한 미디안 병사가 보리떡 한 덩이가 굴러와서 미디안 장막을 쳐서 무너뜨리는 꿈을 꿉니다(삿 7:13). 그 꿈에, 그것이 기드온의 칼을 가리키는 것이라고 하는 게 아니겠습니까? 기드온은 이 표징을 믿고 300명으로 10만 명을 물리쳤습니다. 요나단은 기드온의 이야기를 알고 있었습니다. 성경을 잘 알고 있었다는 것입니다. 성경적으로 묻고 행한 것입니다.

표징을 구하려면 말씀을 알아야 합니다. 그러려면 큐티하면서 묻고, 공동체에서 나누면서 묻고, 설교 들으면서 또 물어야 합니다. 하나님의 음성을 들으면서 표징을 구해야 합니다. 그렇게 물었는데 욕심이라는 답이 돌아온다면 그 일은 그만두어야 합니다.

요나단의 행동은 무모해 보이지만 구원을 위해서는 필요한 일이었습니다. 여호와께서 하라고 하셔야 이긴다는 것을 입으로 시인했습니다. 여호와의 구원은 사람의 구원과 다릅니다. 끝까지 좋은 것이 여호와의 구원이고 영생입니다. 그 여호와의 구원을 누리려면 영생의 가치관을 가져야 하고, 영생의 가치관을 가지기 위해서는 영생의 설교를 들어야 하고, 성경적인 설교, 구속사적인 설교를 들어야 합니다. "불신결혼해도 된다", "이혼해도 된다" 하는, 싫은 소리를 안 하는 설교에 익숙해지면 안 됩니다. 듣기 싫은 말씀을 해도 구속사적인 설교, 성경적인 설교를 자꾸 듣는 것이 중요합니다. 가난한 자가 복이 있고, 애통한 자가 복이 있다는 가치관으로 거듭나야 합니다. 그래서 큐티하는 것이 중요합니다.

어떤 사람은 설교가 자꾸 안 들린다고 합니다. 설교가 안 들리니 핑계를 대면서 교회에 오지 않습니다. 이것은 머릿속이 내 생각으로 꽉 차서 그렇습니다. 사울이 그랬습니다. 말씀을 듣지 못하고 분별도 못해서 엘리의 증손을 데려다 놓고 망하는 길을 가면서도 자기 생각으로 꽉 차서 회개하지 않았습니다. 인간적으로 겸손한 것은 소용이 없습니다.

성경적인 가치관이 배어 있지 않은 성도들은 "여기가 공산당이냐? 왜 내가 남의 말을 들어야 하느냐?"고 할 수도 있습니다. 똑똑하고 훌륭한 사람들은 특히 더 그렇게 말할 수 있습니다. 그렇지만 누구의 이해타산이 걸려서도 아니고, 그저 서로의 구원을 위해서 안타까워하는 이타적인 공동체여서 그렇습니다. 이런 공동체의 권면에 귀 기울이면 조금이라도 득이 되지 해가 되지는 않습니다. 세상에서도 사심이 없는 친구의 이야기를 들으면 손해나는 일 없지 않습니까? 부부간에도, 부모 자식 간에도 일이 있으면 이야기를 나누지 않습니까? 하물며 같은 말씀을 보며 삶을 나누는데 이것이야말로 최상의 권면이요, 인도가 아니겠습니까? 성경을 많이 알아서 그 말을 들으라는 것이 아닙니다. 하나님의 뜻을 함께 묻고 함께 나누라는 것입니다. 믿음이 연약할수록 하나님이 역사하셔서 표징을 보여 주실 것입니다. 듣고자 하는 마음만 있다면 최선의 결과를 주실 것입니다. 요나단과 그의 부하는 지금 너무 연약하기 때문에 하나님을 절대적으로 붙들지 않았겠습니까?

그래서 우리는 날마다 묻는 습관을 훈련해야 합니다. 언젠가 비행기가 추락하는 사고가 있었습니다. 그때 작은 체구의 승무원들이 승객을 무사히 구조하는 모습을 보며 감탄을 했습니다. 기자회견을 하며 어떻게 그런 비상 상황 속에서 침착하게 승객을 구조할 수 있었느냐고 묻자 한 승무원이 "평소에 비상 상황 대비 훈련을 받았기 때문에 오히려 생각이 또렷해지고 몸이 자동으로 움직였다"고 답했습니다.

나는 죽어 가는 사람들의 생명을 살리는 역할을 하는 사람입니까? 여전한 방식대로 생활예배 잘 드리는 것 자체가 다른 사람을 살리는 일이 될 수 있습니다. 지금은 별일 없는 것 같아도 회사생활, 가정생활에서 일어나는 일들을 늘 듣고 나누는 것이 우리 인생의 비상 상황에서 결정적인 도움을 줄 때가 얼마나 많은지 숱한 간증을 통해서 듣고 있습니다. 평소에 늘 예배 드리고 큐티하고 내 삶을 나누고 지체의 이야기를 잘 들어주는 것이 생명을 살리는 비결입니다.

11 둘이 다 블레셋 사람들에게 보이매 블레셋 사람이 이르되 보라 히브리 사람이 그들이 숨었던 구멍에서 나온다 하고 12 그 부대 사람들이 요나단과 그의 무기를 든 자에게 이르되 우리에게로 올라오라 너희에게 보여 줄 것이 있느니라 한지라 요나단이 자기의 무기를 든 자에게 이르되 나를 따라 올라오라 여호와께서 그들을 이스라엘의 손에 넘기셨느니라 하고 13 요나단이 손발로 기어 올라갔고 그 무기를 든 자도 따랐더라 블레셋 사람들이 요나단 앞에서 엎드러지매 무기를 든 자가 따라가며 죽였으니 14 요나단과 그 무기를 든 자가 반나절 갈이 땅 안에서 처음으로 쳐 죽인 자가 이십 명 가량이라 15 들에 있는 진영과 모든 백성들이 공포에 떨었고 부대와 노략꾼들도 떨었으며 땅도 진동하였으니 이는 큰 떨림이었더라 삼상 14:11-15

요나단과 그의 부하가 하나님의 표징대로 올라가서 블레셋을 쳤습니다. 반나절에 두 명이 20명을 쳐 죽였고, 갑자기 블레셋 전군에게 떨림이 일어났습니다. 사무엘상 13장 7절에서는 이스라엘이 블레셋을 보고 떨었다고 했는데, 이제는 수를 헤아릴 수 없는 엄청난 규모의 블레셋에게 더 큰 떨림이 임했다고 합니다.

온 천지에 하나님보다 더 큰 분은 없습니다. 블레셋이 무의식 가운데 이것을 알고 있었던 것입니다. 그 하나님이 하시는 일을 눈앞에서 목도하니 떨림이 전염되었습니다. 백성들도 떨고, 땅도 떨었던 것입니다. 그래서 요나단이 승리합니다. 요나단과 부하는 엄청난 기적을 목도하게 되었습니다.

내 속에 하나님이 계시면 사탄의 세력이 다 떱니다. 나는 가만히 있어도 사탄이 두려워하며 떨게 됩니다. 나는 연약하지만 내 속의 예수님을 보고 다 도망가는 것입니다. 그러니 모든 것은 여호와의 전쟁입니다. 나는 하나님만 믿고 나아가면 됩니다. 하나님께서 해주실 것이니 담대하게 나아가면 사탄이 한 길로 왔다가 일곱 길로 도망갈 것입니다.

16 베냐민 기브아에 있는 사울의 파수꾼이 바라본즉 허다한 블레셋 사람들이 무너져 이리저리 흩어지더라 17 사울이 자기와 함께한 백성에게 이르되 우리에게서 누가 나갔는지 점호하여 보라 하여 점호한즉 요나단과 그의 무기를 든 자가 없어졌더라 18 사울이 아히야에게 이르되 하나님의 궤를 이리로 가져오라 하니 그때에 하나님의 궤가 이스라엘 자손과 함께 있음이니라 19 사울이 제사장에게 말할 때에 블레셋 사람들의 진영에 소동이 점점 더한지라 사울이 제사장에게 이르되 네 손을 거두라 하고 삼상 14:16-19

블레셋도 떠는 이 마당에 하나님의 능력이 전혀 보이지 않는 사람이 있습니다. 바로 사울입니다. 사울은 여전히 예배 중독 증상을 보입니다. 하나님께 묻고자 하나님의 궤를 가져오라 하는 것입니다. 그런데 또 금세 "네 손을 거두라" 합니다. 하나님에게 물어보려고 했지만 뭔가 승리하는 것 같아 보이니 기도하는 것도 그만 두고, 묻는 것도 그만두라 합니다. 이것이야말로 기회주의 신앙입니다.

사울처럼 신앙생활 하는 사람이 얼마나 많습니까? 급하면 기도하다가 편해지면 멈춥니다. 블레셋도 다 떠는데 오직 떨지 않는 사울처럼, 무슨 기적을 보아도 바위 같은 사람은 하나님께로 나오지를 못합니다.

20 사울과 그와 함께한 모든 백성이 모여 전장에 가서 본즉 블레셋 사람들이 각각 칼로 자기의 동무들을 치므로 크게 혼란하였더라 21 전에 블레셋 사람들과 함께하던 히브리 사람이 사방에서 블레셋 사람들과 함께 진영에 들어왔더니 그들이 돌이켜 사울과 요나단과 함께한 이스라엘 사람들과 합하였고 22 에브라임 산지에 숨었던 이스라엘 모든 사람도 블레셋 사람들이 도망함을 듣고 싸우러 나와서 그들을 추격하였더라 23 여호와께서 그날에 이스라엘을 구원하시므로 전쟁이 벧아웬을 지나니라 삼상 14:20-23

이스라엘이 대승을 거두었습니다. 숨었던 사람들까지 다 나와서 블레셋을 추격했다고 합니다. 마치 요나단 때문에 숨었던 사람들이 다 나와 승리를 한 것처럼 보입니다. 그러나 그것은 요나단 때문이 아니라 하나님이 그들을 이스라엘의 손에 붙이셨기에 승리한 것입니다. 모두가 여호와의 구원을 목도했습니다.

벧아웬에서 시작된 전쟁이 벧아웬을 지나게 되었습니다. 우상의 집에서 시작된 전쟁이 우상의 집을 지나면서 끝나게 된 것입니다. 이것은 무엇을 의미합니까? 내 우상을 내려놓고 하나님께 예배를 드리게 되었다는 뜻입니다. 여호와의 구원은 우리 곳곳에서 일어나야 합니다.

어느 성도님의 고백입니다.

"2년 전에 고등부 교사로 부름을 받았습니다. 고등학교 3학년 아이들을 배정받았는데, 그 아이들을 보니 외도녀의 아이들이 생각났습니다. 멋모르고 그녀를 따라와 저와 생활했던 아이들은 주변에 저를 아빠라고 얘기하지 못하는 창피함과 찔림에 괴로웠을 것입니다.

외도녀의 아들은 먹성이 좋았는데 같이 살면서 맛있는 음식을 혼자 다 먹을 때면 저는 속으로 그 아이를 미워했습니다. 외도녀는 자기 자식들이니 좋은 환경을 만들어 주고 싶어 했고, 자연스럽게 생활비가 많이 지출됐습니다. 아이들은 한 달에 한 번 친아빠를 만나러 갔는데, 그때 저는 아이들에게 저와 생활하는 것을 비밀로 하라고 거짓말을 시키기까지 했습니다. 더욱 가관은 그렇게 친아빠를 만나고 돌아온 아이들의 아무렇지도 않은 듯한 표정이었습니다. 저는 이 모든 상황이 저의 죄악 때문이라 생각하고 술을 의지하기 시작했습니다.

이런 상황을 감당하지 못한 저는 결국 외도녀의 남편에게 전화를 걸어 모든 것을 폭로했고, 다음 날 그녀는 아이들을 데리고 떠났습니다. 이후로 저도 두 집 살림을 정리하고 집으로 돌아오게 되었습니다.

그런데 집을 정리하면서 지금은 고3이 되었을 아이의 일기장을 보게 됐습니다. 일기장에는 저와 생활하면서도 친아빠가 그립고, 제가 죽이고 싶을 정도로 밉고 너무 힘들어서 자살까지 생각한다는 내용이 적혀 있었습니다. 아이는 반 친구들에게 곤욕을 당하고 있었습니다. 그런 친구들과 헤어져 집에 들어올 때는 괴로워도 도수장으로 끌려가는 잠잠한 양의 심정이었다고 합니다.

예수님을 곤욕과 심문을 당하게 한 저는 100% 죄인입니다. 저희 집은 복음에 빚진 가정입니다. 지금은 아내와 딸 모두 목자로서 섬기고 있습니다. 가정을 내팽개치고 자녀를 괴롭게 한 저의 강포함과 거짓 행동을 회개합니다. 그리고 고등부 교사로서 잘 섬기겠습니다. 부부목장도 잘 섬기어 여호와께서 기뻐하시는 뜻을 성취하는 자가 되길 원합니다."

이런 아버지들이 곳곳에 있을 것입니다. 그러나 기도와 용기, 담대함으로 성경적인 가치관을 가지고 구원으로 인도한 아내가 있었기에 블레셋 같은 남편이 무너졌습니다.

여호와의 구원은 아버지의 장애를 넘어서야 합니다. 훌륭한 아버지, 착한 아버지도 다 장애가 있습니다. 세상에 별 인생이 있습니까? 그저 내가 예수 믿었다는 것이 최고의 축복임을 알아야 합니다.

+사람의 말을 듣습니까, 하나님의 표징을 구합니까?

+하나님의 표징을 성경에서 구합니까?

+모든 전쟁은 여호와께 속한 것임을 믿습니까?

우리들 묵상과 적용

어린 시절 아버지의 외도로 부모님은 자주 다투셨습니다. 저는 아버지가 너무나 원망스러워 차라리 없었으면 좋겠다고 생각한 적도 많았습니다. 그런 환경 속에서 사랑받기 위해 무엇이든 열심히 했고, 내가 계획하고 원하는 것들을 이루어 가며 착하고 성실하다는 인정을 받았지만 늘 우울했습니다. 연기자로 방송국에 입사하여 어린 나이에 큰 돈도 벌었고, 뭐든지 다 할 수 있을 것 같았습니다.

어린 시절부터 행복한 가정을 이루는 것이 꿈이었던 저는 제게 잘해 줄 것 같은 남편을 만나 결혼했습니다. 그러나 자유분방한 남편은 늘 바빠 부재중이었습니다. 그러다 보니 결혼생활은 다툼의 연속이었습니다. 저는 사랑받고 싶어 늘 노력하고 애를 썼지만 남편의 사랑도 얻지 못하고, 행복한 가정도 이룰 수 없었습니다.

열심히 살아 왔는데 왜 결혼생활에 실패했는지, 남편은 왜 제게 이러는지 도저히 해석되지 않아 원망과 미움으로 숨쉬기조차 힘들었고 허무하고 곤고했습니다. 그러나 연예인이기에 나의 인내로 겉모습만이라도 붙잡고 싶었습니다. 그러나 그 인내조차도 한계에 다다라 절망과 두려움으로 어찌할 바를 몰랐습니다. 오직 죽음만이 해결책이라 생각하며 긴 터널 속에서 울고 있을 때, 하나님은 천금 같은 지체를 보내 주셔서 우리들교회로 인도해 주셨습니다.

하나님이 누구신지 전혀 알지 못했던 제게 주님은 첫날 예배당 계단에서부터 찬양으로 제게 찾아와 주셨습니다. 당시 저는 이혼을 결심하고 교회에 왔는데, "절대로 이혼하지 말라"며 부르짖으시는 목사님의 말씀이 은혜로 들렸습니다. 주님은 그 말씀이 그냥 믿어지게 해주셨습니다. 그제야 숨이 쉬어졌습니다. 제 속의 미움과 원망들을 회개와 눈물로 쏟아 내게 하셨습니다.

아버지 때문에 생긴 상처로 가족 신화를 이루고자 안목의 정욕으로 결혼하고, 인간적인 사랑에 목말라하며, 이기적이고 교만하여 남편을 가장으로 섬기지 않고 늘 겉과 속으로 정죄하고 무시하며 내 뜻대로 해주지 않는다고 원망만 했던 제 모습이 보였습니다. 목장에서 목자님의 처방에 자존심이 상하고 '체휼도 없이 처방질하지 말라'며 마음속으로 소리 지르기도 했습니다. '내 외로움을 어찌 아냐?'고 '나 오늘 사고 칠 거야' 하며 울면서 협박하고 분한 마음에 사울처럼 석류나무 아래에 머물러 있었습니다.

저는 제가 정말 착한 줄 알았습니다. 그러나 지금은 착함을 가장한 악한 자임이 인정이 됩니다. 사건이 오면 나의 유익을 먼저 따지며 혈기를 쏟아 내는 저를 볼 때마다 내 속에 선한 것이 없음을 봅니다. 말씀을 듣고도 결국 이혼한 것은 저의 욕심 때문이었습니다.

이렇게 나밖에 모르고 어디로 튈지 모르는 저를 목장에서는 사랑으로 섬겨 주셨습니다. 저는 성경적 표징을 구하기 위해 여전한 생활 예배를 드리며 날마다 말씀으로 물었습니다. 예배마다 순종의 마음을 갖게 되니 말씀이 해석이 되어 내 속에 떨림이 일어나 정착할 수 있게 되었습니다.

아이들에게 세상적인 방법으로 사랑을 표현하려는 남편과 구원의 일을 의논할 수 없기에 외로웠습니다. 매끄러운 유혹과 가시의 길에서, 아이들의 구원을 위해 때로는 육적인 필요도 끊어야 하기에 남편에게도 아이들에게도 오해를 받곤 합니다. 그러나 아이들이 솔로몬과 요나단처럼 아버지의 장애를 넘어서야 하기에 하나님을 절대적으로 붙들며 내 속의 예수님을 의지해 담대하게 나가고 있습니다.

아이들에게 부모의 이혼이라는 원치 않는 상처를 준 것이 너무나 미안해서 용서를 구합니다. 유난히 우울했던 어린 시절로 인해 행복한 결혼생활을 꿈꿨고, 남편에게 인정받고 싶어 내 열심으로 살았던 저에게 가정은 우상이 되었습니다. 그 우상의 집에서 시작된 전쟁이 벧아웬을 지나면서(삼상 14:23) 우상을 쳐주심으로 저의 가정에도 구원이 임하였습니다. 우리 딸들과 함께 예배 드리게 된 것입니다.

하나님은 '두려워하지 말라. 너는 내 것이라'고 위로하시며, 세례교육과 양육훈련으로 인도하시고 소그룹 부리더까지 세워 주시며 저를 초스피드로 휘몰아 가셨습니다. 요나단이 왕위도 거절하고 생명을 위해 나갔는데 저도 오직 믿음의 일로 나가고 싶습니다. 다윗처럼 사람들도 섬기며 가고 싶습니다. 오늘도 또 도망가려는 이혼녀이지만 나의 위기에서 여호와의 구원을 이루어 가시는 하나님을 사랑합니다.

　　하나님은 이스라엘을 끝까지 사랑하셔서 생각지 못한 요나단을 보내시고 여호와의 구원을 이루십니다. 우리 가정에도 생각지 못한 한 사람을 세우셔서 중심을 잡고 온 집안을 살리게 하십니다. 구원은 가족의 문제부터 해결해야 합니다. 대단한 것을 이루려 하기보다 매일 큐티하고 예배 드리고 훈련하는 것이 구원의 시작입니다.

아버지의 장애를 넘어서야 합니다 / 삼상 14:1-3

　　아버지의 장애가 항상 내 발목을 잡습니다. '왜 하필 이런 아버지를 만나 이렇게 고생하며 사는가' 하는 생각에 말씀이 들리지 않았습니다. 그러나 사울을 아버지로 두었던 요나단, 다윗을 아버지로 두었던 솔로몬을 보니 아버지의 장애를 놓고 불평하는 것은 어리광에 지나지 않다는 것을 알았습니다. 좋은 아버지가 있다면 나쁜 아버지도 있음을 인정합니다. 구원의 일을 위해서는 아버지의 장애를 넘어서야 함을 알았습니다. 그것이 곧 아버지를 사랑하는 일임을 깨달았습니다.

담대함으로 나아가야 합니다 / 삼상 14:4-7

　　제 담대함만 믿고 무턱 대고 죽음에 뛰어들었습니다. 하나님께 물으며 나아가지 못하고 여호와의 구원을 믿고 나아가지 못했습니다. 여호와의 구원을 믿지 못하고 세상의 권세와 이목, 물질을 더 믿고 살았습니다. 이제라도 제 삶에 여호와의 구원이 임하기를 소망합니다. 내 앞에 무너지지 않을 것 같은 블레셋 군대가 사방을 가로막고 진을 치고 있어도 모든 싸움을 대신 싸우실 주님을 믿고 나아가는 인생이 되게 하옵소서.

성경적인 표징을 구해야 합니다 / 삼상 14:8-23

성경적인 표징을 구하려면 말씀을 알아야 하는데, 말씀이 들리지 않으니 싫은 소리에는 귀를 닫았습니다. 아무리 "그것은 하나님이 원하는 일이 아니니 하면 안 된다" 해도 "당신이 내 입장이 되어 봤어?" 하고 고집을 부렸습니다. 여전한 방식으로 말씀을 듣고 큐티하고 적용하며 삶을 나누는 것이 여호와의 구원임을 알았습니다. 급하면 기도했다가 편해지면 멈추는 기회주의 신앙을 버리고 항상 하나님께 물으며 말씀을 삶에 적용하기 원합니다.

영혼의 기도

하나님 아버지, 아버지 사울과도 구원의 기쁨을 함께 나누지 못하고 왕위를 내려놓은 채 적군을 향해 나아가야 했던 요나단의 슬픔을 생각합니다. 참 외로운 길을 걸어갔습니다. 그러나 그는 생색을 내지도, 누구 탓을 하지도 않았습니다. 그렇게 묵묵하고 담대하게 외로운 길을 걸어갈 때 그곳에는 기쁨과 슬픔을 같이할 지체가 있었습니다. 구원 때문에 우리가 걸어가는 이 외롭고 힘든 길에도 믿음의 지체를 더하여 주옵소서.

주님, 구원 때문에 전쟁터로 나아가야 했던 요나단의 마음이 무엇인지 이제야 깨달아집니다. 하나님의 말씀을 전혀 듣지 않으면서도 혼자 믿음 좋은 척 예배 중독에 빠진 사울 때문에 하나님은 요나단을 세우셨습니다. 그러나 주님, 저 또한 사울 같은 배우자, 사울 같은 자식 때문에 결국 제가 주님 앞에 설 수 있었습니다. 저의 구원을 위해 수고한 사울 덕분에 여호와의 구원이 놀랍게 임하는 역사가 일어났습니다. 우리가 요나단과 같은 한 사람이 되게 하여 주옵소서. 구원을 위해서라면 목숨도 내놓을 수 있는 용기를 주옵소서. 성경의 표징을 보여 주시는 구원의 역사가 대단한 곳에서 이루어지는 것이 아니라 말씀 묵상하고 같이 예배를 드리며 나누는 가운데 내 가정 내 공동체에서 이루어질 줄로 믿습니다. 도와주옵소서.

예수님 이름으로 기도합니다. 아멘.

09
큰 구원을 막는 자 vs 돕는 자
사무엘상 14장 24-52절

한번은 신앙생활을 오래 하신 목자님이 직분을 내려놓고 싶다기에 왜 그러시냐 하니 "회사에서 승진을 못해 그렇다"고 솔직히 털어놓았습니다. 팀장이 될 수 있었는데 그렇게 되지 않아 너무 속상하다는 것입니다. 그 여파로 아내에게 화를 내고, 결국 교회 봉사도 그만두려고 했답니다.

물론 그 속상한 마음이 이해되지 않는 것은 아닙니다. 사울도 블레셋에게 지게 생겼으니까 석류나무 아래서 한숨만 푹푹 쉬고 믿음도 바닥으로 떨어지지 않았습니까? 그러나 이것이 바로 사탄의 방해입니다.

직장에서 승진해서 구원되는 것이 얼마나 좋은 일입니까? 우리는 이 땅에서 결혼해서 구원되고, 돈 많이 벌어서 구원되고, 공부 잘해서 구원되기를 날마다 구합니다. 그렇지만 우리에게 가장 중요한 것은 '여호와의 구원'입니다.

여호와의 구원은 성경적 표징을 보고 가는 길입니다. 이 구원을 성경은 '큰 구원'이라고 표현했습니다. 요나단이 얻은 구원이 바로 이 큰 구원입니다. 요나단은 생명을 내어놓을 정도로 구원에 대한 확신을 가지고 있었습니다. 그런 큰 구원의 소유자였기 때문에 사탄의 방해가 너무나 많았습니다.

요나단의 큰 구원을 막는 가장 큰 방해자가 바로 사울입니다. 사울은 요나단의 아버지이자 지도자였는데, 얼마나 요나단의 구원을 막는지 모릅니다. 우리는 다 왕 같은 제사장이기 때문에 누구라도 사울 같은 지도자가 될 수 있습니다. 지금 나는 어떻습니까? 구원을 방해하는 지도자입니까? 구원을 돕는 지도자입니까?

피곤케 하는 지도자가 구원을 막습니다

이 날에 이스라엘 백성들이 피곤하였으니 이는 사울이 백성에게 맹세시켜 경계하여 이르기를 저녁 곧 내가 내 원수에게 보복하는 때까지 아무 음식물이든지 먹는 사람은 저주를 받을지어다 하였음이라 그러므로 모든 백성이 음식물을 맛보지 못하고 삼상 14:24

이스라엘이 피곤했다고 합니다. 사울이 승리의 기미가 보이니 이스라엘 백성에게 이상한 맹세를 시킨 것 때문입니다. 사울은 백성에게 금식령을 내리고 "음식을 먹으면 저주를 받는다"고까지 했습니다.

사울이 이렇게 하는 이유가 무엇입니까? 본문에는 "내 원수에게 보복하는 때까지"라고 나왔습니다. 즉, 사울은 이 싸움을 개인적인 원수를 갚는 일로 생각한 것입니다. 그래서 이 싸움을 혈과 육으로 하고 있습니다. 하나님의 일을 빙자해서 자신의 욕심을 채우고 있는 것입니다.

그러면 하나님의 원수와 내 원수는 무엇이 다릅니까? 하나님의 원수는 하나님을 대신해서 싸우는 것입니다. 하나님의 나라는 의와 희락과 화평이기 때문에 혈과 육으로 싸우는 것이 아니라 의와 희락과 화평의 방법으로 싸워야 합니다. 그런데 내 원수는 악하고 음란한, 이기적인 내 자신의 원수이기 때문에 육신의 정욕, 이생의 자랑, 안목의 정욕으로 싸웁니다. 내 욕망에 거슬리는 것이 다 내 원수입니다.

사실 이번 전쟁은 요나단이 거의 이겨 놓은 싸움이었습니다. 사울이 한 일이 거의 없었습니다. 사울로서는 공이 요나단에게 다 돌아갈 것 같으니 체면이 구겨지게 생겼습니다. 그래서 묘수를 쓴 것입니다. 금식을 선포하고 그 금식 덕분에 전쟁에서 이겼다는 소리를 듣고 싶었던 것입니다. 즉 이생의 자랑과 자기의 왕권을 위해 백성에게 금식을 시킨 것입니다. 하나님 나라를 위해서가 아니었습니다. 사울은 때마다 시마다 자기중심적인 생각을 하고 명령을 했습니다.

그러면서도 사울은 입만 열면 '예배'를 외쳤습니다. 그러니 백성들이 얼마나 피곤했겠습니까? 이것이 세상 왕을 구한 이스라엘 백성들의 삶의 결론입니다. 왕을 구하면 압제당하고 착취당할 뿐이라고 했음에도, 종이 될 것이라고 했음에도 "그래도 왕을 한번 줘 보십시오"라고 했기 때문에 왕이 "금식해라. 목숨을 바쳐라"고 해도 백성들은 할 말이 없는 것입니다.

우리도 그렇습니다. "불신결혼은 안 된다. 믿음이 중요하다"고 아무리 부르짖으면 뭐합니까? 믿음 없어도 사람이 멋있고, 돈 있고 준수하면 다 좋다고 결혼하지 않습니까? 그런데 막상 결혼을 하고 나니 어떻습니까? 가치관이 부딪치고 말이 통하지 않습니다. 사울처럼 말이 안 되는 것만 요구하고 나를 착취합니다. 하지만 내가 한 선택이니 무슨 할 말이 있겠습니까?

지금 이스라엘 백성들도 그렇습니다. 왕이 자기 유익을 구하기 위해 마음대로 명령하고 있는데도 틀렸다고 말을 못 합니다. 우리가 얼마나 세상 왕을 구하고자 하는 욕망이 크면 사울의 이야기가 성경에 이렇게 길게 등장하겠습니까? 역대하에는 솔로몬 이야기가 참 길게 기록되었는데, 우리가 부자를 좋아해서 그런 것 아닌가 생각합니다. "그래, 갖고 싶은 것 가져 봐라. 그리고 어떻게 되는지 봐라" 하고 과정을 일일이 보여 주시는 것입니다.

사탄은 끊임없이 내 속에 들어와서 '너는 이겨야 해', '다 부셔 버려', '돈이면 다야. 불신결혼이 무슨 문제야?' 하고 속삭입니다. 끊임없는 육적, 정신적, 영적 대적들이 우리를 꿈틀거리게 하고 있습니다. 내 속의 블레셋은 끔찍하게 많습니다. 내 속의 블레셋은 하나님의 가장 큰 원수이자 내 원수입니다. 내 자신이 가장 큰 나의 원수인 것입니다.

25 그들이 다 수풀에 들어간즉 땅에 꿀이 있더라 26 백성이 수풀로 들어갈 때에 꿀이 흐르는 것을 보고도 그들이 맹세를 두려워하여 손을 그 입에 대는 자가 없었으나 27 요나단은 그의 아버지가 백성에게 맹세하여 명령할 때에 듣지 못하였으므로 손에 가진 지팡이 끝을 내밀어 벌집의 꿀을 찍고 그의 손을 돌려 입에 대매 눈이 밝아졌더라 28 그때에 백성 중 한 사람이

말하여 이르되 당신의 부친이 백성에게 맹세하여 엄히 말씀하시기를 오늘
음식물을 먹는 사람은 저주를 받을지어다 하셨나이다 그러므로 백성이 피
곤하였나이다 하니 삼상 14:25-28

이스라엘 백성들이 금식령 때문에 꿀이 있어도 먹지 못하고 있습니
다. 왕을 얻었지만 다 노예가 된 것입니다. 왕이 두려우니 이상한 명령
을 해도 군말이 없습니다. 자신들이 기복으로 왕을 구했으니 무슨 할
말이 있겠습니까? 하나님은 그것을 깨닫게 하시려고 이스라엘 백성에
게 사울을 허락하신 것입니다.

회사의 상사 때문에 너무 힘듭니까? 내게도 그와 같은 면이 있기 때
문에 힘들다는 것을 알아야 합니다. 지고는 못 사는 상사의 성향이 내
게도 그대로 있기 때문에 그 상사를 견디지 못하는 것입니다. 그런 자
신을 좀 깨달으라고 하나님이 내게 그 상사를 허락하신 것입니다.

그런데 요나단이 사울의 명령을 듣지 못하고 꿀을 조금 먹습니다.
그랬더니 금세 기력을 차렸습니다. 그 모습을 본 백성들이 사울의 명
령을 요나단에게 전달하면서 "그 때문에 참 피곤하다"고 이릅니다.

요나단이 이르되 내 아버지께서 이 땅을 곤란하게 하셨도다 보라 내가 이
꿀 조금을 맛보고도 내 눈이 이렇게 밝아졌거든 삼상 14:29

이미 사울은 백성에게 신뢰를 잃었습니다. 뭐라도 좀 위해 주면서
"금식해라, 큐티해라" 해야지 오직 자기를 위해서, 요나단의 공을 가로
채기 위해서 백성에게 금식하라 하면 처음에야 통할지 몰라도 나중에

는 그 의도가 빤히 보이는 것입니다.

결국 백성들이 사울 앞에서는 감히 이야기를 못 하고 요나단에게 와서 뒷담화를 합니다. 어쩌면 이 때문에 요나단이 다음 왕이 되지 못한 것일 수도 있습니다. 너무 순수하고 이해타산 없다 보니 요나단이 너무 솔직하고 '돌직구' 같아 보이지 않습니까? 그러나 때로는 요나단처럼 부모나 지도자를 객관적으로 보는 것이 구원에 도움이 됩니다.

4 보라 너희가 금식하면서 논쟁하며 다투며 악한 주먹으로 치는도다 너희가 오늘 금식하는 것은 너희의 목소리를 상달하게 하려는 것이 아니니라 5 이것이 어찌 내가 기뻐하는 금식이 되겠으며 이것이 어찌 사람이 자기의 마음을 괴롭게 하는 날이 되겠느냐 그의 머리를 갈대같이 숙이고 굵은 베와 재를 펴는 것을 어찌 금식이라 하겠으며 여호와께 열납될 날이라 하겠느냐 6 내가 기뻐하는 금식은 흉악의 결박을 풀어 주며 멍에의 줄을 끌러 주며 압제 당하는 자를 자유하게 하며 모든 멍에를 꺾는 것이 아니겠느냐
사 58:4-6

금식은 이타적인 사랑을 위해 하는 것입니다. 죄성을 버리기 위해 하는 것입니다. 하나님과의 관계를 바로잡기 위해 하는 것입니다. 무엇을 얻어 내기 위해 하는 것이 아닙니다. 적어도 왕이면 이런 하나님의 법도를 백성에게 알려주어야 하지 않습니까?

그런데 사울은 인격은 없고 지성이면 감천이라고 하니 헌신과 수고를 다해서 하나님께 감동을 드려 어떻게든 하나님의 능력을 가져오려는 마음으로 금식을 하라고 합니다. 하나님을 미신의 대상으로 생각하

고 있습니다. 그래서 비상식적인 일을 합니다. 열등감이 많고 불안하고 초조하니까 입만 열면 예배를 말하지만 핀트도 못 맞추는 것입니다. 그러다 보니 지도자로서 하나님의 큰 구원을 막고 있습니다.

너무 어리석은 사울의 이 맹세는 두 가지 결과를 초래합니다. 백성을 피곤하게 했고, 그래서 전쟁에서 힘을 못 쓰게 했습니다. 너무 어리석은 지도자인 것입니다. 이런 지도자가 가정과 나라에 있으면 가족과 백성이 너무 피곤하지 않겠습니까? 매일 이상한 것을 명령하면서 "안 하면 너 죽는다" 하는 겁니다. 죽일 수도 없고 살릴 수도 없는 이런 지도자가 우리를 피곤케 하는 지도자, 부모인 것입니다.

저는 시댁에 돈이 많았지만 쓰지를 못했습니다. 부자 남편을 택한 삶의 결론이었습니다. 꿀이 마구 흐르고 있는데 뭐가 그렇게 무서웠던지 입에도 못 댔습니다. 그런데 큐티를 하면서 살아났습니다. 이혼을 안 해야 할 이유를, 죽지 말아야 할 이유를 알게 되었습니다. 그리고 주변 사람들에게 "하나님 말씀 보고 살아났어요" 했더니 그들의 눈도 밝아졌습니다.

우리가 꿀에 입을 대지 못하는 것은 우리 안에 두려움이 많아서 그렇습니다. 신앙이 기복적이면 두려움이 많습니다. 자유롭지 못하고 이런저런 것들에 눌립니다. "이렇게 해야지만 복을 받는다"고 하니 그걸 못하면 하나님의 능력이 안 올 것 같은 것입니다. 이게 얼마나 괴로운 신앙생활입니까?

요즘에는 성경공부를 한다고 하면서 이상하게 해석하고 가르치는 곳도 많습니다. 그런 곳은 가서도 안 되고 들어서도 안 됩니다. 내 영성에 도움이 안됩니다. 십자가를 길로 놓고 하는 성경 묵상과 모든 구속사적인 설교야말로 내 가치관을 변하게 하고, 안팎의 수많은 블레셋을 물리칠 수 있는 영적 건강함을 줍니다. 말씀 묵상은 아무리 강조해도 부족함이 없습니다. 말씀 묵상을 하면 내가 얼마나 피곤케 하는 사람인 줄 알게 되는 것입니다.

구속사적인 말씀과 나눔을 통해서 영적으로 건강해지면 그야말로 형통의 길을 걸을 수 있습니다. 결혼생활도 목회도 평강을 이루는 길이 되는 것입니다. 예수님은 "내가 곧 길이요 진리요 생명"(요 14:6)이라고 하셨습니다. 이것이 바로 십자가를 길로 놓고 가는 것입니다.

+나로 인해 내 가족이 피곤해하고 있지는 않습니까?

+나는 얼마나 사람을 피곤케 하는 지도자입니까?

+자녀의 세상 구원을 돕는 부모입니까, 큰 구원을 돕는 부모입니까?

+자녀에게 하는 요구가 정말 자녀를 위해서입니까, 아니면 내 명예를 지키기 위해서입니까?

죄책감을 느끼게 하는 지도자가 구원을 막습니다

31 그 날에 백성이 믹마스에서부터 아얄론에 이르기까지 블레셋 사람들을 쳤으므로 그들이 심히 피곤한지라 32 백성이 이에 탈취한 물건에 달려가서 양과 소와 송아지들을 끌어다가 그것을 땅에서 잡아 피째 먹었더니 삼상 14:31-32

믹마스에서부터 아얄론의 거리가 대략 여의도에서 일산 가는 정도입니다. 이스라엘 백성이 굶은 상태에서 이만한 거리를 걸었으니 얼마나 피곤했겠습니까? 그러다 보니 금식이 끝나자마자 동물을 잡아 피째 먹고 말았습니다.

사울이 정말 어리석지 않습니까? 백성들로 하여금 음식 먹지 말라는 계명을 지키게 하기 위해 피를 먹는 더 큰 죄를 짓게 하고 말았습니다. 인간이 금한 것을 지키게 하려다 하나님의 더 큰 명령을 어기게 한 것입니다. 이스라엘 백성들이 먹고 나서 정신을 차리고 보니 자신들이 피째 먹었다는 것을 뒤늦게 알게 됐습니다. 얼마나 죄책감이 들었겠습니까?

평소에 영육 간에 영양소를 잘 저장해 두면 하루쯤 금식하는 것은 어렵지 않습니다. 영의 양식을 잘 먹고 비축해 놓으면 갑자기 다가오는 여러 위기 상황과 영적 전쟁에서도 승전보를 울릴 수 있습니다. 우리들교회에는 이런 고백과 간증이 많지 않습니까? 우리는 요란을 떨지 않습니다. 강조하는 것이 없어도 평소에 영적 실력이 잘 갖추어져 있으니 자발적으로 모이고 저절로 몸과 마음의 병도 낫고 하는 것입니다. 우리가 영적으로 건강해지면 병이 왜 두렵고 돈 많은 게 왜 부럽겠습니까? 하나님이 병인들 안 고쳐 주시고 돈인들 안 주시겠습니까?

이처럼 금식은 내 죄를 보기 위해 하는 것이지 뭘 얻어 내기 위해 하는 것이 아닙니다. 금식하며 내 죄를 보니 하나님이 너무 예뻐서 그 깨끗한 심령에 모든 것을 부어 주시는 것입니다.

33 무리가 사울에게 전하여 이르되 보소서 백성이 고기를 피째 먹어 여호

와께 범죄하였나이다 사울이 이르되 너희가 믿음 없이 행하였도다 이제 큰 돌을 내게로 굴려 오라 하고 34 또 사울이 이르되 너희는 백성 중에 흩어져 다니며 그들에게 이르기를 사람은 각기 소와 양을 이리로 끌어다가 여기서 잡아 먹되 피째로 먹어 여호와께 범죄하지 말라 하라 하매 그 밤에 모든 백성이 각각 자기의 소를 끌어다가 거기서 잡으니라 35 사울이 여호와를 위하여 제단을 쌓았으니 이는 그가 여호와를 위하여 처음 쌓은 제단이었더라
삼상 14:33

백성이 범죄하니까 사울은 또 이들에게 믿음이 없다고 야단을 칩니다. 그러면서 범죄를 했으니 제단을 쌓으라 합니다. 정말 지독한 예배 중독자입니다. 삶에 적용은 안 하고 예배만 열심히 드리는 것입니다. 그런데 지금 이스라엘이 얼마나 힘듭니까? 전쟁에서 온 힘을 다 쓰고 또 금식까지 해서 지칠 대로 지쳐 있습니다. 그런데 사울은 또 예배를 드리라고 강요합니다. 지도자가 이러는데 건강한 신앙생활을 할 수 있겠습니까? 정신병 걸리기 딱 알맞지 않습니까? 제대로 된 지도자라면 이럴 때 백성이 왜 고기를 피째 먹었는지 이유를 생각해야 합니다. 그 죄의 근원이 자신이었다는 것을 깨닫고 회개해야 하는데 사울은 끝까지 남 탓만 하고 있습니다.

어쨌든 지금 사울이 드리려는 예배는 싸움에서 이겼다고 생각하고 처음 드리는 것입니다. 지난번에는 졌다면서 석류나무 아래서 씩씩거리던 사울입니다. 뭔가 안 풀리면 혈기를 부리며 팽개치고, 뭔가 좀 됐다 싶으면 드리는 예배는 예배가 아닙니다. 회사에서 승진에 실패했다고 교회 주일학교 교사도 그만두겠다고 하면 사울과 다를 것이 뭐겠

습니까? 그런 마음은 열등감에서 나오는 것입니다.

> 36 사울이 이르되 우리가 밤에 블레셋 사람들을 추격하여 동틀 때까지 그
> 들 중에서 탈취하고 한 사람도 남기지 말자 무리가 이르되 왕의 생각에 좋
> 은 대로 하소서 할 때에 제사장이 이르되 이리로 와서 하나님께로 나아가
> 사이다 하매 37 사울이 하나님께 묻자오되 내가 블레셋 사람들을 추격하리
> 이까 주께서 그들을 이스라엘의 손에 넘기시겠나이까 하되 그 날에 대답
> 하지 아니하시는지라 38 사울이 이르되 너희 군대의 지휘관들아 다 이리로
> 오라 오늘 이 죄가 누구에게 있나 알아보자 삼상 14:36-38

사울이 하나님께 "끝까지 전쟁할까요?" 하고 물어봅니다. 백성을 책
망해 놓고도 예배 드렸으니 하나님이 전쟁에서 이기게 해줄 것 같으
니까 물은 것입니다. 그러나 르호보암은 18만 명의 군사가 있어서 바
로 이길 수 있어도 하나님이 올라가지 말라고 하니 그만두었습니다.
이런 믿음이 있어야 하는데 사울은 계산적이었습니다. 거의 이긴 전쟁
에서 자기도 숟가락 하나 얹어 공을 차지하려는 속셈입니다.

그러나 하나님은 사울의 기도에 침묵으로 응답하셨습니다. 그러면
자신의 행동을 돌아봐야 하지 않습니까? 그러나 놀랍게도 그의 정신
구조는 언제나 다른 사람의 죄만 봅니다. 자신의 죄는 보지 못하는 것
입니다. 하나님이 침묵으로 응답하신 것은 사울에게 "뭘 좀 깨달으라"
하신 것인데 사울은 이 죄가 누구에게 있는지 알아보자며 또 백성들
을 협박합니다. 저급하고 미숙한 사람의 특징입니다.

39 이스라엘을 구원하신 여호와께서 살아 계심을 두고 맹세하노니 내 아들 요나단에게 있다 할지라도 반드시 죽으리라 하되 모든 백성 중 한 사람도 대답하지 아니하매 40 이에 그가 온 이스라엘에게 이르되 너희는 저쪽에 있으라 나와 내 아들 요나단은 이쪽에 있으리라 백성이 사울에게 말하되 왕의 생각에 좋은 대로 하소서 하니라 41 이에 사울이 이스라엘의 하나님 여호와께 아뢰되 원하건대 실상을 보이소서 하였더니 요나단과 사울이 뽑히고 백성은 면한지라 42 사울이 이르되 나와 내 아들 요나단 사이에 뽑으라 하였더니 요나단이 뽑히니라 삼상 14:39-42

하나님은 사울에 대한 책망을 요나단 쪽으로 돌립니다. 제비뽑기에서 요나단이 걸린 것입니다. 요나단이 죄인이라는 것입니다. 악법도 법입니다. 일단 지켜야 하는데, 과연 하나님은 이 문제를 어떻게 해결해 가실까요?

+인간이 금한 것을 지키다가 하나님의 명령을 어기는 실수를 하지는 않았습니까?

+자녀에게 죄책감을 심어 주면서 무리한 요구를 강요하고 있지는 않습니까?

+'내 탓이오' 합니까, '너 때문이야!' 합니까?

완고한 율법주의 지도자가 구원을 막습니다

사울이 이르되 요나단아 네가 반드시 죽으리라 그렇지 않으면 하나님이 내게 벌을 내리시고 또 내리시기를 원하노라 하니 삼상 14:44

뭐 이런 사람이 다 있습니까? 정말 이상한 사람 아닙니까? 그런데 우리가 다 사울 같습니다. 아들인데도 법대로 죽이겠다고 하는 문자적인 율법주의자인 것입니다.

지금 나는 어떻습니까? 내 자녀에게 원칙을 지나치게 강조하지는 않습니까? 약속은 무조건 지켜야 한다고 강요하지는 않습니까? 그러나 구원을 위해서는 약속을 번복할 수도 있어야 합니다. 원칙보다는 사랑이 우선이어야 합니다. 기본적인 애정도 없이 원칙만 강요해서는 안 됩니다.

사울은 책임 전가의 '대마왕'입니다. 입만 열었다 하면 "너 때문이야!" 합니다. 그러면서도 구원의 법을 모르니 자기 약속만 최고라고 생각합니다. 이것은 하나님 말씀과도 맞지 않습니다. 하나님은 우리에게 도피성을 마련해 주셨습니다. 부지중에 죄를 범한 사람은 용서해 주어야 한다고, 원칙보다는 사랑이 우선이라는 것을 가르쳐 주셨습니다.

> 백성이 사울에게 말하되 이스라엘에 이 큰 구원을 이룬 요나단이 죽겠나 이까 결단코 그렇지 아니하니이다 여호와의 살아 계심을 두고 맹세하옵나니 그의 머리털 하나도 땅에 떨어지지 아니할 것은 그가 오늘 하나님과 동역하였음이니이다 하여 백성이 요나단을 구원하여 죽지 않게 하니라 삼상 14:45

사울이 그처럼 악하게 굴어도 요나단이 죽을 지경이 되니 생각지도 못했던 백성이 일어나 막아 줍니다. 연약한 백성들이 이스라엘을 구원으로 이끈 요나단 때문에 한마음이 되어 왕의 명령을 뒤집은 것입니다.

사울이 블레셋 사람들 추격하기를 그치고 올라가매 블레셋 사람들이 자기 곳으로 돌아가니라 삼상 14:46

사울은 결국 자기 공 세울 일이 하나도 없어지니 전의를 상실하고 맙니다. 전쟁해봤자 결국 요나단에게 공이 다 돌아갈 것 같으니까 그만둬 버린 것입니다. 자기가 인정받지 못하고 생색이 나지 않는 일은 하지 않는 것입니다.

사울이 사는 날 동안에 블레셋 사람과 큰 싸움이 있었으므로 사울이 힘 센 사람이나 용감한 사람을 보면 그들을 불러모았더라 삼상 14:52

그런데 그 때문에 사울은 평생 블레셋과 싸워야 했습니다. 그래서 힘센 사람, 용감한 사람이 필요했고, 자기에게 유익한 사람들만 찾아 교제할 수밖에 없었습니다.

교회에서도 자기에게 필요한 사람과만 교제하는 사람이 있습니다. 사람 차별이 하늘에 닿을 지경입니다. 자기밖에 모릅니다. 자기 유익만을 구하면서도 이것이 잘못된 것인지도 모른 채 신앙생활을 하는 사람들이 많습니다. 율법과 원칙만 들이대는 사울과 다를 바 없습니다.

+구원을 위해서라면 약속과 원칙도 번복할 수 있어야 한다는 말이 인정됩니까?
+내 자녀에게 원칙만을 지나치게 강요하고 있지는 않습니까?

중심 잡는 한 사람이 있는 것이 은혜입니다

사울이 요나단에게 이르되 네가 행한 것을 내게 말하라 요나단이 말하여 이르되 내가 다만 내 손에 가진 지팡이 끝으로 꿀을 조금 맛보았을 뿐이오나 내가 죽을 수밖에 없나이다 삼상 14:43

요나단은 모르고 꿀을 먹었지만 이것이 공동체에 해를 끼치고 아버지의 권위를 손상시켰기 때문에 "내가 죽겠습니다" 합니다. 억울하다 한마디 하지 않습니다. 이 땅에서 우리를 위해 죽으신 예수님처럼 희생을 자초합니다.

요나단은 이스라엘을 구원하기 위해 누구보다도 앞장서 나갔습니다. 이 전쟁의 승리도 요나단 덕입니다. 그런데도 그는 전혀 생색내지 않습니다. 그래서 요나단은 정말 큰 구원을 얻었습니다. 이 큰 구원을 누구에게도 빼앗기지 않았습니다.

아무리 누가 나를 정죄하고 완고한 율법으로 어쩌고저쩌고하며 "죽어라" 해도 "네, 알겠습니다. 죽겠습니다" 하는 사람이 큰 구원을 이룹니다. 이것은 그냥 되는 것이 아닙니다. 의와 희락과 화평과 평강이 있기 때문에 할 수 있는 것입니다. 이런 사람이 누구와 싸우고 혈기를 부리겠습니까? 요나단은 오직 죄와 싸울 때만 피를 흘렸습니다. 요나단은 구원을 위해 뭐든지 자기가 책임을 졌습니다. 이것이 크신 예수 그리스도의 표상입니다. 사울도 백성도 구원받지 못한 채 죽을 죄인이었지만 요나단 한 사람이 중심을 잡고 있는 덕분에 요나단도, 백성도, 사울도 다 살 수 있었습니다.

내가 죽고자 하면 살고, 살고자 하면 죽는다고 했습니다. 요나단이 죽고자 하니 하나님은 그의 백성들까지 살려 주셨습니다. 내가 죽고자 할 때 하나님은 나를 살려 줄 지체도 허락하십니다.

> 사울이 이스라엘 왕위에 오른 후에 사방에 있는 모든 대적 곧 모압과 암몬 자손과 에돔과 소바의 왕들과 블레셋 사람들을 쳤는데 향하는 곳마다 이겼고 삼상 14:47

사울은 정말 형편없는데도 하나님은 가는 곳마다 전쟁에서 이기게 해주셨습니다. 그러나 이것이 사울에게는 저주가 되었습니다. 이렇게 이겼으니 예수 믿을 이유가 없는 것입니다. 그럼에도 이스라엘 백성이 세상 왕을 너무 구했기 때문에 하나님은 사울을 세워 주셨습니다. 남편이 예수 믿지 않아도 그 남편을 통해 돈 벌게 하시고 밥 굶지 않게 하시는 것은 나의 구원을 위한 하나님의 긍휼하심 때문입니다. 그러니 남편이 믿지 않아도 감사하기 바랍니다.

큰 구원은 사실 대단한 것이 아닙니다. 그런데 우리에게는 이 큰 구원을 빼앗길 사건이 너무 많이 일어납니다. 한 성도님의 사연입니다.

"아들을 교회 보내려고 최신 핸드폰을 사줬는데 여전히 성실히 교회를 안 나갔습니다. 늦잠 때문에 교회 안 가는 일이 잦아지더니 나중에는 휴일인데 집에서 쉬겠다는 것입니다. 그런 아들을 보고 분이 올라왔습니다. 그래서 아들한테 핸드폰은 압수하고 용돈도 깎겠다고 했더니 아들이 그 자리에서 핸드폰을 던져 버렸습니다. 테이블 위에 나뒹

굴어진 핸드폰을 멍하게 바라보는데 아들이 '한 번 더 던질까?' 하더니 완전히 박살냈습니다. 얘를 죽여야 합니까, 살려야 합니까?"

　남한테 당해도 기가 막힌데 아들한테 이런 모멸을 당했으니 얼마나 속이 상했겠습니까? 그런데도 내 아들이니 어디 가서 말도 못하는 것입니다. 사실 이런 사연 한두 가지 없는 집안이 어디 있겠습니까? 다들 아픈 손가락 하나씩은 있습니다. 그럼에도 이런 일을 혼자 해결하려고 전전긍긍하지 않고 공동체에서 나누고 하나님께 물으면 분명 큰 구원을 얻을 수 있을 것이라 믿습니다.

　나의 큰 구원을 방해하는 것이 무엇입니까? 상사, 자녀, 부모, 배우자, 시부모, 장인, 장모입니까? 이들을 피곤케 하고 완고한 율법주의로 재단하면 큰 구원을 방해합니다. 누구에게나 자존적인 교만이 있기 때문에 그것을 건드리면 좋은 관계가 지속되기 힘듭니다.

　요나단은 어떤 경우에도 누구를 정죄하거나 힘들게 하지 않았습니다. 그러니 먼저 죽겠다고 나선 그를 다른 지체들이 살려 주었습니다. 그러니 이제 내가 죽어지고 썩어지고 밀알이 되시기 바랍니다. 그러면 다른 지체들이 나를 살려줄 줄 믿습니다. 나 한 사람이 중심을 잡고 있으면 큰 구원이 이루어져서 전염이 됩니다. 중심 잡는 한 사람이 되어서 나를 살리고, 집안을 살리고, 교회를 살리기 바랍니다.

+무엇이 나의 큰 구원을 방해합니까?

+나는 큰 구원을 방해하는 자입니까, 돕는 자입니까?

+내 안에 평강이 있습니까?

240

우리들 묵상과 적용

　　2013년 새해 첫날, 회사를 옮기라는 통보를 받았습니다. 그때까지 어떤 경고를 받은 것도, 회사를 옮길 만한 특별한 잘못을 한 것도 없었기에 저는 이해할 수 없었습니다. 그러나 그즈음 예배를 통해서 다윗이 사울에게 죽음의 위협을 당할지라도 끝까지 그를 사랑하였다는 말씀을 듣고 저도 저를 괴롭히는 상식 없는 상사라도 선으로 그 악을 갚자고 결심하였습니다.

　　회사에서의 고난은 점점 심해졌습니다. 저를 다른 팀으로 옮기게 하고는 일을 주지 않았고, 모두에게 주는 인센티브도 전혀 주지 않았으며, 저의 만 40번째 생일날에는 IP까지 차단당하는 수모를 겪었습니다. 생명줄이 끊어지는 것 같은 아픔이 있었지만 이런 수모를 공동체에서 나누고 상사에 대해 뒷담화를 했을 때 요나단 같은 지체들이 돌직구를 날려 주어 상사를 객관적으로 보며 견딜 수 있었습니다.

　　그러던 중 지방에 있던 친구가 직장을 서울로 옮기면서 저를 자기 자리에 추천하고 싶다고 연락하였습니다. 고액 연봉에 정규직으로 58세까지 직장생활을 보장받을 수도 있고, 사택까지 지원되며, 무엇보다도 현재의 굴욕적인 상황에서 벗어날 수 있는 제안이었기에 혹하였지만 먼저 공동체에 물어보기로 하였습니다.

　　사실 직장을 옮기는 것은 저의 육적인 고난을 끝낼 수 있는 기회였습니다. 그러나 사울이 백성에게 금식을 시켰을 때 백성들이 심히 피곤해서 사람의 법을 지키느라 하나님의 명령을 어겼다는 말씀이 기억났습니다. 나도 고기를 피째 먹고 죄책감에 시달리는 어리석음을 범하게 될까 두려웠습니다. 그래서 결국 지방으로 가지 않고 계속 고난을 받더라도 그 직장에 붙어 있기로 결정하였습니다.

현실은 변하지 않았습니다. 그런데 교회에서 봉사하는 일은 점점 더 늘어났습니다. 양육도 받아야 했습니다. 회사에서는 일이 없었지만 교회에서는 정말 눈코 뜰 새 없이 바쁜 나날을 보내었습니다. 가끔은 제가 회사 직원인지 교회 직원인지 헷갈릴 때도 있었습니다.

그런데 양육을 받으며 흐르는 꿀을 받아먹으니 점점 눈이 밝아져 하나님의 원수인 내 속의 불레셋을 보게 되었습니다. 모든 고난 가운데 내가 원수를 갚는 싸움에서 하나님의 싸움으로 바꾸어 주셨습니다. 내가 이기기 위해, 나의 육신의 정욕과 안목의 정욕, 이생의 자랑을 위해서 왕을 구했던 내 교만과 음욕과 물질에 대한 욕심, 혈기 등을 철저히 회개하게 하셨습니다.

한 치 앞도 내다볼 수 없는 이런 상황에서 요나단처럼 죽기로 작정했을 때 백성들이 들고 일어나서 왕의 판례를 뒤집은 것같이 이후 5개월 만에 하나님의 사랑이 임했습니다. 하나님은 기존 직장보다 더 좋은 직장에 두 군데나 합격하는 축복을 주셨습니다. 할렐루야! 게다가 회사 동료 중 5개월간의 고난을 거치는 동안 믿음으로 승리하는 저의 모습에 감동받았다며 가족을 데리고 제가 다니는 교회에 등록하는 일도 생겼습니다.

요나단같이 내 죄와 싸우는 동안 내 마음에 평강을 잃지 않게 해주셔서 감사합니다. 큰 구원을 빼앗기지 않도록 도와주신 하나님을 사랑합니다.

말씀으로 기도하기

우리는 큰 구원의 소유자입니다. 그런데 사탄은 때때로 우리의 구원을 방해합니다. 내 연민에 빠져서, 내 원수 때문에 날마다 전쟁을 치르고 죄책감과 정죄감, 불안함과 열등감에 빠져서 구원의 큰 능력을 놓칩니다. 이스라엘에 요나단이 있었듯이 우리 가정과 공동체에도 요나단 같은 존재로 인해 큰 구원을 뺏기지 않을 것입니다.

피곤케 하는 지도자가 구원을 막습니다 / 삼상 14:24-29

언제부터인가 자녀가 피곤해 보여도 그것이 나 때문이라고 생각하지 못했습니다. 그저 성적만 올려 주면, 그래서 좋은 대학만 들어가면 그만이라고 생각했습니다. 오히려 돈 있어 배울 수 있으니 감사해야 한다고만 생각했습니다. 그래서 늘 이래라저래라 억박지르기에 바빴습니다. 그런데 자신의 원수를 갚기 위해 백성에게 무리한 명령을 하는 사울을 통해 내 모습을 볼 수 있었습니다. 자녀를 앞세워 내 위신을 세워 보겠다는 내 안의 사울을 마주했습니다. 이제는 자녀의 큰 구원을 돕는 부모가 되기 원합니다. 세상의 헛된 것을 좇기보다 말씀의 꿀을 먹도록 인도하는 부모가 되게 하여 주옵소서.

죄책감을 느끼게 하는 지도자가 구원을 막습니다 / 삼상 14:31-42

자녀가 공부만 잘할 수 있다면 주일성수는 중요하지 않다고 생각했습니다. 남편이 회사에서 승진할 수 있다면 회사 일 때문에 예배를 한

두 번 빼먹어도 된다고 생각했습니다. 좀 더 완벽한 자녀, 완벽한 부모, 완벽한 가정을 꾸려야 한다고 언제나 채찍질을 했습니다. 늘 내 불행은 공부 못 하는 자녀 때문이고, 돈 못 버는 남편 때문이라고 불평했습니다. 인간이 금한 것을 지키게 하려다가 하나님의 말씀을 어기게 하는 죄를 지었습니다. 고기를 피째 먹는 죄를 짓지 않도록 도와주옵소서.

완고한 율법주의 지도자가 구원을 막습니다 / 삼상 14:44-46, 52

예배에 늦고 나눔을 하는데 쓸데없는 수다를 떨고, 말씀을 이해하지 못하고 적용하지 못하는 지체들이 못마땅하기만 했습니다. 그래서 늘 지체들을 억압하고 원칙만 강요했습니다. 오늘 말씀 덕분에 원칙보다는 사랑이 우선이어야 한다는 것을 알았습니다. 때로는 약속을 번복하고 원칙대로 하지 않아도 사랑이 있으면 허다한 허물을 덮을 수 있다는 것을 알았습니다. 그러나 내게는 사랑이 부족합니다. 하나님의 사랑을 더 가르쳐 주옵소서.

중심 잡는 한 사람이 있는 것이 은혜입니다 / 삼상 14:43, 47

살다 보니 기가 막힌 일이 한두 가지가 아닙니다. 곳곳에서 사울이 윽박지르고 죽으라 강요하니 사는 게 힘듭니다. 그런데 주님은 "네, 알겠습니다. 내가 죽겠습니다" 하기를 원하십니다. 요나단이 죽고자 하니 백성들이 살려 준 것처럼, 내가 죽고자 할 때 분명 나를 살릴 누군가가 나타날 것을 믿습니다. 중심 잡는 한 사람이 되어서 큰 구원을 이루게 하여 주옵소서. 어떤 고난에도 평강을 잃지 않고 가정을 살리고 회사를 살리는 한 사람이 되게 하여 주옵소서.

영혼의 기도

하나님 아버지, 큰 구원의 주인공이 되고 싶습니다. 그러나 저는 늘 사울처럼 피곤하고 사람을 피곤케 하는 지도자입니다. 늘 율법을 들어 배우자와 자녀를 피곤케 했습니다. 저를 불쌍히 여겨 주옵소서. 깨끗하고 거룩하게 살기가 왜 이리도 어려운지요. 날마다 말씀을 들어도 점 없고 흠 없고 티 없는 인생 되기가 참 힘이 듭니다.

주님, 그러나 오늘 요나단의 인생을 보여 주시고 또 그 길을 가르쳐 주시니 이제부터라도 그렇게 살기를 원합니다. 이제는 제가 죽겠습니다. 제가 썩어지고 밀알이 되겠습니다. 쉽지는 않겠지만, "내가 죽겠다"고 매일 고백하는 우리가 되기를 원합니다.

그렇게 평강을 가지고 나갈 때에 내 가정과 공동체가 살게 될 줄 믿습니다. 내 가정에서, 내 공동체에서 요나단이 되게 하여 주옵소서. 목숨을 내어 놓고 큰 구원을 이루기 위해 수고하는 인생 되게 하옵소서.

예수님 이름으로 기도합니다. 아멘.

10
내 속의 아각을 쪼개고 순종의 자리로
사무엘상 15장 1-35절

    그동안 사울은 나가는 전쟁마다 승리했습니다. 이제 하나님이 자신을 버려도 괜찮다는 마음이 생겼을 것입니다. 그러나 하나님은 그럼에도 불구하고 사울을 계속 기다리고 계셨습니다.

    아브라함도 하나님의 방법을 거스르고 이스마엘을 낳지 않았습니까? 하나님은 너무 기가 막혀서 13년 동안 침묵하셨습니다. 나중에 하나님이 딱 나타나셨을 때 아브라함은 무릎을 꿇고 엎드렸습니다. 경배드린 것입니다. 그러나 사울은 23년 만에 나타난 사무엘 앞에서 무릎을 꿇지 않았습니다. 그런 사울에게 사무엘은 "순종이 제사보다 낫다"고 합니다. 순종이 없는 제사는 온전한 예배가 아니라는 것입니다.

    그렇다면 우리가 하나님 앞에 순종하려면 어떻게 해야 할까요? 순종하는 사람은 무엇이 다를까요?

말씀이 인격적으로 들려야 순종할 수 있습니다

사무엘이 사울에게 이르되 여호와께서 나를 보내어 왕에게 기름을 부어 그의 백성 이스라엘 위에 왕으로 삼으셨은즉 이제 왕은 여호와의 말씀을 들으소서 삼상 15:1

사울이 이스라엘의 왕이 되었어도 하나님이 그를 왕으로 삼으셨기 때문에 그가 응당히 해야 할 일은 '말씀을 들어야 하는' 것입니다. 이스라엘의 왕은 하나님의 말을 들어야 하는 당위성을 설명하고 있습니다.

사무엘상 15장에는 '듣다'라는 단어가 일곱 번 나옵니다. '청종하다, 듣다, 순종하다'가 다 같은 맥락입니다. 1절의 "여호와의 말씀을 들으소서"를 원문 성경에서 보면 "여호와의 말씀들의 소리를 들으라"라고 기록되어 있습니다. 소리란 목소리를 의미합니다. 이는 여호와께서 구체적으로 생생하게 말씀해 주시는 것을 들으라는 것입니다. 구체적으로 살아서 인격적으로 다가오는 그 말씀을 사울에게도 들으라고 하십니다.

순종함에 있어서 합리적이냐, 비합리적이냐 하는 것은 문제가 되지 않습니다. 문제는 '누가 그 말을 했느냐'입니다. 이것이 관건입니다. 순종의 모델은 예수 그리스도입니다. 예수님은 이 땅에서 살면서 훨씬 오랫동안 사역을 하실 수 있었는데도 겟세마네 동산에서 "나의 원대로 마시옵고 아버지의 원대로 하옵소서"(막 14:36) 하고 기도했습니다. 이처럼 순종하려면 내 뜻을 버리고 하나님의 구체적이고 생생한 목소리를 들어야 하는데, 사울을 보니 절대 권력을 가지고는 순종하기가 하늘에 별 따기인 것을 알 수 있습니다.

역대기를 보아도 그렇습니다. 힘들 때는 종교개혁도 하고 하나님 뜻대로 살다가 권력이 생기고 태평하게 되면 세상으로 흘러가는 모습을 볼 수 있습니다. 여기에는 예외가 없습니다. 하나님의 은혜를 그렇게 잊어버리는 것 같습니다.

저도 미약한 베냐민 지파처럼 걸레질을 하다가 목사가 되었습니다. 제가 이걸 잊어버리면 되겠습니까? 어떤 분이 "목사님이 성전 짓고 나서 변질이 되었다"는 얘기를 했다고 합니다. 하나님의 은혜를 잊어버릴 수 있다는 것은 생각만 해도 끔찍합니다. 역대기를 통해 은혜를 잊는 것에는 예외가 없다는 것을 보고, '나라고 다르겠나' 하는 생각에 늘 두렵고 떨림으로 나아갑니다. 오늘까지는 순종했지만 내일은 모르는 것 아니겠습니까?

어떤 명예도 권력도 재물도 하나님이 주신 것입니다. 그렇다면 주신 분의 명령을 들어야 합니다. 하나님 말씀을 듣지 않는 것은 모든 것이 하나님께로부터 왔다고 생각하지 않기 때문입니다. 주인을 잊어버렸기 때문입니다. 그래서 말씀이 살아서 인격적으로 들려야 순종할 수가 있습니다.

+하나님 말씀이 살아서 인격적으로 들립니까?

+합리적이지 않은 말씀에도 순종할 수 있습니까?

+명예도 권력도 재물도 하나님께로부터 오는 것임을 믿습니까?

인생에서 원수를 진멸해야 합니다

순종하려면 무엇보다 안과 밖의 원수를 진멸해야 합니다. 그러기 위해서는 말씀을 들어야 합니다.

> 2 만군의 여호와께서 이같이 말씀하시기를 아말렉이 이스라엘에게 행한 일 곧 애굽에서 나올 때에 길에서 대적한 일로 내가 그들을 벌하노니 3 지금 가서 아말렉을 쳐서 그들의 모든 소유를 남기지 말고 진멸하되 남녀와 소아와 젖 먹는 아이와 우양과 낙타와 나귀를 죽이라 하셨나이다 하니 삼상 15:2-3

하나님은 사울에게 아말렉을 물리치라는 미션을 주십니다. 하나님께서 그것으로 순종을 셈하겠다고 하십니다. 하나님이 아무에게나 "가서 쳐라" 하는 상식 없는 분이시겠습니까? 아말렉을 원수라 말씀하시는 데에는 다 이유가 있습니다.

출애굽기 17장에는 이스라엘이 광야를 헤매는 굉장히 어려운 시절의 이야기가 나옵니다. 이때 가장 먼저 이스라엘을 공격한 철천지원수 같은 나라가 바로 아말렉입니다. 그런데 이들의 공격 방법이 정말 비겁했습니다. 아말렉은 건장한 장정들이 아닌 여자와 노약자들을 공격했습니다. 그것도 전면전을 하지 않고 후면에서 기습적으로 공격했습니다. 잔인하고 야비한 민족입니다. 게다가 이스라엘이 가나안으로 가는 구원의 길을 막았습니다. 그래서 하나님은 신명기 25장 17절에서 "너희는 애굽에서 나오는 길에 아말렉이 네게 행한 일을 기억하라"고 하십니다. 그런데 지금 사울에게 그 아말렉을 치라는 미션을 주십니다.

400년이 지났어도 하나님은 원수를 끝까지 갚아 주십니다. 우리는 어제의 원수, 작년의 원수를 못 갚아서 난리를 치지만 하나님의 방법대로 믿고 간다면 하나님은 400년이 지나도 잊지 않으시고 원수를 갚아 주십니다. 그러니 원수를 내 방법으로, 사람의 방법으로 갚으려 하지 마십시오. 하나님께 맡기고 기다리기 바랍니다.

그렇다면 내 안의 원수는 어떻습니까? 우리는 내 속의 원수를 진멸하지 않고도 예수를 믿고 있습니다. 그러나 내 속의 원수는 내 믿음 내 구원을 방해할 뿐입니다. 그런 내 원수가 있다면 이제는 지체하지 말고 사정없이 진멸해야 합니다. 내 안의 아말렉은 무엇입니까? 여전히 끊어 내지 못한 아말렉이 있습니까? 내가 노예였다가 이제는 예수 믿고 주인이 되었는데 아직도 나를 노예 노릇하게 하는 것이 있다면 그것이 바로 내 원수 아말렉입니다. 그러므로 "너! 예수 믿은 지 몇 십 년이냐? 이제는 그걸 진멸하라! 핑계치 말고 진멸하라"고 하십니다.

하나님은 사울에게 전쟁 방법을 가르쳐 주십니다. 진멸하되 남녀노소, 젖 먹는 아이 할 것 없이 '남김없이' 진멸하라고 하십니다. 이것이 무슨 말입니까? 그저 비정한 말이 아닙니다. 너는 아말렉과 전쟁을 하되 대가를 바라지 말라는 것입니다. 아무것도 얻을 생각을 하지 말라는 것입니다.

가나안 정복 전쟁 때 여리고에서 이스라엘이 이 방법을 썼습니다. 그다음 전쟁이 아이 성 전투였는데, 그곳에서는 전리품을 스스로 취하라고 하셨습니다.

그러므로 주의 일을 하면서 어떤 때는 자원봉사로, 어떤 때는 사례를 받으면서 열심히 해야 할 때가 있습니다. 우리는 그때마다 하나님의 말씀을 들어야 합니다. 옳고 그름의 문제가 아닙니다. 무조건 자원봉사도 아니고 무조건 사례를 받고 하는 것도 아닙니다. 오늘 아말렉에게는 여리고처럼 하라고 분명히 구체적으로 들려주십니다.

그렇다면 여리고와 아이 성의 차이는 무엇일까요? "여리고는 죄악의 도시이니 거기에서 나오는 것은 아무것도 건드리지 말아라"는 것입니다. 아이 성에서는 "하나님이 주신 것은 선하지 않은 것이 없으니 우상의 재물이라도 음식이라 생각하고 먹을 수 있다"는 것입니다. 하나님의 말씀은 이처럼 깊고 오묘합니다. 전쟁마다 이처럼 방법이 다른 것입니다.

여리고에서는 아무것도 취하지 않았더니 그 큰 성이 저절로 무너졌습니다. 상을 크게 주신 것입니다. 이처럼 자원봉사의 상이 얼마나 큰지 모릅니다. 우리들교회가 부흥하는 비결은 자원봉사자가 많기 때문입니다. 어느 집사님은 예배의 자리를 떠날 수 없어 좋은 회사의 스카우트 제의도 마다하고 교회에서 봉사하며 교회 직원인지 직장인지 헷갈릴 정도로 봉사했는데, 나중에는 그보다 더 좋은 직장을 두 곳이나 합격하게 하셨습니다. 예배의 자리를 떠나지 않으니 예배 회복이라는 큰 상도 있었습니다. 이처럼 하나님은 상상 못 할 기적으로 우리의 수고를 갚아 주실 것으로 믿습니다.

저도 과거에 우리 집에서 자원봉사로 시작한 큐티 모임을 10개도 더 했습니다. 시간을 드리고, 애정을 드리고, 물질을 드리고, 영육 간에 모든 걸 드렸습니다. 그래서 지금 상상 못 할 규모의 교회와 성도들로 채워 주신 하나님입니다.

교회에서 수고하는 것이 누구 때문입니까? 영적전쟁을 하는 수많은 성도들을 위해서 수고하는 것입니다. 주차봉사, 주방봉사는 그냥 하는 것이 아닙니다. 세상 사람들은 그런 걸 보며 왜 교회에 가서 저런 무료 봉사를 하냐며 무시합니다. 그러나 교회에는 그런 봉사가 필요합니다.

특히 우리들교회 휘문채플은 교회 건물이 없어 예배가 있을 때마다 강당에 세팅을 해야 하고, 카펫을 깔았다가 걷고 치워야 합니다. 교회가 주일마다 예배를 온전히 드리려면 주차관리를 하고, 분리수거를 하고, 청소를 하고, 복음 팔찌도 만들고, 밥을 하고, 교사를 하고, 찬양을 하고, 문서사역도 해야 합니다. 우편 발송하는 일도 보통 일이 아닙니다. 그런데 이렇게 수많은 일들이 봉사자들의 헌신으로 일사천리로 이루어지는 것을 보면 '순종이 제사보다 낫다'는 말이 절로 나옵니다. 하나님이 이 모든 수고를 기적으로 갚아 주실 것을 믿습니다.

제 어머니는 예수 믿는 것이 팔짝팔짝 뛸 정도로 감사해서 똥내 나는 몸뻬 바지를 입고 평생 화장실 청소를 하셨습니다. 그걸 누가 알아 줬겠습니까? 그저 좋아서 하신 것입니다. 제가 지금 우리들교회에서 영혼을 살리는 일을 할 수 있는 것은 이름 없이 봉사한 어머니 덕분입니다. 제 어머니가 우리들교회를 세운 것입니다.

순종은 옳고 그름의 문제가 아니라 하나님의 명령을 듣느냐, 아니냐의 문제입니다. 이스라엘은 하나님의 명령을 어기고 전리품을 빼낸 아간 때문에 아이 성 첫 전투에서 패배합니다. 하나님이 하지 말라는 것을 하면 안 되는 것입니다. 원수를 진멸하려면 방법과 전략이 있어야 합니다. 그런데 사울이 '전쟁 박사'가 되었습니다. 블레셋과 늘 싸우느라 전쟁의 노하우가 쌓인 것입니다.

사울이 백성을 소집하고 그들을 들라임에서 세어 보니 보병이 이십만 명이요 유다 사람이 만 명이라 삼상 15:4

사울은 전쟁을 위해서 군사부터 계수합니다. 저도 우리들교회를 시작해서부터 성도 수를 계수하고 발표를 했습니다. 인본주의로 생각하면 사람이 적을 때는 '몇 명 모이지도 않는데 그걸 뭐 하러 발표할까' 하고, 많을 때는 '자랑하려고 발표하나' 합니다. 그러나 영적전쟁을 치를 때는 하나님 나라의 군사를 계수해 보아야 합니다. 공동체의 결속력을 다지기 위해서, 그 수를 알고 가야 하기 때문에 계수하고 발표합니다. 우리 식구가 몇 명인지 안다는 것은 너무나 중요합니다. 그래야 양 한 마리만 없어져도 금세 파악할 수 있습니다. 그래야 곧장 잃어버린 양을 찾으러 갈 수 있습니다.

5 사울이 아말렉 성에 이르러 골짜기에 복병시키니라 6 사울이 겐 사람에게 이르되 아말렉 사람 중에서 떠나가라 그들과 함께 너희를 멸하게 될까 하노라 이스라엘 모든 자손이 애굽에서 올라올 때에 너희가 그들을 선대하였느니라 이에 겐 사람이 아말렉 사람 중에서 떠나니라 7 사울이 하윌라에서부터 애굽 앞 술에 이르기까지 아말렉 사람을 치고 8 아말렉 사람의 왕 아각을 사로잡고 칼날로 그의 모든 백성을 진멸하였으되 삼상 15:5-8

사울이 출애굽 시절 이스라엘을 선대했던 겐 사람을 기억하고 그들을 살려 줍니다. 여기까지는 사울이 이해타산 없이 전쟁을 잘 하고 있습니다. 결국 대승을 거둡니다.

+여전히 끊어 내지 못한 아말렉이 있습니까?

+하나님은 내 안의 아말렉을 치기 위해 어떤 방법을 이야기하십니까?

+하나님의 아말렉을 치라는 명령에 순종하고 있습니까?

'자잘한' 원수 말고 '대마왕' 원수를 진멸해야 합니다

전쟁에서 승리하며 자잘한 원수는 다 갚아도 가장 중요한 원수 '대마왕'은 진멸하지 못할 때가 많습니다.

사울과 백성이 아각과 그의 양과 소의 가장 좋은 것 또는 기름진 것과 어린 양과 모든 좋은 것을 남기고 진멸하기를 즐겨 아니하고 가치 없고 하찮은 것은 진멸하니라 삼상 15:9

하나님은 아각을 진멸하라 했지 끌고 오라고 하지 않으셨습니다. 하나님이 원하시는 것은 원수가 초토화되는 것이었습니다. 그런데 사울과 백성이 그랬습니다. 연합하여 좋은 것은 진멸하지 않고 가치 없고 하찮은 것만 진멸했습니다.

내가 죄를 오픈하면 그 죄가 얼마나 초토화되는지 아십니까? 죄의 원형이 깨지기 때문에 죄가 힘을 잃게 됩니다. 그런데 사울은 "아각을 죽여라!" 하는 하나님의 명령을 어기고 원수의 우두머리를 죽이지 않고 끌고 옵니다. 구속사로 듣지 못하면 '그까짓 게 무슨 큰 죄인가? 전리품들을 가지고 와서 제사도 드리고 하면 되지' 할 수 있습니다. 그게 사울과 우리의 생각입니다.

저는 사울이 이해가 되기는 합니다. 사울의 전공이 뭐였습니까? 암나귀를 찾는 것입니다. 사울은 왕이 되기 전에 암나귀를 찾으러 방방곡곡을 다녔기 때문에 좋은 소나 양을 보면 가슴이 뛰었을 것입니다. 지금으로 따지면 고급 승용차로 보이는 것입니다. 그러니 그걸 그냥 두고 오는 것이 얼마나 아까웠겠습니까? 게다가 사울은 열등감이 많은 왕, 백성에게 인정도 못 받는 왕이었습니다. 그러니 강대국의 왕 아각을 잡아끌고 와서 "내가 잡았다!" 자랑하고 싶지 않았겠습니까? 내가 만약 대통령을 전도했으면 얼마나 자랑하고 싶겠습니까? 그런데 하나님은 그걸 하지 말라고 하십니다. 때로는 하나님이 대통령을 전도했다는 것을 드러내라고 하실 때도 있습니다. 하지만 지금은 왕을 잡았어도, 대통령을 전도했어도 그걸 잊어버리라고 하십니다. 이것이 하나님의 명령이었습니다.

일류 대학에 붙여만 주시면 하나님께 영광을 돌릴 것 같습니까? 막상 붙고 나면 일류 학교에 들어간 것만 자랑하고 싶습니다. 권세가 생기면 하나님을 위해 쓸 것 같습니까? 막상 권세를 맛보면 거기에서 헤어나지 못하고 나를 위해 쓰다가 곤욕을 치르는 위정자들이 많습니다.

엘비스 프레슬리의 다큐멘터리를 보면, 처음에 그는 가난했지만 착하고 효성도 지극한 남자였습니다. 그는 13살짜리 신부가 성인이 될 때까지 기다렸다가 결혼할 정도로 너무 순수한 사람이었습니다. 그런데 출세를 하니까 달라집니다. 사랑하는 사람은 아내뿐이라고 고백했던 사람이 돈과 권세가 생기자 천여 명의 여자를 만납니다. 사람이 환경이 좋아지면 안 변할 사람이 없는가 봅니다.

가만 보면 우리 공동체에서도 남편이 외도한 것은 자랑스럽게 말하면서 정작 본인이 외도한 것은 얘기를 못합니다. 적용을 해도 시어머니 적용은 입에 거품을 물고 하는데 자신의 얘기는 아껴 두고 안합니다. 항상 자기 죄를 보아야 하는데, 자기 것을 내놓지 못합니다. 이게 아각입니다. 진짜 중요한 사탄 원수는 고이고이 모셔 두고 하찮은 것만 자꾸 나누는 것입니다. 나의 음란과 자존심과 물질과 이기심에 대한 것은 다 내 안에 모셔 두고 내 명예에 상관이 안 될 것들만 골라서 나눕니다.

하나님은 사울을 20년 이상 기다려 주셨는데도 사울은 아직껏 예배 중독자의 모습에서 나아진 것이 하나도 없습니다. 구속사가 이해되지 않는 사람은 "하나님이 잔인하다" 합니다. 그러나 하나님은 잔인한 분이 아니고 '속의 것'을 다 드러나게 하시는 분입니다.

사울은 하나님의 명으로 아말렉을 물리쳤다고 생각합니다. 말씀이 인격적으로 들리지 않기에 "나는 명대로 전쟁을 했다"는 변명만 합니다. 그러나 하나님의 관심은 '사울이 아각을 버리는가, 안 버리는가'입니다. 그것으로 사울을 살려 주시려 작정을 하신 것입니다. 그러나 사울은 순종을 하지 않고 말씀을 비웃었습니다. 순종이 제사보다 낫다는 말은 열심히 예배 드리는 것보다 '말씀을 실천하면서 살라'는 것입니다. 사울은 아말렉과의 전쟁에서 승리한 후에 하나님으로부터 버림을 받았습니다.

오늘날에도 많은 사람이 성공 후에 하나님으로부터 버림을 받습니다. 지금 나는 어떻습니까? 나의 아각을 쪼개야 하는데 욕심 때문에 못하고 있지는 않습니까?

+말씀이 내 속에서 인격적으로 들립니까?

+내 안에 아직도 쪼개지 못한 아각이 있습니까? 시시한 것만 진멸하고 내 명예를 해

칠 것 같아 꺼내 놓지 못하는 죄가 있습니까?

하나님이 왕 삼으신 것을 후회하셨습니다

하나님은 사울을 왕 삼으신 것을 후회하셨습니다. 우리는 모두 왕 같은 제사장으로서 언제든지, 얼마든지 사울과 같이 될 수 있습니다. 그래서 하나님이 후회하시며 사울을 버리신 이유를 면밀히 들여다볼 필요가 있습니다.

첫째, 하나님의 명령을 듣고도 행하지 않기 때문에 후회하십니다

10 여호와의 말씀이 사무엘에게 임하니라 이르시되 11 내가 사울을 왕으로 세운 것을 후회하노니 그가 돌이켜서 나를 따르지 아니하며 내 명령을 행하지 아니하였음이니라 하신지라 사무엘이 근심하여 온밤을 여호와께 부르짖으니라 삼상 15:10-11

하나님은 기회를 저버린 사울을 보고 후회하십니다. 사실 '후회한다'는 표현은 하나님께 어울리지 않습니다. 아무래도 인간 언어의 한계인 것 같습니다. 그러나 하나님은 사울의 인격적인 반응을 끝까지 기대하셨기 때문에 후회하셨다는 표현을 쓰셨습니다. 하나님의 택하

심에는 후회하심이 없다고 하신 말씀을 기억하십니까?(롬 11:29) 그런 하나님이 사울을 왕 삼은 것을 후회하셨다고 하는 것은 멸망이 가까워 오니까 가슴이 아프신 것을 표현한 것입니다.

"A Leader is a Reader"라는 말이 있습니다. 지도자는 잘 읽어야 한다는 말입니다. 하나님의 말씀을 읽고, 사람의 마음을 읽어야 합니다. 교회에서도 마찬가지입니다. 누군가에게 직분을 준 것 때문에 후회하게 되면 안 되지 않습니까? 그러나 곳곳의 교회에서 직분을 주고 후회하는 일들이 너무 많습니다. 하나님이 여리고 식으로 진멸하라고 했는데 자기 뜻대로 아이 식으로 취하면 안 되는 것입니다. 교회에서 뭔가 일을 맡아 놓고 자기 마음대로 "성경에 아이 식이 있잖아요" 하면 안 됩니다. 하나님이 "여리고 식으로 해라" 하셨으면 여리고 식으로 해야 하는 것입니다.

사울이 예배는 열심히 드렸지만 사사건건 사무엘 말을 안 듣습니다. 순종하지 못하는 것은 자신이 하나님보다 옳다고 생각하기 때문입니다. 사울은 너무 영적 훈련이 안 되어 있는 사람이었습니다.

둘째, 자신의 영광을 구했기 때문에 후회하십니다

사무엘이 사울을 만나려고 아침에 일찍이 일어났더니 어떤 사람이 사무엘에게 말하여 이르되 사울이 갈멜에 이르러 자기를 위하여 기념비를 세우고 발길을 돌려 길갈로 내려갔다 하는지라 삼상 15:12

아말렉과의 싸움은 하나님의 계획이고 하나님이 이기게 하신 것 아

258

닙니까? 그런데 사울은 자신을 위해서 승전비를 세우고, 그다음에 예배를 드리러 길갈로 갔습니다. 사울은 눈만 뜨면 예배를 드리고, 입만 열면 예배를 드리지만 그 목적이 자기를 높이는 데 있었습니다. 정말 교만한 사람입니다.

셋째, 하나님이 아니라 사람을 두려워했기 때문에 후회하십니다

13 사무엘이 사울에게 이른즉 사울이 그에게 이르되 원하건대 당신은 여호와께 복을 받으소서 내가 여호와의 명령을 행하였나이다 하니 14 사무엘이 이르되 그러면 내 귀에 들려오는 이 양의 소리와 내게 들리는 소의 소리는 어찌 됨이니이까 하니라 15 사울이 이르되 그것은 무리가 아말렉 사람에게서 끌어온 것인데 백성이 당신의 하나님 여호와께 제사하려 하여 양들과 소들 중에서 가장 좋은 것을 남김이요 그 외의 것은 우리가 진멸하였나이다 하는지라… 24 사울이 사무엘에게 이르되 내가 범죄하였나이다 내가 여호와의 명령과 당신의 말씀을 어긴 것은 내가 백성을 두려워하여 그들의 말을 청종하였음이니이다 삼상 15:13-24

사무엘의 추궁에 계속 변명을 하던 사울이 24절에서 "백성을 두려워하여 그런 것이다"라고 고백합니다. 사울은 왜 이렇게 백성을 두려워할까요? 그것은 자기를 왕 삼아 준 것이 백성이기 때문입니다. 게다가 사울은 멸망당한 베냐민 지파 출신이었기 때문에 지지 세력 기반이 아주 약했습니다. 그래서 왕이 되고 1년 있다가 근위대를 조직하고, 그마저도 잘 되지 않아 돈을 주고 군사를 사야 했습니다. 돈으로 산 사람들은 결정적일 때 하나님의 일을 다 막습니다. 자기 기득권을 주장합니다.

결국 사울은 백성들 때문에 돈이 필요했습니다. 그래서 아말렉을 다 진멸하지 못한 것입니다. 그래서 돈으로 주의 일, 교회 일을 하면 안 되는 것입니다. 다윗은 돈과 관계없이 환난당하고 빚지고 원통한 자들 300명을 데리고 왕국을 시작했습니다. 그랬더니 진짜 위기가 왔을 때 아무도 도망가지 않았습니다.

저는 우리들교회를 시작할 때 주보에 환난당하고 빚지고 원통한 자들만 오라고 썼습니다. 우리들교회가 왜 부흥했냐고 묻는다면 그것이 기초가 되었다고 생각합니다. 우리들교회는 돈 받고 일하는 사람이 몇 명 없습니다. 교회 건축하고 할 수 없이 최소한의 인원은 채용을 했지만, 돈이 우리 가운데 왔다 갔다 하지 않으니까 우리들교회가 교회 역할을 감당하고 있는 것입니다.

16 사무엘이 사울에게 이르되 가만히 계시옵소서 간밤에 여호와께서 내게 이르신 것을 왕에게 말하리이다 하니 그가 이르되 말씀하소서 17 사무엘이 이르되 왕이 스스로 작게 여길 그 때에 이스라엘 지파의 머리가 되지 아니하셨나이까 여호와께서 왕에게 기름을 부어 이스라엘 왕을 삼으시고 18 또 여호와께서 왕을 길로 보내시며 이르시기를 가서 죄인 아말렉 사람을 진멸하되 다 없어지기까지 치라 하셨거늘 19 어찌하여 왕이 여호와의 목소리를 청종하지 아니하고 탈취하기에만 급하여 여호와께서 악하게 여기시는 일을 행하였나이까 20 사울이 사무엘에게 이르되 나는 실로 여호와의 목소리를 청종하여 여호와께서 보내신 길로 가서 아말렉 왕 아각을 끌어왔고 아

말렉 사람들을 진멸하였으나 21 다만 백성이 그 마땅히 멸할 것 중에서 가장 좋은 것으로 길갈에서 당신의 하나님 여호와께 제사하려고 양과 소를 끌어 왔나이다 하는지라 삼상 15:16-21

믿는 사람 중에서도 말을 하면 통하지 않는 사람들이 있습니다. 높은 장벽 같은 사람이 있습니다. 나만 옳다고, 나는 하나님의 명령을 들었을 뿐이라고 말합니다. 아까운 아각을 왜 버리느냐고, 양과 소를 왜 버리느냐고 합니다. 이 상황에서는 자원봉사를 해야 한다고 하는데도 사람들은 돈을 받아야 일을 한다고 하는 식입니다.

22 사무엘이 이르되 여호와께서 번제와 다른 제사를 그의 목소리를 청종하는 것을 좋아하심 같이 좋아하시겠나이까 순종이 제사보다 낫고 듣는 것이 숫양의 기름보다 나으니 23 이는 거역하는 것은 점치는 죄와 같고 완고한 것은 사신 우상에게 절하는 죄와 같음이라 왕이 여호와의 말씀을 버렸으므로 여호와께서도 왕을 버려 왕이 되지 못하게 하셨나이다 하니 삼상 15:22-23

'순종이 제사보다 낫다'는 유명한 구절이 바로 여기에서 나옵니다. 사무엘은 계속해서 사울을 양육합니다.

25 청하오니 지금 내 죄를 사하고 나와 함께 돌아가서 나로 하여금 여호와께 경배하게 하소서 하니 26 사무엘이 사울에게 이르되 나는 왕과 함께 돌아가지 아니하리니 이는 왕이 여호와의 말씀을 버렸으므로 여호와께서 왕을 버려 이스라엘 왕이 되지 못하게 하셨음이니이다 하고 27 사무엘이 가

려고 돌아설 때에 사울이 그의 겉옷자락을 붙잡으매 찢어진지라 28 사무엘이 그에게 이르되 여호와께서 오늘 이스라엘 나라를 왕에게서 떼어 왕보다 나은 왕의 이웃에게 주셨나이다 29 이스라엘의 지존자는 거짓이나 변개함이 없으시니 그는 사람이 아니시므로 결코 변개하지 않으심이니이다 하니 30 사울이 이르되 내가 범죄하였을지라도 이제 청하옵나니 내 백성의 장로들 앞과 이스라엘 앞에서 나를 높이사 나와 함께 돌아가서 내가 당신의 하나님 여호와께 경배하게 하소서 하더라 31 이에 사무엘이 돌이켜 사울을 따라가매 사울이 여호와께 경배하니라 32 사무엘이 이르되 너희는 아말렉 사람의 왕 아각을 내게로 끌어오라 하였더니 아각이 즐거이 오며 이르되 진실로 사망의 괴로움이 지났도다 하니라 33 사무엘이 이르되 네 칼이 여인들에게 자식이 없게 한 것같이 여인 중 네 어미에게 자식이 없으리라 하고 그가 길갈에서 여호와 앞에서 아각을 찍어 쪼개니라 삼상 15:25-33

사울은 사무엘을 붙잡고 자신의 체면을 살려 줄 것을 애원하고 끝까지 회개하지 않습니다. 입술로만 "범죄했다"면서 "제발 나를 높여 달라"고 애원합니다.

사울과 사무엘의 계속되는 관계를 보면 눈물이 안 나올 수가 없습니다. 우리 가운데는 이런 관계의 부부가 있고, 남편, 아내, 자식이 있습니다. 그들은 아주 장벽 같습니다. 무슨 말을 해도 '내가 명령대로 행했다' 합니다.

사울을 따라간 사무엘이지만 사울이 하지 못한 일을 합니다. 여호와 앞에서 아각을 찍어 쪼갠 것입니다. 학교에서 한 선생님이 뇌물을 안 받는다고 하면 믿음이 없어도 그걸 다 따라갑니다. 그러니까 지도자가 악을 찍어 쪼개는 것이 얼마나 중요한지 모릅니다. 이걸 잔인하다고 하면 안 됩니다.

> 34 이에 사무엘은 라마로 가고 사울은 사울 기브아 자기의 집으로 올라가니라 35 사무엘이 죽는 날까지 사울을 다시 가서 보지 아니하였으니 이는 그가 사울을 위하여 슬퍼함이었고 여호와께서는 사울을 이스라엘 왕으로 삼으신 것을 후회하셨더라 삼상 15:34-35

이후부터 사울은 살아도 산 것이 아니었습니다. 성령이 완전히 사라지고 도리어 악신이 들었습니다. 하나님이 사울의 재물을 뺏으신 것이 아니요, 왕위를 뺏으신 것도 아닙니다. 그런데도 그는 평강이 없이 평생을 살다가 자살을 했습니다. 사울의 죄목은 여호와께 묻지 않은 것입니다(대상 10장). 눈만 뜨면 예배를 드리는데, 예배중독자인데도 여호와께 묻지 않은 것입니다. 이것이 가장 비참한 형벌입니다. 사무엘도 사울 때문에 일생을 슬퍼합니다.

북한 사역을 하고 있는 어느 선교사님의 간증입니다.

"병들과 지쳐 있고 옷이 남루하고 추워 보이는 할아버지에게 밥을 준다고 하니까 강물을 건너왔습니다. 그 선교사님이 계신 곳까지 강물을 건너서 올 수 있는 거리였나 봅니다. 신발은 다 해어져 있고 얼굴은 검고 병색이 완연했습니다. 그 79살 할아버지가 60대의 젊은 친구들과 함께 왔습니다.

그분에게서는 참 거룩함이 느껴졌습니다. 제가 탈북을 권하니까 그

러면 나가 보겠다고 했습니다. 왜 탈북을 원하는지 물었더니 '찬송 한
번… 찬송 한번…' 하셨습니다. 찬송 한번 마음놓고 불러 보고 싶다는
말이었습니다.

　빨리 나올수록 좋을 것 같아 도와드리겠다 했습니다. 그런데 놀랍게
도 할아버지가 그래도 결정하기 전에 하나님께 물어보아야 한다고 했
습니다. 할아버지는 일어나서 울타리 밖으로 나갔습니다. 그 아까운
시간이 흘러 10분 정도가 지나자 할아버지가 돌아왔습니다. 거친 얼
굴에 눈물이 흘러내리고 있었습니다. 할아버지는 주먹을 쥐고 몸을 곧
게 세우시고는 '내가 하나님께 물었소이다' 하고 말씀하셨습니다. 할
아버지는 하나님께 '저 아무개 목사가 우리를 돕겠다는데 따라갈까요,
말까요?' 하고 물었답니다. 그런데 하나님이 이렇게 답하셨답니다. '내
가 능력이 없어서 너희들을 북조선에 남겨 두는지 아느냐?' 할아버지
의 어깨가 들썩이고 눈에서는 눈물이 흘렀습니다.

　'목사님! 매 맞는 것도 하나님의 뜻이랍니다. 굶는 것도 하나님의 목
적이랍니다.' 할아버지는 숨소리가 거칠어지면서 내게 '어서 가시라
요. 경찰이 지금 오고 있습니다'라고 했습니다. 저는 할아버지에게 탈
북을 한 번 더 권했지만 할아버지는 '나도 압니다. 자유가 무엇인지
를. 나는 예배당 종도 쳐 봤고, 성가대, 주일학교 교사도 다 해봤지요.
하지만 이 자리에 머무는 것이 하나님의 뜻이라고 하시니 자유보다는
하나님의 말씀을 들어야지 않겠소. 압네다. 압네다. 자유라는 것이 얼
마나 좋은 것인지. 마음 놓고 성경 읽고, 찬송하고, 새벽기도 나가고,
헌금도 할 수 있지요' 했습니다.

　저는 인사를 드리다 무릎 꿇고 할아버지가 신고 온 신발에 입술을

댔습니다. 인사를 하는데 계속 눈물이 흘렀습니다. 그랬더니 할아버지는 강하게 '우리 천국에서 만나자요. 누가 그리스도의 사랑에서 우리를 끊을 수가 있겠습니까!' 했습니다.

몇 년 후에 그 산골짜기를 다시 가 보았습니다. 그 할아버지를 찾아가 보았는데, 할아버지는 물론 그곳 노인들과 가족들이 모두 수용소에 끌려가다가 매 맞아서 현장에서 죽었다고 합니다.

누구를 비난하는 것도 아니었습니다. 다만 '그렇게 고난을 겪어야 하나' 하는 생각이 듭니다. 그곳에서 지금까지 살아온 것도 기가 막힌 일이었는데 하나님은 그분들에게 '너희들은 고향인 북한으로 돌아가라' 명령하셨고 그들은 순종하지 않았는가 말입니다. 그런데 살아 보지도 못하고 이렇게 죽어 가다니요."

선교 현장에서 왜 우리는 고난을 당해야 하나 하고 생각할 수 있습니다. 선교 현장은 바로 지금 내가 처한 자리라 할 수 있습니다. '내가 왜 괴로운 결혼생활을 계속해야 하는가, 이혼만 하면 끝날 것인데' 하고 생각하십니까? 그런데 오늘 내가 있는 그 자리에 그냥 있으라고 하십니다. 그것이 하나님 뜻이라고 합니다. 하나님은 순종이 제사보다 낫다고 하시는데, 이 순종이야말로 진정한 예배가 아닌가 싶습니다.

+내가 지금 처한 선교 현장은 어디입니까?
+하나님이 허락하신 선교 현장에서 도망가지 않고 하나님께 순종하고 있습니까?

대학교 2학년 때 어머니가 갑자기 돌아가시고 아버지는 재혼을 하셨습니다. 여동생은 머릿속에 혹이 있어 한쪽 시력이 안 좋아 가끔 쓰러지기도 하는데, 아버지가 재혼하신 후 동생이 집에서 두 번이나 쫓겨나는 일이 생겼습니다. 저는 아버지가 너무나 야속하고 미워 아버지와 인연을 끊었습니다.

사회생활을 시작하면서 직장의 팀원들이 스스로 해나가지 못하는 모습을 보면 가차 없이 몰아세우고, 아내와 두 딸에게도 저의 말이 존중되지 않는 느낌이 들면 분을 못 참고 화를 내며 폭력을 휘둘렀습니다.

진급에 두 번이나 누락하면서 곤고해하던 차에 출장길에 한 모텔에서 김양재 목사님의 설교를 듣게 되었습니다. 처음엔 아주 편하게 누워서 듣다가 일어나 앉아서 말씀을 들었고, 20여 분 후에는 다시 무릎을 꿇고 말씀을 들을 수밖에 없었습니다. 눈물을 흘리며 말씀하시는 성도들의 간증을 들으면서 저도 눈물을 흘리며 회개하는 시간을 가지게 되었습니다. 이후 아내와 인터넷으로, CTS로 말씀을 듣다가 우리들교회에 오게 되었습니다.

목장예배에서 오픈하며 양육을 받으면서 말씀이 살아서 인격적으로 들리게 되어 두 딸과 아내에게 사과를 하였습니다. 그 일 후에 THINK 양육을 받던 아내가 관계를 끊은 아버지를 찾아가 용서를 구하는 일이 생겼습니다. 해외출장 중이었기에 아내를 막을 수도 없었고 그런 아내를 이해하기 어려웠던 저는 우리들교회의 THINK 양육이 정말 대단하다는 생각을 하였습니다.

　그리고 1년 반 전, 병이 깊어지면서 교회에 출석하게 된 막내 제수씨가 저로 인해 수고하고 있다는 생각이 들었습니다. 아버지가 여자와 연약자를 뒤에서 친 잔인하고 야비한 아말렉 같아서 인간의 방법으로 원수를 갚으려는 마음에 안 보고 살았습니다. 그런데 400년 후에도 하나님은 잊지 않으시고 원수를 갚아 주시려고 아말렉을 물리치라고 사울에게 말씀하신 것을 보며, 저도 예수 믿고 양육까지 받았는데 이제 더 이상 핑계댈 수 없고 지체할 수 없다는 생각이 들었습니다. 결국 내 속의 원수를 진멸하고 17년 만에 아버지를 만나러 가는 순종을 했습니다.

　어색한 모습으로 문을 열어 주시는 흰머리에 늙으신 아버지를 보니 눈물이 났습니다. 아버지 손을 잡고 잘못했다는 말씀을 드리고 나오니 왠지 무거운 짐을 벗은 것 같고 마음이 가벼워졌습니다. 이제 적용을 했으니 하나님이 제수씨의 병을 고쳐 주실 거라고 생각했는데, 혈액암이라 앞으로 30개월 길어야 60개월 살 수 있을 거라는 청천벽력 같은 의사의 말에 절망하였습니다.

　초라해 보이는 원수는 진멸했지만 하나님께서 아각을 끌고 오지 말라고 하셨는데 열등감 많은 나였기에 '가장 중요한 원수의 우두머리를 내가 잡았다' 하고 자랑하고 싶었습니다. 그래서 아말렉과 전쟁을 치르지만 아무 대가도 바라지 않는 아버지의 구원이 목적이 아니라 제수씨의 건강 회복과 제가 하는 일의 성취가 목적이었다는 걸 깨닫게 되었습니다.

　성령이 없었을 때는 하나님보다 사람을 두려워하고 나의 영광을 구하며 살았습니다. 사울같이 하나님 명령을 듣지 않고 내 말만 했기에 평강이 없어 살아도 산 게 아니었습니다. 하나님이 후회하시는 사람이 되지 않게 회개하며 하나님께 묻고 말씀을 실천하고 살려 하니 영적 전쟁의 노하우가 많은 공동체에서 전쟁의 전략도 생기게 되었습니다. 그동안 어머니가 돌아가시고 제사를 드렸다가 제수씨가 죽은 후에는 예배를 드렸고 아버지와의 관계가 회복이 되도록 해주셨습니다.

순종이 제사보다 낫다고 말씀하셨는데 순종의 온전한 예배가 회복되니 자원하는 마음이 생기어 부목자로 세워 주시고 집안의 저주가 끊어지는 기적을 베풀어 주신 하나님을 사랑합니다.

말씀으로 기도하기

　　순종이 제사보다 낫다고 하십니다. 순종이 없는 제사는 예배가 아니라고 하십니다. 말씀을 인격적으로 듣고 내 안에 오랫동안 끊어내지 못한 아말렉을 이제는 치라고 하십니다. 신앙생활한 지 얼마나 지났는데 아직도 그러고 있느냐고, 이제 진멸하라고 하십니다. 하나님이 '여리고의 방법'을 명령하시면 '여리고의 방법'으로 진멸해야 합니다. 내 욕심으로 전리품을 거두는 죄를 범하지 않아야 합니다. 사람을 두려워하지 않고 내 영광을 구하지 않으며 하나님을 두려워해야 합니다.

말씀이 인격적으로 들려야 순종할 수 있습니다 / 삼상 15:1

　　힘들고 괴로울 때는 주님을 찾다가 이제 좀 살 만해지고 태평해지니 말씀이 들리지 않습니다. 순종함에 있어서 합리적이냐, 비합리적이냐는 문제가 되는 것이 아닌데도 말씀보다는 내 생각에 좀 더 나은 쪽으로 선택하고 움직입니다. 어제 순종했다고 오늘 순종하는 것이 아님을 알게 하옵소서. 하나님의 은혜를 잊고 내 멋대로 사는 죄를 짓지 않게 하옵소서. 어떤 순간에도 하나님께 묻고 말씀을 듣게 하옵소서. 말씀이 들리는 한 사람이 되게 하옵소서. 세상 모든 만물이 주님께로부터 왔음을 인정하며 주님 명령에 따르기를 원합니다.

인생에서 원수를 진멸해야 합니다 / 삼상 15:2-8

　　내 안에 여전히 끊어내지 못하는 아말렉이 있습니다. 오랫동안 믿음

생활 하면서도 여전히 세상 권력, 돈이 우상이 되어 나를 착취합니다. 이제는 아말렉을 진멸하기 원합니다. 방법을 말씀하여 주시고, 내가 그 말씀대로 순종하기 원합니다. 주님은 '여리고의 방법'을 말씀하시는데 내 욕심으로 '아이 성의 방법'을 취하지 않게 하옵소서. 내 욕심을 부리고는 그래도 나는 말씀대로 했다고 변명하지 않게 하옵소서.

'자잘한' 원수 말고 '대마왕' 원수를 진멸해야 합니다 / 삼상 15:9

나는 아말렉을 다 진멸했다고 생각했는데 그 안에 아각이 있었습니다. 그래서 큐티하고 적용을 하는데도 나 좋을 대로, 내가 보고 싶고 말하고 싶은 죄만 꺼내 놓았을 뿐 내 명예를 해칠 것 같은 아각은 그대로 두었습니다. 그러면서 나는 회개하지 않았느냐고, 순종하지 않았느냐고 도리어 큰소리를 쳤습니다. 그러나 하나님의 관심은 내가 아각을 쪼개는가, 아닌가에 있음을 알았습니다. 내 안에 아각을 발견하기 원합니다. 마지막 남은 내 자존심과 이기심까지 쪼개 없앨 수 있는 담대함을 주옵소서.

하나님이 왕 삼으신 것을 후회하셨습니다 / 삼상 15:10-35

하나님을 믿는다고 하면서, 예배를 드린다고 하면서 여전히 내 영광을 구하고 사람을 두려워했습니다. 자원봉사보다는 돈을 받고 일하려고 했고, 조금만 자존심을 다쳐도 불같이 화를 냈습니다. 그러나 주님께서 원하시는 내 자리는 여전히 매 맞고 깨지고 조롱당하는 곳이라고 말씀하십니다. 그 자리에서 내가 쓰임이 있다 하십니다. 말씀에 순종하게 하옵소서. 순종이야말로 진정한 예배임을 깨닫게 하옵소서.

영혼의 기도

하나님 아버지, 일생을 예배만 열심히 드렸습니다. 그러면서도 사람이 두렵고, 매력적인 양과 소 때문에 여호와의 목소리를 못 들은 척 했습니다. 그래서 제 속에 찍어 내지 못하는 아각이 아직도 있습니다.

하나님은 우리를 왕 삼은 것을 후회한다고 하시는데 저는 하나님 명대로 행했다고, 저는 열심히 예배를 드렸다고, 하나님께 좋은 것을 드리기 위해 그랬다며 변명을 했습니다. 사무엘의 바짓가랑이를 잡고 늘어지는 사울의 모습 속에 제가 보입니다. 지금이라도 내가 잘못했다고 회개하고 나와야 하는데 속에 큰 아각이 자리 잡고 있고 그것을 끝까지 내려놓을 수가 없어서 제 인생이 너무나 힘이 듭니다.

일평생 사무엘이 사울을 보지 않았다고 합니다. 이것이 사무엘의 사랑임을 알기 원합니다. 보고 있어도 슬프고 떠나 있어도 슬픈 사울을 보면서 그래도 마지막까지 사랑으로 돌아오기를 바라는 마음을 깨닫기 원합니다. 내 속의 아각을 보기 원합니다. 이 죄를 찍어 쪼개기를 원합니다.

순종이 제사보다 낫다는 말씀을 깊이 깨닫고 이제 사무엘의 말씀이 들릴 수 있도록 내 속과 내 죄를 보게 도와주옵소서. 불쌍히 여겨 주시고 고쳐 주옵소서. 내 속의 사울을 고쳐 주옵소서.

예수님 이름으로 기도합니다. 아멘.